5교시
마야·아스테카·잉카

책 속의 QR 코드로 용선생의 세계 문화유산 강의를 볼 수 있습니다.
QR 코드를 스캔하여 회원 가입 및 로그인 진행 후
도서 구매 시 제공된 영상 쿠폰 번호를 등록해 주세요.

영상 재생 방법
❶ QR 코드 스캔 ⋯ ❷ 회원 가입 / 로그인 ⋯ ❸ 영상 쿠폰 번호 등록 ⋯ ❹ 영상 재생

회원 가입/로그인 후에 영상 재생을 위해 QR 코드를 다시 스캔해 주세요.
쿠폰 번호는 최초 1회만 등록 가능하며, 변경 또는 양도할 수 없습니다.
로그인 상태라면 즉시 영상을 재생할 수 있습니다.
PC에서는 용선생 클래스(yongclass.com)에서 시청할 수 있습니다.

영상 재생 방법 안내

글 이희건
서울대학교 고고미술사학과를 졸업하고 오랫동안 책 만드는 일을 해 왔으며, 사회평론 역사연구소장을 역임했습니다.

글 차윤석
서울대학교 독어독문학과를 졸업하고 같은 학교 대학원에서 석·박사 과정을 거친 뒤 독일 뮌헨대학교에서 중세문학 박사 과정을 마쳤습니다.

글 김선빈
고려대학교 국어국문학과를 졸업하고 웹진 <거울> 등에서 소설을 썼습니다. 어린이 교육과 관련된 일을 시작하여 국어, 사회, 세계사와 관련된 다양한 교재와 콘텐츠를 개발했습니다. 어린

글 박병익
고려대학교 사학과를 졸업한 뒤 대중적이면서도 깊이 있는 역사책의 필요성을 느껴 사회평론 역사연구소에서 역사책을 만들었습니다.

글 김선혜
고려대학교 사학과를 졸업하고 여러 회사에서 콘텐츠 매니저, 기획 업무를 담당했습니다.

그림 이우일
홍익대학교에서 시각디자인을 공부한 만화가입니다. '노빈손' 시리즈의 모든 일러스트레이션을 그렸으며 지은 책으로는 《우일우화》, 《옥수수빵파랑》, 《좋은 여행》, 《고양이 카프카의 고백》 등이 있습니다.

설명삽화 박기종
단국대학교 동양화과와 홍익대학교 대학원을 나와 지금은 아이들의 신나는 책 읽기를 위해 어린이 책 일러스트 작가로 활동하고 있습니다.

지도 김경진
'매핑'이란 지도 회사에서 일하면서 어린이, 청소년 책에 지도를 그리고 있습니다. 얼마 전까지 중학교 교과서 만드는 일도 했습니다. 참여한 책으로는 《아틀라스 중국사》, 《아틀라스 일본사》, 《아틀라스 중앙유라시아사》, 《미래를 여는 한국의 역사》 등이 있습니다.

구성 정지윤
서울대학교 국어교육과를 졸업하고 문화예술, 교육 분야 기관에서 기획 업무를 담당했습니다.

자문 및 감수 김병준
서울대학교 동양사학과를 졸업하고 같은 학교 대학원에서 석·박사 학위를 받았습니다. 현재 서울대학교 역사학부 교수로 재직 중입니다. 《순간과 영원: 중국고대의 미술과 건축》, 《고사변 자서》 등을 우리말로 옮겼고, 《중국고대 지역문화와 군현지배》 등을 지었습니다. 함께 지은 책으로 《사료로 보는 아시아사》, 《역사학의 성과와 역사교육의 방향》, 《동아시아의 문화교류와 소통》 등이 있습니다.

자문 및 감수 박병규
고려대학교 서어서문학과를 졸업하고 멕시코국립대학(UNAM)에서 문학 박사 학위를 받았습니다. 현재는 서울대 라틴아메리카 연구소 HK교수로 재직 중입니다. 《불의 기억》, 《파블로 네루다 자서전-사랑하고 노래하고 투쟁하다》, 《1492년, 타자의 은폐》 등을 우리말로 옮겼습니다.

자문 및 감수 이지은
이화여대 사학과를 졸업하고 한국외국어대학교와 인도 델리대학교, 네루대학교에서 석사·박사 학위를 받았습니다. 현재 한국외국어대학교 인도연구소 HK연구교수로 일하고 있습니다. 함께 지은 책으로는 《탈서구중심주의는 가능한가》가 있으며 <인도 식민지 시기와 국가형성기 하층카스트 엘리트의 저항 담론 형성과 역사인식>, <반서구중심주의에서 원리주의까지> 등의 논문을 지었습니다.

자문 및 감수 정재훈
서울대학교 동양사학과를 졸업하고 같은 학교 대학원에서 석·박사 학위를 받았습니다. 현재 경상대학교 사학과 교수로 재직 중입니다. 지은 책으로는 《돌궐 유목제국사》, 《위구르 유목제국사(744~840)》 등이 있고 《유라시아 유목제국사》, 《사료로 보는 아시아사》 등을 우리말로 옮겼습니다.

교과 과정 감수 박혜정
성균관대학교 역사교육과를 졸업하고 현재는 경기도 용인 신촌중학교에서 근무하고 있습니다. 『나의 첫 세계사』를 집필하였습니다.

교과 과정 감수 한유라
홍익대학교 역사교육과를 졸업하고, 현재는 경기도 광명 충현중학교에서 근무하고 있습니다. 『12.3 사태, 그날 밤의 기록』을 집필하였습니다.

교과 과정 감수 원지혜
동국대학교 역사교육과를 졸업하고, 현재는 경기도 시흥 은계중학교에서 근무하고 있습니다. 『더 늦기 전에 시작하는 생태환경사 수업』의 공저자입니다.

기획자문 세계로
1991년부터 역사 전공자들이 모여 함께 고민하고 연구하며 한국사와 세계사를 가르치고 있습니다. 《용선생의 시끌벅적 한국사》 기획에 참여했고, 지은 책으로는 역사동화 '이선비' 시리즈가 있습니다.

3 통일 제국의 등장 2
마우리아 왕조, 진·한, 흉노 제국

교양으로 읽는
용선생
세계사

글 | 이희건 차윤석 김선빈 박병익 김선혜
그림 | 이우일 박기종

차례

1교시 인도 최초의 통일 제국과 불교의 탄생

부처님의 발길을 따라 불교의 4대 성지를 가다	014
치열한 전쟁을 거치며 크샤트리아 계급이 부상하다	018
불교가 탄생하다	025
마우리아 왕조가 최초로 인도를 통일하다	030
부처님의 자비로 나라를 다스린 아소카 대왕	033
쿠샨 왕조가 동서 교역으로 번영을 누리다	038
대승 불교가 유행하다	042
나선애의 정리노트	047
세계사 퀴즈 달인을 찾아라!	048
용선생 세계사 카페	
절에서 만날 수 있는 부처님과 보살님들	050

교과 연계 중학교 역사① Ⅱ-3 고대 동아시아와 인도 세계의 형성

2교시 춘추 전국의 혼란을 딛고 중국에 통일 제국이 들어서다

초나라의 본거지 후베이성을 가다	058
봉건 질서가 무너지고 패자가 등장하다	062
춘추 시대, 혼란이 새로운 발전의 밑거름이 되다	066
전국 시대, 일곱 나라가 치열한 경쟁을 펼치다	071
제자백가, 춘추 전국 시대를 수놓은 백 가지 학문의 꽃	076
진나라가 엄격한 법치를 통해 전국 시대 최강국으로 부상하다	086
시황제가 강력한 중앙 집권 국가를 건설하다	089
흔들리는 진나라	093
나선애의 정리노트	097
세계사 퀴즈 달인을 찾아라!	098
용선생 세계사 카페	
춘추 시대의 풍운아 오자서와 고사성어	100
진시황릉 지하에 건설된 또 하나의 도읍	104

교과 연계 중학교 역사① Ⅱ-3 고대 동아시아와 인도 세계의 형성

3교시 동아시아에 들어선 대제국 한나라

한나라를 세운 유방의 든든한 힘, 쓰촨성의 오늘	112
진나라가 무너지고 한나라가 들어서다	116
진나라의 실패에서 배운 한나라	122
장건이 서역으로 간 까닭은?	129
한 무제, 흉노와 필사적인 전쟁을 벌이다	138
호족이 뜨고 환관과 외척이 설치다	144
왕망의 개혁이 실패하고, 호족 세력이 후한을 건국하다	146
나선애의 정리노트	151
세계사 퀴즈 달인을 찾아라!	152
용선생 세계사 카페	
한나라 건국의 주역 한신과 고사성어	154
중국 역사학의 아버지 사마천	158

교과 연계 중학교 역사① Ⅱ-3 고대 동아시아와 인도 세계의 형성

4교시 유라시아 최초의 유목 국가 스키타이와 흉노

스키타이의 본거지 우크라이나를 가다	166
유목민들은 어떻게 살았을까?	170
왜 유목민은 약탈자로 기록되었을까?	176
최초의 유목 국가 스키타이	182
동북아시아의 원조 유목 국가 흉노	189
나선애의 정리노트	195
세계사 퀴즈 달인을 찾아라!	196
용선생 세계사 카페	
유목민의 생활	198

교과 연계 중학교 역사① Ⅱ-3 고대 동아시아와 인도 세계의 형성

5교시 아메리카 대륙의 고대 제국들

잉카 제국의 후예가 사는 나라 페루의 오늘날	206
유카탄반도에서 꽃 피운 마야 문명	210
멕시코고원 여기저기에 큰 도시가 나타나다	219
아스테카, 이웃 도시와 동맹을 맺고 거대한 제국을 건설하다	225
남아메리카에서 여러 문명이 발달하다	230
남아메리카 최강의 제국 잉카	235
나선애의 정리노트	245
세계사 퀴즈 달인을 찾아라!	246
용선생 세계사 카페	
《포폴 부》와 마야인의 세계 창조 설화	248
세상을 창조한 깃털 달린 뱀	250

교과 연계 중학교 역사① IV-3 서아시아와 유럽 사회의 변화

보충수업 비단길 집중 탐구

하서회랑: 중국 문명의 심장부에서 서역의 입구까지	302
오아시스 길: 험난한 사막을 넘는 본격적인 모험의 시작	304
중앙아시아 구간: 사통팔달의 비단길 핵심 루트	306
서아시아 구간: 중앙아시아에서 지중해 세계에 이르는 길들	308

6교시 유목민과 한족이 융합되는 위진 남북조 시대

북조의 중심지였던 산시성(산서성)의 오늘	256
황건적의 난을 계기로 삼국 시대가 펼쳐지다	260
북방에서 유목민들이 밀고 내려오다	267
남조는 귀족들의 천국	272
북위가 유목민과 한족의 융합을 시도하다	275
육진의 난으로 북위가 쿤열되다	282
불교가 널리 퍼지고 도교가 유행하다	285
나선애의 정리노트	291
세계사 퀴즈 달인을 찾아라!	292
용선생 세계사 카페	
중국 역사에는 왜 같은 이름을 가진 나라들이 많을까?	294
남조의 화려한 귀족 문화	296

교과 연계 중학교 역사① III-1 동아시아 문화역 형성

한눈에 보는 세계사-한국사 연표	312
찾아보기	316
참고문헌	319
사진 제공	325
퀴즈 정답	328

초대하는 글

용선생 역사반, 세계로 출발!

여러분, 안녕! 용선생 역사반에 온 걸 환영해!

용선생 역사반의 명성은 익히 들어 잘 알고 있겠지? 신나고 즐거운 데다 깊이까지 있다고 소문이 쫙 났더라고. 역사반에서 공부한 하다와 선애, 수재, 영심이도 중학교 잘 다니고 있다는 소식을 들었지.

그런데 어느 날 중학생이 된 하다와 선애, 수재, 영심이가 다짜고짜 찾아와서 막 따지는 거야.

"선생님! 왜 역사반에서는 한국사만 가르쳐 주신 거예요?"

"중학교 가자마자 세계사를 배우는데, 이름도 지명도 너무 낯설고 어려워요!"

"역사반 덕분에 초등학교 때는 천재 소리 들었는데, 중학교 가서 완전 바보 되는 거 아니에요?"

한참을 그러더니 마지막에는 세계사도 가르쳐 달라고 조르더라고.

"너희들은 중학생이어서 역사반에 들어올 수 없어~"

그랬더니 선애가 벌써 교장 선생님한테 허락을 받았다는 거야. 아닌 게 아니라 다음날 교장 선생님께서 나를 불러 이러시더군.

"용선생님, 방과 후 시간에 역사반 아이들을 위한 세계사 수업을 해 보면 어떨까요?"

결국 역사반 아이들은 다시 하나로 뭉쳤어.

원래 역사반에서 세계사까지 가르칠 계획은 전혀 없었지만… 피할 수 없다면 즐겨라. 역사반 아이들이 이토록 원하는데 용선생이 어떻게 가만히 있을 수 있겠어? 그래서 중·고등학교 세계사 교과서들은 물론이고, 서점에 나와 있는 세계사 책들, 심지어 미국과 독일을 비롯한 세계사 교과서까지 몽땅 긁어모은 뒤 철저히 조사했어. 뭘 어떻게 가르칠지 결정하기 위해서였지. 그런 뒤 몇 가지 원칙을 정했어.

첫째, 지도를 최대한 활용하자! 서점에 나와 있는 책들은 대부분 지도가 부족하더군. 역사란 건 공간에 시간이 쌓인 거야. 그러니 그 공간을 알아야 역사가 이해되지 않겠어? 그래서 지도를 최대한 많이 넣어서 너희들의 지리 감각을 올려주기로 했단다.

둘째, 사람들이 살아가는 모습을 꼼꼼히 들여다보자! 세계사 공부를 할 때 중요 사건이 왜 일어났는지도 중요하지만, 그때 사람들이 어떤 모습으로 살았는지도 중요해. 그 모습을 보면, 그들이 왜 그렇게 살았는지, 우리와는 무엇이 같고 다른지 알 수 있게 될 거야.

셋째, 사진과 그림을 최대한 많이 보여주자! 사진 한 장이 백 마디 말보다 사건이나 시대 분위기를 훨씬 더 효과적으로 전달할 때가 많아. 특히 세계사를 처음 배울 때는 이런 시각 자료가 큰 도움이 되지. 사진이나 그림은 당시 분위기를 파악하는 데도 아주 좋은 자료란다.

==넷째, 다른 역사책에서 잘 다루지 않는 지역의 역사도 다루자!== 인류 문명은 어떤 특정한 집단이나 나라가 만든 게 아니라, 지구상에 살았던 모든 집단과 나라가 빚어낸 합작품이야. 아프리카, 아메리카 원주민, 유목민도 유럽과 아시아 못지않게 인류 문명의 발전에 기여했다는 말이지. 세계 각지에서 일어난 문명과 역사를 알면 세계사가 더 쉽게 느껴질 거야.

==다섯째, 과거와 현재를 연결하자.== 수업 시작하기 전에 그 시간에 배울 사건들이 일어났던 나라나 도시의 현재 모습을 보게 될 거야. 그 장소가 과거뿐 아니라 지금도 사람들의 삶의 현장이라는 것을 보여 주기 위해서지. 예를 들어 메소포타미아 하면 사람들은 메소포타미아 문명이 일어난 곳으로만 알지, 지금 그곳에 이라크라는 나라가 있다는 사실은 모르는 경우가 많아. 지금 이라크 사람들의 모습과 옛날 메소포타미아 문명 사람들의 모습을 비교해 보는 것도 좋은 역사 공부 방법이란다.

이런 원칙으로 재미있게 세계사 공부를 하려는데, 작은 문제가 하나 있어. 세계사는 한국사와 달리, 직접 현장을 방문하기가 쉽지 않다는 점이지. 하지만 용선생이 누구냐. 역사 공부를 위해서라면 물불 가리지 않는 용선생이 이번에는 너희들이 볼 수 있는 영상도 만들었어. ==책 속의 QR코드를 찍으면 세계 곳곳의 문화유산과 흥미로운 사건을 볼 수 있을 거야.==

자, 애들아. 그럼 이제 슬슬 세계사 여행을 시작해 볼까?

등장인물

'용쓴다 용써' 용선생

어쩌다 맡게 된 역사반에, 한국사에 이어 세계사까지 가르치게 됐다. 맡은바 용선생의 명예를 욕되게 할 수는 없지. 제멋대로 자란 머리카락을 휘날리며 오늘도 용쓴다.

'장하다 장해' 장하다

'튼튼하게만 자라 다오.'라는 아버지의 소원대로 튼튼하게만 자랐다. 세계적인 축구 스타가 꿈! 세계를 다니려면 세계사 지식도 필수라는 생각에 세계사반에 지원했다. 영웅 이야기를 좋아해서 역사 인물들에게 관심이 많다.

'오늘도 나선다' 나선애

역사 마스터를 꿈꾸는 우등생. 공부도 잘하고 아는 게 많아서 잘 나선다. 글로벌 인재가 되려면 기초 교양이 튼튼해야 한다는 생각으로 용선생을 찾아가 세계사반을 만들게 한다. 어려운 역사 용어들을 똑소리 나게 정리해 준다.

'잘난 척 대장' 왕수재

시도 때도 없이 잘난 척을 해서 얄밉지만 천재적인 기억력 하나만큼은 인정. 또 하나 천재적인 데가 있으니 바로 깐족거림이다. 세계를 무대로 한 사업가를 꿈꾸다 보니 지리에 관심이 많다.

'엉뚱 낭만' 허영심

엉뚱 발랄한 매력을 가진 역사반의 분위기 메이커. 남다른 공감 능력이 있어서 사람들이 고통을 겪을 때면 눈물을 참지 못한다. 예술과 문화에 관심이 많고, 그 방면에서는 뛰어난 상식을 자랑한다.

'깍두기 소년' 곽두기

애교가 넘치는 역사반 막내. 훈장 할아버지 덕분에 뛰어난 한자 실력을 갖추고 있으며, 어휘력만큼은 형과 누나들을 뛰어넘을 정도. 그래서 새로운 단어가 등장할 때마다 한자 풀이를 해 주는 것이 곽두기의 몫.

1교시

인도 최초의 통일 제국과 불교의 탄생

인더스 문명이 모래 속으로 자취를 감춘 지 어느덧 천 년.
인도에 뿌리내린 아리아인들은 갠지스강 유역의 밀림을
개간하며 새로운 문명을 일구어 나갔어. 갠지스강 유역은
인도 최초의 통일 제국을 이룬 마우리아 왕조의 중심지였고,
세계 3대 종교의 하나인 불교가 탄생한 곳이기도 해.

기원전 500년 무렵	기원전 400년 무렵	기원전 322년	기원전 261년	기원전 184년	기원후 100년 무렵
불교 탄생	마가다 왕국, 갠지스강 일대를 장악	마우리아 왕조 탄생	마우리아 왕조, 인도 통일	마우리아 왕조 쇠퇴	쿠샨 왕조, 북인도를 장악

간다라

페샤와르 주변을 가리키는 옛 지명이야. 예로부터 중앙아시아 지역과 빈번히 접촉했고, 교류가 매우 활발한 곳이었어.

박트리아
힌두쿠시산맥
카이버 고개
카불
간다라
이슬라마바드
펀자브

이란고원

펀자브

인더스강 지류들이 부챗살처럼 펼쳐져 있는 기름진 평원. 펀자브란 단어는 '다섯 개의 강이 흐르는 땅'이란 뜻이야.

페르시아만

인더스강

아라비아해

이슬라마바드

현재 파키스탄의 수도. 카이버 고개의 남단이야.

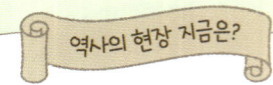

부처님의 발길을 따라 불교의 4대 성지를 가다

인도는 불교를 창시한 석가모니 부처님이 태어나고 활동했던 곳이야. 당연히 부처님의 생애와 관련해 수많은 이야기가 전해 내려오고, 부처님의 생애와 관련된 불교 성지도 많아. 우리도 부처님의 뒤를 따라 불교의 성지들을 한번 둘러보자.

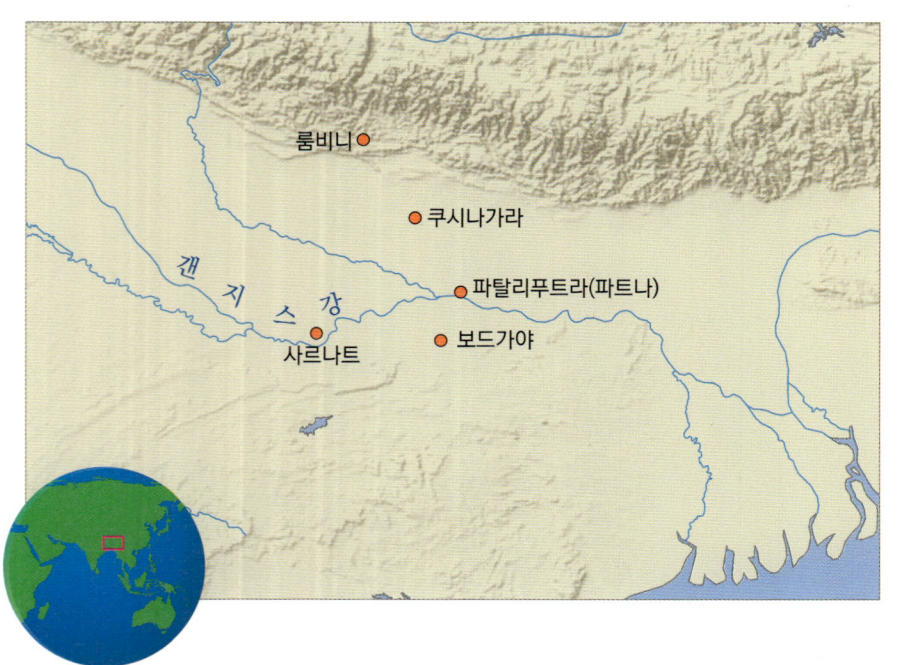

부처님이 탄생한 곳 룸비니

네팔 남동부 지역에 있어. 부처님의 어머니인 마야 부인이 아기를 낳기 위해 친정으로 가던 중에 이곳에서 잠시 쉬다가 부처님을 낳았대. 불교가 쇠퇴하면서 폐허가 되었다가 1896년에 다소카 대왕이 이곳을 방문해 세운 돌기둥이 발견되면서 다시 모습을 드러냈어.

⬆ **룸비니 남쪽에 있는 연못** 마야 부인이 출산 전에 이곳에서 몸을 씻었고, 갓 태어난 부처님을 씻겼대.

⬇ **마야데비 사원** 룸비니에 세워져 있는 불교 사원이야.

부처님이 깨달음을 얻은 곳 부다가야

부다가야는 마가다 왕국의 수도인 파트나에서 남쪽으로 100킬로미터쯤 떨어져 있어. 오늘날에도 깨달음을 얻으려는 많은 수행자들이 이곳에서 수행을 이어 간단다.

↑ 부다가야에 모여든 수행자들

↓ **마하보디 사원** 불교 전파에 앞장섰던 마우리아 왕조의 아소카 대왕이 부다가야의 보리수나무 동쪽에 건설한 사원. 현재의 사원은 1800년대 말에 복원되었어. 사원 가운데의 탑은 높이가 55미터에 달해.

부처님이 처음 설법을 베푼 곳 사르나트

파트나에서 갠지스강을 따라 상류로 200킬로미터쯤 떨어진 곳에 있어. 원래는 큰 사원이 있었지만, 오늘날엔 무너진 유적과 터만 남아 있단다. 뒤에 보이는 원통형 건물은 다메크 스투파라고 해. 부처님이 처음 설법을 베푼 것을 기념하기 위해 세운 탑이지. 아소카왕이 처음 세웠고, 굽타 시대에 더 크게 지었대.

◀ 네 마리의 사자가 올라서 있는 석주 머리 장식
사르나트 박물관에 보관되어 있어. 아소카 시대 불교 미술의 최고 걸작으로 꼽히고 있지.

부처님이 세상을 떠난 곳 쿠시나가라

오늘날의 인도 북동부 카시아 근처야. 부처님이 이곳에서 세상을 떠났어. 아소카 대왕은 이곳에 큰 스투파를 지어서 부처님이 돌아가신 곳임을 표시했는데, 1200년쯤 이슬람 세력의 침략으로 파괴되었어.

◀ 불상을 닦고 있는 순례자
◀ 열반에 드신 부처님을 표현한 불상

치열한 전쟁을 거치며 크샤트리아 계급이 부상하다

"예전에 인더스 문명에 대해서 배운 거 기억하고 있니? 기원전 1500년 무렵에 아리아인들이 인도로 들어와 인더스강 유역에 정착해 살다가 기원전 1000년 무렵부터 갠지스강 유역으로 옮겨 간 것까지 배웠는데."

"물론 기억나요. 아리아인들이 갠지스강 유역에서 베다 문명을 꽃피웠다고 하셨잖아요."

"아리아인의 문명을 베다 문명이라고 부르는 이유는 아리아인들이 그때까지 입으로 전해 내려오던 조상들의 이야기를 《베다》라는 책으로 기록했기 때문이라고 하셨습니다."

"오호, 그래. 다들 잘 기억하고 있구나. 그런데 베다 시대는 인도 역

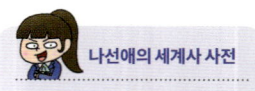

베다 시대 대개 기원전 1500년 무렵에서 기원전 500년 무렵까지를 말해.

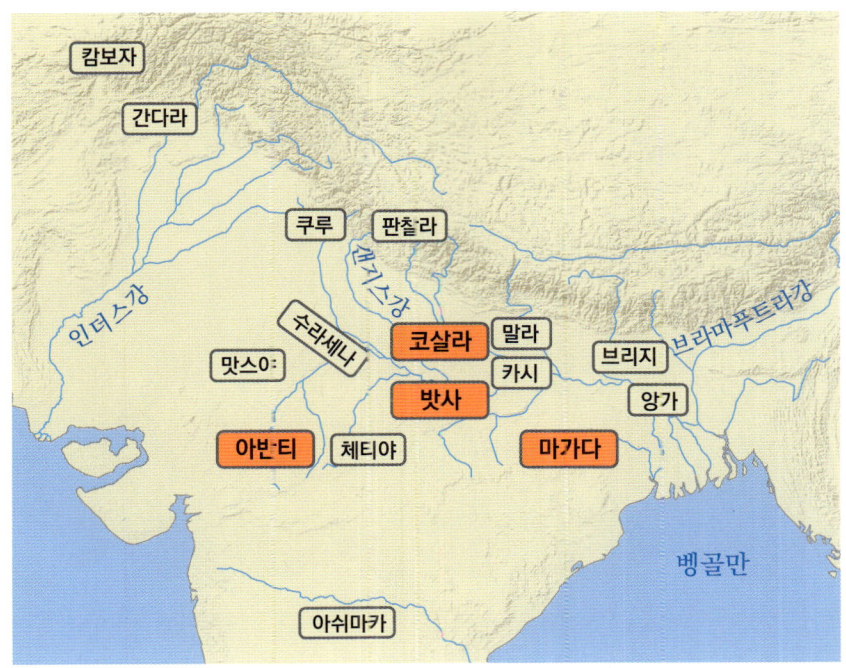

← 기원전 6OO년 무렵 인도의 여러 나라
기원전 500년 무렵이 되면 4개 나라로 합쳐져.

사에서 또 한 가지 중요한 의미가 있어. 아리아인들이 베다 시대를 거치면서 큰 나라를 몇 개 만들기 때문이야."

"인도에서도 페르시아 같은 통일 제국이 등장하는 건가요?"

"응, 비슷해. 원래 아리아인들은 수백 개가 넘는 씨족이나 부족 단위로 살았어. 그런데 세월이 흘러 인구가 늘어나고 농사를 지을 수 있는 땅이 부족해지자 서서히 영토 경쟁이 펼쳐지기 시작했지. 처음에 몇몇 부족들 간의 다툼으로 시작된 영토 경쟁은 급기야 정복 전쟁으로 번졌고, 여러 부족들이 동맹을 맺으면서 전쟁의 규모도 커졌단다. 수많은 전쟁을 거치면서 작은 부족들은 점차 큰 부족에 통합되었지. 그렇게 해서 베다 시대가 끝나는 기원전 500년 무렵이 되면 갠지스강 유역에는 마가다, 코살라, 아반티, 밧사라는 4개의 나라가 자

▲ 《마하바라타》의 전투 장면을 묘사한 그림 《마하바라타》는 도시 국가들 사이에 벌어진 정복 전쟁을 노래한 인도의 고대 서사시야.

리를 잡게 돼."

"흠, 그 네 나라도 계속 싸울 테니까 결국에는 한 나라가 다 통일해 버리겠죠?"

왕수재가 팔짱을 끼고 말했다.

"하하, 정확해. 결국 마가다 왕국이 갠지스강 유역을 통일했거든."

"마가다 왕국한테 무슨 특별한 비결이라도 있었던 건가요?"

"마가다 왕국에는 여러 가지 유리한 점이 있었어. 일단 넓은 들에 자리 잡고 있어서 인구가 많고, 철광석 광산이 가까이 있어서 철기 문화도 발달했지. 또 수도인 파탈리푸트라는 갠지스강의 수많은 지류들이 모이는 곳이어서 교통도 편리했어. 덕택에 파탈리푸트라는 일찍부터 상업이 발달해 부유한 도시가 될 수 있었지."

> 왕수재의 지리 사전
>
> **파탈리푸트라** 현재 인도 비하르주의 주도인 파트나야. 갠지스강 중류의 상업 도시로 1,000년 이상 아리아 문명의 본거지 역할을 했어.

용선생의 설명에 아이들이 잠자코 고개를 끄덕였다.

"그런데 치열한 전쟁을 거치면서 인도 사회에 큰 변화가 일어났어. 군사 지도자인 크샤트리아들의 힘이 껑충 커진 거야. 그래서 강력한 왕이 없었던 고대 인더스 문명 시대와 달리 베다 시대에는 크샤트리아들이 왕이 되었단다."

"그럼 이제 크샤트리아가 브라만보다 높은 계급이에요?"

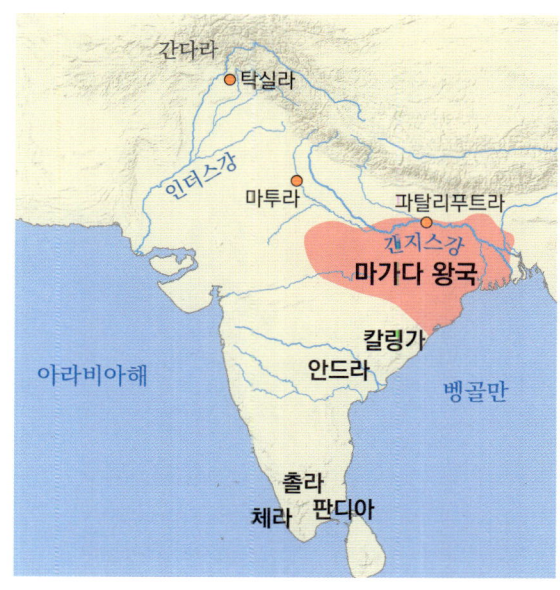

↑ 기원전 400년 무렵의 마가다 왕국

"그렇기도 하고, 그렇지 않기도 하고……. 일단 정치와 군사를 담당한 것은 크샤트리아니까 실제 권력은 크샤트리아에게 있었다고 봐야지. 하지만 계급은 여전히 브라만이 크샤트리아보다 높았어. 말하자면 카스트 제도 자체는 그대로였던 거야."

"권력은 크샤트리아가 쥐고 있는데, 계급은 브라단이 더 높다? 거 참 이상하네."

장하다가 고개를 갸우뚱했다.

"그래, 좀 이상하지? 그건 사제 계급인 브라만이 아니면 신들에게 제사를 지낼 수 없었기 때문이야. 아리아인들은 신께 올리는 제사를 중요하게 생각했어. 제사를 지내지 않는 왕은 신의 인정을 받지 못한 것으로 여겼고, 백성들도 따르지 않았지. 그뿐만 아니라 그걸 핑계로 주변의 다른 나라들이 침략 전쟁을 벌이기도 했어. 그래서 제아무리 왕이라 해도 브라만 앞에서는 고개를 숙일 수밖에 없었던 거야."

인도 최초의 통일 제국과 불교의 탄생 **021**

▲ **수리야 신상** 수리야는 브라만교의 태양신으로 지식과 생명을 상징해. 브라만들은 이 밖에도 수많은 신들에게 제사를 지냈단다.

"헤헤, 왕들은 좀 짜증 났겠어요."

"아니. 왕들 입장에서도 꼭 나쁜 일은 아니었어. 브라만한테만 잘 보이면 사람들을 손쉽게 복종시킬 수 있었기 때문이지. 왕과 브라만은 서로 가려운 곳을 긁어 주며 사이좋게 지냈어. 왕은 브라만들에게 제물과 사례금을 넉넉하게 바쳤고, 브라만은 부와 특권을 누린 거지. 그래서 브라만교와 카스트 제도는 인도 사회에 더욱 단단히 뿌리를 내릴 수 있었단다."

"결국 크샤트리아랑 브라만은 손발이 잘 맞는 짝이었던 거네요."

"그런데 이 무렵 새롭게 떠오른 집단이 있었어. 바로 상인들이었지. 상업이 발달하면서 상인들은 큰돈을 벌었고, 사회적인 영향력도 커졌단다. 그렇지만 카스트 제도에 따르자면 상인들은 바이샤 계급으로 어디까지나 브라만과 크샤트리아보다 한 단계 낮은 평민일 뿐이었어. 자연히 불만이 생길 수밖에 없었지. 상인들은 특히 브라만 사제들 때문에 큰

▲ **베다 시대 인도에서 사용된 은화들** 왼쪽은 간다라, 오른쪽은 마가다 왕국의 은화야. 이렇게 다양한 은화들이 만들어졌다는 건 그만큼 교역이 활발했다는 뜻이기도 해.

스트레스를 받았어."

"크샤트리아가 아니라 브라만 때문에요? 왜요?"

"브라만들이 시간이 흐를수록 점점 더 많은 제물과 사례금을 요구했거든. 심지어 제사 한 번에 수천 마리의 소를 제물로 바쳐야 하기도 했단다."

"제사 한 번 지내는 대가로 소를 수천 마리씩이나 요구했다고요?"

"응, 그런데 크샤트리아 지배자들은 상인들에게 거둔 세금으로 제물을 마련하려고 했어. 결국 상인들의 부담만 커졌던 거지. 자연히 스트레스를 받을 수밖에. 사실은 이때쯤 왕 역시 점차 제사를 부담스럽게 여기기 시작했어. 어떤 왕이 얼마나 제물을 바쳤는지 사람들이

인도 최초의 통일 제국과 불교의 탄생 **023**

▲ 요가 수행자 인도에서는 오늘날에도 많은 사람들이 명상과 수행을 통해 깨달음을 얻으려고 노력하고 있어.

"은근히 비교하기도 했거든."

"꼭 그렇게까지 해서 제사를 지내야 하나요?"

"인도에서도 그런 의문을 품은 사람들이 꽤 있었나 봐. 이들은 브라만을 통해 엄청난 제물을 바쳐서 제사를 지내는 방법이 아니더라도 명상과 수행을 통해 신과 접촉하고 깨달음을 얻을 수 있다고 생각했어. 그래서 복잡한 세상을 떠나 조용한 숲이나 산속에서 수행에 전념했지. 이렇게 새로이 등장한 수행자들을 슈라마나라고 불러."

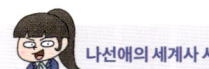

나선애의 세계사 사전

슈라마나 속세에서 벗어나 수행에 몰두하는 사람을 가리키는 산스크리트어야.

"오, 인도 사람들 생각이 많이 바뀌었군요."

"그런 셈이지. 브라만의 횡포에 지친 사람들은 슈라마나들의 가르침에 귀를 기울였어. 이때 깨달음을 얻은 슈라마나들이 자기 제자들을 중심으로 새로운 종교를 만들게 되지."

"선생님, 그런데 깨달음이 뭐예요?"

잠자코 설명을 듣던 곽두기가 고개를 갸웃거렸다.

용선생의 핵심 정리

기원전 400년 무렵, 마가다 왕국이 갠지스강 유역 통일. 크샤트리아 계급이 부상하고 브라만 계급은 크샤트리아 계급을 뒷받침하며 특권적 지위를 유지함.

불교가 탄생하다

"좋은 질문이다. 슈라마나들은 명상과 수행을 통해 우주와 세상이 돌아가는 근본 이치를 깨달으려고 했어. 왜 인간은 태어나고 늙고 병들고 죽는지, 어떻게 하면 이 끝없는 고통에서 벗어나 행복해질 수 있는지, 왜 어떤 이는 고귀한 왕으로 태어나고 어떤 이는 천한 수드라로 태어나는지, 이런 질문들에 대한 대답 말이야."

"와, 그걸 어떻게 알아요?"

"어려운 일이지. 하지만 슈라마나들은 포기하지 않았어. 유명한 스승을 찾아가 묻기도 하고, 숲속으로 들어가 명상에 잠기기도 했어. 또 극한의 굶주림과 고통에 직접 부딪쳐 보는 금욕과 고행도 슈라마나들이 진리를 구하는 방법이었어. 이렇게 여러 방법을 통해 우주의 근본 이치를 깨달은 사람들을 붓다라고 해. 우리말로 하면 부

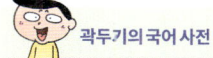

곽두기의 국어사전

금욕 금할 금(禁) 욕심 욕(慾). 욕심을 억제해 참는 것을 말해.

고행 쓸 고(苦) 행할 행(行). 어떤 목적을 이루기 위해 일부러 힘들고 거러운 일을 참고 견디는 거야.

↓ **부다가야의 석가모니상** 부처님이 깨달음을 얻은 부다가야의 사원 단지에 조성되어 있는 거대한 불상이야.

나선애의 세계사 사전

석가모니 석가모니는 사캬무니라는 산스크리트어를 한자로 적은 것으로, '사캬 족의 성자'라는 뜻이야. 석가모니 부처님은 사캬 족의 나라인 카필라 왕국의 왕자였거든. 이 부처님의 이름이 고타마 싯다르타야.

처지."

"어, 우리가 아는 그 부처님요?"

왕수재가 눈을 동그랗게 떴다.

"응. 그러니까 부처님은 한 분이 아니라 여러 분인 거야. 그중에서도 우리가 가장 잘 알고 있는 부처님을 좀 더 정확하게는 석가모니 부처님, 혹은 고타마 싯다르타 부처님이라고 부른단다."

"아~! 석가모니 부처님이 그런 뜻이었구나!"

"석가모니 부처님은 원래 인도 북동쪽에 있는 카필라 왕국의 왕자였어. 스물아홉 살 때 집을 나와 수행을 시작했고, 서른다섯 살 때 보리수나무 아래서 49일 동안 밤낮으로 명상을 이어 간 끝에, 마침내 진리를 깨달으셨대."

↓ **성 밖으로 나간 고타마 싯다르타** 궁궐에서만 살아온 싯다르타는 우연히 성 밖으로 나갔다가 병든 사람과 늙은 사람, 시체를 목격하고 큰 충격을 받았어. 그리고 마지막으로 슈라마나 수행자의 모습을 보고는 자신도 수행에 나서기로 결심했대.

"석가모니 부처님이 깨달은 진리는 어떤 진리인데요?"

"한마디로 딱 정리하면 '모든 고통은 욕심에서 나온다'였어. 따라서 고통에서 벗어나려면 모든 욕심을 버려야 한다고 말했지. 욕심만 버리면 누구나 행복해질 수 있다, 이것이 부처님이 깨달은 진리였던 거야."

"쳇! 그런 말이야 누가 못 해요? 난 또 대단한 비밀이라도 있는 줄 알았지 뭐야."

왕수재가 입을 내밀며 중얼거렸다.

"아주 평범해 보이지만, 이건 그때까지 브라만들이 했던 말을 뿌리째 뒤엎은 것이었어. 브라만들은 누군가 고통을 겪는 것은 그 사람이 전생에 죄를 지었기 때문이라고 가르쳤지. 그리고 카스트 제도에 따라 맡은 바 일을 하며 묵묵히 살고, 신께 제물을 잘 바치면 다음 생에는 좀 더 나은 존재로 태어날 수 있다고 강조했어. 그런데 석가모니 부처님 말씀에 따르면, 욕심만 버린다면 구태여 제물을 바쳐 제사를 지낼 필요도 없고 카스트 제도에 얽매일 필요도 없이 고통에서 벗어날 수 있는 거야. 부처님은 브라만교의 가르침에 정면으로 반기를 들었던 거지."

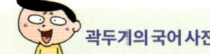

곽두기의 국어 사전
전생 앞 전(前) 날 생(生). 이전의 생애라는 뜻이야. 하나의 생명이 번갈아 가며 태어난다는 믿음을 윤회라고 해.

"아하! 듣고 보니 정말 심오한 뜻이 들어 있었군요."

"석가모니 부처님은 한 발 더 나아가 살생을 금지했어. 소나 말 같은 가축을 제물로 바치는 브라만교의 제사를 거부한 거지. 또 자비를 베풀라고 가르쳐서 하층민들의 가난과 고통을 당연하게 여기는 카스트 제도에도 반대했단다. 여기에 신분에 관계없이 누구나 수행을 통해 자신처럼 깨달음을 얻을 수 있다고 말했어."

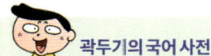

곽두기의 국어 사전
살생 죽일 살(殺) 날 생(生). 생명을 죽인다는 뜻이야.

"다행이네요. 저 같으면 이제 부처님 말씀을 따를 것 같아요."

"그래. 부처님의 가르침은 제사에 부담을 느껴 온 크샤트리아와 바이샤는 물론, 하층민들 사이로 빠르게 퍼져 나갔어. 이렇게 해서 석가모니 부처님의 가르침을 따르는 종교인 불교가 탄생하게 됐단다."

"그런데요 선생님, 아까 부처님 말고도 깨달음을 얻은 다른 사람들도 있었다고 하셨잖아요."

왕수재가 안경을 치켜올리며 물었다.

"참, 하마터면 그냥 넘어갈 뻔했군. 부처님과 비슷한 시기에 활동한 마하비라라는 사람도 유명해. 마하비라는 자이나교를 창시했지."

"자이나교? 그것도 종교예요?"

"그렇단다. 자이나교는 살생을 금지하고 수행을 통해 욕심을 버리는 걸 중요하게 여겼다는 점에서 불교와 비슷한 면이 많아. 하지만 자이나교는 불교보다도 더 엄격하게 살생을 금지했어. 어쩌다 실수로 벌레 한 마리만 밟아 죽여도 죄를 짓는다고 여겼지."

"벌레 한 마리만 죽여도 죄가 된다고요? 헉."

"그렇단다. 그래서 자이나교의 교리를 엄격히 따르자면 농사조차 지을 수가 없었어. 해충을 잡는 것도 죄가 되기 때문이지."

"그런 종교를 누가 믿어요?"

"그래서 자이나교는 불교만큼 널리 퍼지지는 못했어. 굳이 살생을 할 필요가 없었던 상인들이 자이나교를 주로 믿었지. 오늘날에도 인도의 자이나교도는 대부분 상인이란다."

"음, 하지만 살생을 금하면 고기를 못 먹을 테니 저는 자이나교는 믿기 힘들 것 같아요."

▲ 수행하는 마하비라
자이나교를 창시한 마하비라의 조각상이야.

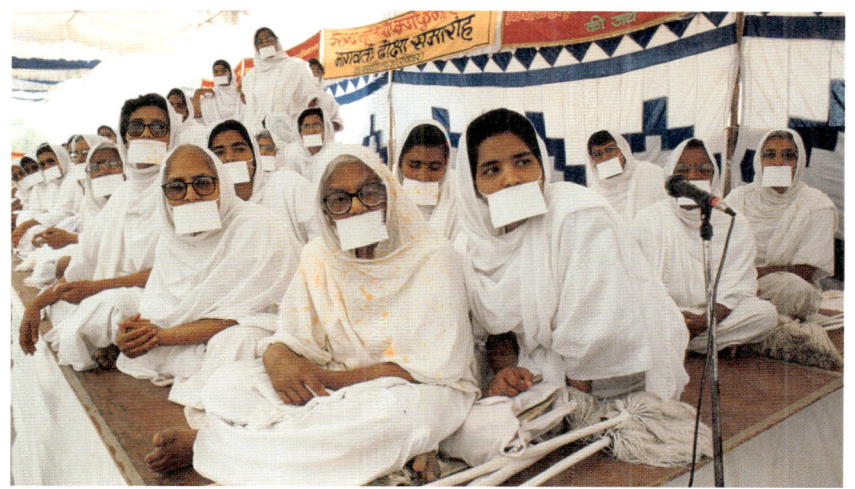

◀ 인도의 자이나교도
자이나교도는 하루살이가 입으로 날아들어 살생을 저지르는 일이 없도록 이렇게 마스크를 쓴대.

장하다가 고개를 절레절레 흔들었다.

"흐흐. 그래. 이렇게 불교나 자이나교 같은 새로운 종교의 탄생과 함께, 인도 사회는 또 하나의 커다란 변혁을 맞이하고 있었단다. 바로 인도 최초 통일 제국의 등장이었지."

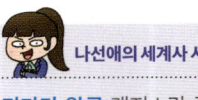

나선애의 세계사 사전

마가다 왕국 갠지스강 중류, 지금의 인도 비하르주를 본거지로 한 왕국이야. 기원전 500년대부터 기원후 500년 무렵까지 약 1,000년 동안 인도 문명의 중심이었어. 여러 왕조가 교체되었는데, 그중에서 난다, 마우리아, 굽타 왕조가 유명해. 특히 난다 왕조를 뒤엎고 출현한 마우리아 왕조는 최초로 인도를 통일했어.

용선생의 핵심 정리

기원전 500년 무렵, 카필라 왕국의 왕자 싯다르타가 출가해 보리수나무 아래서 명상한 끝에 진리를 깨달음. 이분이 바로 불교를 창시한 석가모니 부처님. 석가모니는 살생을 금하고, 카스트 제도에 반대함.

마우리아 왕조가 최초로 인도를 통일하다

용선생은 새로운 지도 한 장을 띄웠다.

"아까 마가다 왕국이 갠지스강 유역을 통일했다고 했던 거 기억나니?"

"물론이죠. 원래 여러 나라가 있었는데 마가다 왕국이 통합했다고 하셨어요."

"하하, 그래. 잘 기억하고 있구나. 마가다 왕국은 갠지스강 유역의 여러 나라들을 차례차례 복속시켜 기원전 320년 무렵의 난다 왕조 시기에는 인도 북부 대부분을 정복했단다. 그런데 바로 이때 카이버 고개 너머 중앙아시아에서 난생처음 보는 사람들이 들이닥쳤어."

↑ 마우리아 왕조의 인도 통일 과정

"누가 쳐들어오기라도 했다는 말씀인가요?"

"바로 알렉산드로스 대왕이었어. 알렉산드로스 대왕이 이끄는 그리스 군대가 페르시아를 거쳐 인도로 들이닥친 거야. 그리스 군대는 인도의 코끼리 부대를 무너뜨리고 삽시간에 인도 북서부의 펀자브 지방을 점령했단다."

"선생님, 제가 기억하기로 그때 인도 사람들이 알렉산드로스 대왕한테 인도로 깊숙이 들어가면 진짜 무시무시하고 강력한 나라가 있다고 겁을 줬다고 하셨는데요, 혹시 그 나라가 마가다인가요?"

나선애가 차분히 기억을 떠올리며 물었다.

"아마도 그랬을 거야. 알렉산드로스 대왕은 인도인 총독을 임명해 자기 대신 펀자브 지방을 다스리게 한 뒤 바빌론으로 돌아갔어. 근데 알렉산드로스가 임명한 펀자브 총독이 갑자기 죽는 바람에 펀자브 지방은 임자 없는 땅이 되어 버렸단다. 이때 찬드라굽타 마우리아라는 젊은 크샤트리아가 재빨리 펀자브 지방을 점령했지."

"찬드라굽타 마우리아? 에구, 이름이 무척 어렵다."

"흐흐. 마우리아 왕조를 세운 사람이라는 것만 기억하면 돼. 펀자브 지역을 차지한 찬드라굽타는 난다 왕조에 탄감을 품고 있는 크샤트리아들을 설득해 결국 난다 왕조를 무너뜨리고 마우리아 왕조를 열었어. 그리고 훗날 그리스인들의 침략을 막아 내며 영토를 오늘날의 아프가니스탄까지 넓히기도 했단다."

"우아, 대단한걸요."

"마우리아 왕조는 찬드라굽타왕이 죽은 뒤에도 계속

왕수재의 지리 사전

펀자브 인도 북서부와 파키스탄 동부에 걸쳐 있는 고원 지대야. 인더스 강을 비롯해 여러 강이 흐르는 곳으로 땅이 비옥하고 부유한 지역이지.

나선애의 세계사 사전

난다 왕조 기원전 300년 무렵 마가다 왕국을 다스렸던 왕조야.

→ 마우리아 왕조의 건국자 찬드라굽타 마우리아

↑ 파탈리푸트라의 마우리아 왕조 왕궁 유적

정복 활동을 펼쳐 나갔어. 그리하여 제3대 아소카 대왕 때는 인도의 남쪽 끄트머리 일부를 제외한 인도 전체를 통일했지."

용선생은 잠깐 호흡을 가다듬은 뒤 말을 이어 갔다.

"마우리아 왕조의 수도인 파탈리푸트라는 옛 마가다 왕국 시절부터 갠지스강 유역의 교역 중심지였어. 거기다 마우리아 왕조가 인도를 통일한 후에는 파탈리푸트라와 지방 곳곳을 잇는 도로까지 건설되며 수로는 물론 육로로도 인도 각지와 연결되었지. 자연히 파탈리푸트라는 인도 각지와 멀리 동남아시아, 서아시아에서 모여든 상인들로 언제나 북적였어."

"대도시가 만들어졌겠네요."

"응, 파탈리푸트라를 둘러싼 성의 둘레는 40킬로미터나 되었대. 성벽에는 570개나 되는 성탑을 세워 병사들이 경계를 섰고, 성안으로 들어가는 출입문은 60개가 넘었어. 반듯반듯한 거리는 반반한 돌로 깔끔하게 포장되어 있었지. 비록 오늘날엔 아무런 흔적도 남아 있지 않지만, 한창때는 도시의 인구가 40만 명을 넘어 메소포타미아의 바빌론이나 이집트의 알렉산드리아 같은 대도시와 비교해도 전혀 뒤지지 않았단다."

"역시 대제국의 수도답군요!"

▲ 오늘날의 파트나 비하르주의 주도인 파트나의 옛 이름이 파탈리푸트라야. 파트나는 현재 인구 180만 명의 대도시란다.

 용선생의 핵심 정리

기원전 322년, 찬드라굽타 마우리아가 마우리아 왕조 건국. 제3대 아소카왕은 인도 대부분을 통일해 전성기를 열었음.

부처님의 자비로 나라를 다스린 아소카 대왕

"마우리아 왕조의 전성기를 열어젖힌 사람은 바로 아소카 대왕이야. 인도에서는 우리나라의 세종 대왕만큼이나 큰 존경을 받는 분이지."

"세종 대왕만큼 훌륭한 왕이 인도에도 있었다고요?"

"그럴만도 하지. 우선 아소카왕은 인도의 통일을 완성했어. 기원전

 장하다의 인물 사전
아소카 대왕 마우리아 왕조의 세 번째 왕으로, 인도 통일을 완성하고 불교 전파에 힘썼어.

261년, 끝까지 저항하던 칼링가 왕국을 정복하며 인도 아대륙의 남쪽 끄트머리 일부를 제외한 인도 전역을 정복했지."

"근데 전쟁만 잘한다고 훌륭한 왕이 되는 건 아니잖아요."

"물론이지. 아소카왕은 독실한 불교 신자였어. 그래서 불교를 널리 전파하는 데에도 커다란 공을 세웠지. 불교가 세계적인 종교로 발돋움하게 된 건 다 아소카왕 덕분이란다."

"그런데 불교에서는 사람을 해치는 게 금지되어 있잖아요. 아소카왕도 전쟁을 했으니 사람을 죽인 것 아닌가요?"

"아소카왕이 불교를 적극적으로 받아들인 것은 통일 전쟁을 마무리한 뒤였어. 여기에는 한 가지 전해 오는 이야기가 있지."

"아! 그러니까 처음부터 불교를 믿은 건 아니군요?"

"응. 너희들 말처럼 사실 인도를 통일하는 과정은 그리 순탄하지 않았어. 늘 피비린내 나는 살육이 뒤따랐지. 그중에서도 칼링가 왕국을 정복할 때 특히 많은 사람이 목숨을 잃었어. 10만 명 넘는 사람이 죽었다고 해. 참혹한 전쟁이 끝난 뒤 아소카 대왕은 극심한 번뇌에 휩싸였어. 그러다가 결국 자신이 저지른 잘못을 깨닫고 불교를 받아들이기로 했다는 거야."

"이미 많은 사람이 죽었는데 뒤늦게 뉘우친다고 무슨 소용이 있나요?"

"아소카 대왕은 왕인 자신과 모든 백성들이 불교의 가르침을 알고 따른다면 무력을 동원하지 않아도 백성들이 자연스레 왕을 따르게 될 거라고 생각했어. 그래서 불교 교리를 바탕으로 나라를 다스리기로 결정했지. '이제 더 이상 전쟁을 하지 않겠다. 그리고 왕으로서 백

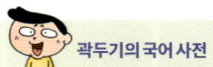

곽두기의 국어 사전

번뇌 번거로울 번(煩) 괴로워할 뇌(惱). 마음이 시달려서 괴로워하는 것을 의미하는 불교 용어야.

성들을 자비로운 마음으로 다스리겠다.'라고 선언한 아소카 대왕은 정말 어버이가 자식을 돌보듯이 자비로운 마음으로 백성들을 돌보았어."

"구체적으로 어떻게 했는데요?"

"아소카왕은 무너진 관개 시설을 수리해 농사를 돕고, 곳곳에 가난한 백성들은 물론 동물들까지 치료할 수 있는 병원을 지었어. 또 도로를 정비하고 여행자들이 이용할 수 있는 숙박 시설도 갖추었지. 도로변에는 가로수를 심어 먼 길을 오가는 사람들이 뙤약볕을 피할 수

▲ **아소카왕 돌기둥과 인도 국기**
아소카 대왕은 나라 곳곳에 불교의 가르침을 새긴 돌기둥을 세웠어. 바퀴는 불교의 가르침을, 사자는 왕을 상징한대. 바퀴는 인도의 국기에도 들어가 있어.

▲ **마우리아 왕조의 영토** 아소카왕의 돌기둥이 세워진 위치를 살펴보면 마우리아 왕조의 영토를 추측할 수 있어.

있도록 했어. 이쯤 되자 처음에는 의심의 눈초리로 왕을 바라보던 백성들도 차츰 왕을 따르게 되었단다. 덕분에 아소카 대왕이 다스리는 인도는 오랜 전쟁을 끝내고 평화를 맞이하게 되었어."

"불교의 가르침이 나라를 다스리는 데에도 효과적이었다, 이건가요?"

"바로 그거야. 아소카 대왕은 부처님의 가르침을 널리 전파하는 일에도 두 팔을 걷어붙이고 나섰지. 그래서 인도 곳곳에 그 지방 사람들이 사용하는 언어로 불교의 가르침을 새긴 돌기둥을 세웠어. 부모님에게 공손해라, 모든 생명에 자비심을 가져라, 진실을 말해라, 스승과 윗사람을 존경해라, 경건한 마음을 가져라 등등."

"전부 도덕책에 나오는 말들 같은데요?"

바퀴를 굴리는 사자가 인도를 상징한다고?

"그래, 부처님 말씀이기도 하지만 사람이 마땅히 지켜야 할 도리이기도 하지. 아소카 대왕은 전국 각지에 포교사를 파견하기도 했어. 또 부처님이 태어나고 깨달음을 얻은 곳, 부처님이 최초로 설법을 한 곳 등 부처님과 관련된 곳들을 순례하고 큰 사원을 세웠지. 불교는 아소카 대왕의 지원과 포교사들의 활동에 힘입어 중앙아시아와 서아시아, 심지어 멀리 그리스에까지 퍼져 나갔단다."

"우아, 그리스까지요?"

"응. 아소카 대왕의 노력 덕분에 마우리아 왕조는 전성기를 맞이했어. 하지만 아소카 대왕이 세상을 떠난 후 얼마 되지 않아 인도는 다시 혼란에 빠져들었단다."

"왜요? 누가 쳐들어오기라도 했어요?"

"흠, 그보다는 아소카 대왕의 뒤를 이은 마우리아 왕조의 왕들에게

허영심의 상식 사전

포교사 불교의 가르침을 전파하는 승려를 포교사, 크리스트교의 가르침을 전파하는 사람을 선교사라고 해.

◀ **산치 대탑**

부처님의 사리를 안치한 건물을 스투파라고 해. 이 스투파가 중국을 거치며 탑이라고 불리게 됐지. 아소카 대왕 때 인도에는 무려 8,400개의 스투파가 건설되었대. 사진 속 건물은 오늘날 남아 있는 가장 오래된 스투파야.

드넓은 인도를 다스릴 만한 능력이 없었던 거지. 아소카 대왕이 살아 있을 때에는 잠자코 고개를 숙였던 지방 영주들이 인도 곳곳에서 반란을 일으켰단다. 결국 마우리아 왕조는 계속되는 반란을 이겨 내지 못하고 멸망하고 말았어. 인도는 100여 년의 짧았던 통일 시대를 뒤로하고 다시 수많은 나라들로 쪼개졌단다. 한동안 잠잠했던 외적의 침략도 다시 시작되었지."

용선생은 스크린에 지도를 띄우며 설명을 이어 나갔다.

용선생의 핵심 정리

아소카 대왕은 정복 전쟁 동안 행한 살육을 참회하며 불교를 받아들임. 인도 각지에 돌기둥을 세워 부처님의 가르침을 전하고 자비심으로 백성들을 돌봄.

쿠샨 왕조가 동서 교역으로 번영을 누리다

"특히 인도 북서부의 펀자브 지방은 거의 200년 가까이 여러 이민족들의 침략에 시달렸어. 처음에는 그리스인들이 세운 박트리아 왕국이 이곳을 점령하더니, 기원후 100년 무렵에는 동쪽에서 이주해 온 월지가 이곳을 차지했지."

"월지요?"

"원래 월지는 중국의 북서쪽 초원에서 유목 생활을 하며 살던 사람들이야. 이웃한 흉노에 쫓겨 중앙아시아로 이주해 왔지. 월지는 중앙아시아를 근거지로 삼아 차츰 세력을 키운 끝에 마침내 박트리아

나선애의 세계사 사전

박트리아 왕국 알렉산드로스 대왕의 원정을 따라 왔다가 중앙아시아에 정착한 그리스인들이 박트라(발흐)라는 도시를 중심으로 세운 나라야. 기원전 250년 무렵부터 중앙아시아에서 큰 세력을 형성해 동서 교역으로 큰 이득을 봤어.

↑ 교역 요충지에 자리 잡은 쿠샨 왕조

를 정복하고 그 자리를 이어받았단다. 그리고 내친김에 인도 북서부까지 차지해 쿠샨 왕조를 세웠지. 쿠샨 왕조는 중국과 서아시아를 잇는 동서 교역로와 중앙아시아와 인도를 잇는 남북 교역로를 차지하고 교역으로 200년 가까이 큰 번영을 누렸어."

"쫓겨난 게 완전 전화위복이 됐네요."

"응. 더구나 이때는 유럽의 로마 제국과 중국의 한나라가 전성기를 누리던 시기라 동서 교역이 매우 활발했어. 교역로를 장악한 쿠샨 왕조는 중계 무역을 통해 큰 수입을 올렸단다. 그리고 동서 간에 이

나선애의 세계사 사전

쿠샨 왕조 윌지가 세운 나라로 기원후 100년 무렵부터 450년 무렵까지 중앙아시아와 인도 북서부를 지배했어.

인도 최초의 통일 제국과 불교의 탄생 **039**

부처님

↑ 쿠샨 왕조에서 발견된 로마 금화들

헤라클레스

↑ 쿠샨 왕조의 금화

루어지는 활발한 문화 교류의 현장이 되기도 했지. 쿠샨 왕조에서 찍어 낸 금화들에 이런 문화 교류의 흔적이 고스란히 남아 있어."

스크린을 보던 나선애가 고개를 갸웃했다.

"음, 그냥 금화 같은데 뭐 특별한 점이라도 있나요?"

"이건 쿠샨 왕조 때 찍어 낸 두 가지 금화의 앞뒤 면을 찍은 사진이야. 보통 동전은 앞면에는 왕의 모습을, 뒷면에는 신이나 영웅의 모습을 새긴단다. 마찬가지로 이 동전들도 앞면에는 왕의 얼굴을 새겨놓았어. 위 동전 뒷면에는 부처님이 새겨져 있는데, 아래 동전 뒷면에는 놀랍게도 고대 그리스의 영웅 헤라클레스가 새겨져 있지."

"네? 잠깐만요! 인도 동전에 헤라클레스가 왜 들어가요?"

"중앙아시아에는 그리스인들도 많이 살았거든. 그래서 이 금화들에 문화 교류의 흔적이 고스란히 남아 있다고 했던 거야. 여기서 한 발 더 나아가 인도 북서부의 간다라 지방에서는 동서양의 문화가 어우러진 새로운 예술 양식이 창조되기도 했어. 자, 이게 간다라 지방에서 만들어진 불상이란다."

"이게 불상이라고요? 어딘가 좀 이상한데."

곽두기가 고개를 갸웃하자 용선생이 설핏 웃음을 띠었다.

>
> **왕수재의 지리 사전**
>
> **간다라** 쿠샨 왕조의 수도 페샤와르 주변의 넓은 평원으로 카이버 고개로 가는 길목에 있어서 외부와의 접촉과 교류가 매우 활발했어. 오랫동안 박트리아 왕국의 지배를 받아 그리스 문화의 영향을 짙게 받았어.

◀ **간다라 지방에서 만들어진 초기 불교 조각상**
흘러내릴 듯한 옷자락, 얼굴 생김이 그리스 조각을 쏙 빼닮았어.

◀ **신라의 석굴암 본존불**
간다라 불상에 비해 얼굴 모습이 훨씬 동양적으로 변해 있어.

"그래. 우리가 아는 불상과는 어딘가 모습이 조금 다르지? 간다라 지방에 살던 인도인들이 가까운 박트리아의 그리스 신상을 모방해 불상을 만들다 보니 성김새까지 그리스 신을 닮게 된 거야. 이렇게 그리스 신상을 닮은 불상을 간다라 양식의 불상이라고 부른단다."

"얼굴을 보니 진짜 그리스 조각 같아요!"

인도 최초의 통일 제국과 불교의 탄생

↑ 부처님 발자국
불상을 만들기 전에는 부처님의 길을 따른다는 뜻에서 발자국으로 부처님을 상징하기도 했어.

"간다라 지방에서 만들어진 불상은 불교의 확산과 함께 아시아로 퍼져 나갔어. 그리고 중국을 거쳐 우리나라에 들어올 무렵이 되면 얼굴 생김도 차츰 동양인의 모습으로 변하게 된단다. 하지만 어쨌든 족보를 거슬러 올라가면 처음에는 그리스 신상의 영향을 받았다고 할 수 있어. 우리나라의 석굴암과 같은 불상도 마찬가지야."

"석굴암 불상이 그리스의 영향을 받았다니…… 상상도 못 해 봤어요."

장하다가 입을 벌린 채 중얼거렸다.

 **용선생의 핵심 정리**

기원후 100년 무렵, 월지가 세운 쿠샨 왕조가 북인도를 장악하고 동서 교역으로 번영을 누림. 간다라 지방에서 그리스 미술에 영향을 받아 불상 제작.

대승 불교가 유행하다

"선생님, 그럼 간다라에서 불상을 만들기 전에 인도에서는 불상을 만들지 않았나요?"

"그건 아니야. 북인도의 마투라라는 곳에서도 간다라보다 조금 앞선 시기에 불상이 만들어졌거든. 다만 불교가 탄생하고 처음 300년에서 400년 동안은 불상을 만들지 않았지."

"왜요? 어디서나 신상을 만들잖아요."

"부처님은 원래 신이 아니잖니? 게다가 부처님은 열반에 드시면서 자신을 신처럼 숭배하지 말라는 유언도 남겼어. 그렇기 때문에 초기 불교에서는 아예 불상을 만들 생각도 하지 않았던 거야."

"그럼 불상을 만든 건 부처님의 유언을 어긴 셈이네요?"

"유언을 어겼다기보다는 오랜 세월이 흐르며 자연스럽게 변화가 일어났다고 봐야겠지. 사실 초기의 불교는 부처님의 가르침대로 한 사람 한 사람이 명상과 수행을 통해 욕심을 버리고 깨달음의 경지에 오르는 게 목표였어. 그런데 이게 말처럼 쉽지 않았단다. 하루하루 먹고살기도 힘든 가난한 사람들이 언제 명상과 수행을 할 수 있었겠니? 또 부처님의 가르침을 알려면 어려운 경전을 읽고 공부도 해야 하는데 이것도 보통 사람들에게는 거의 불가능한 일이었지."

"듣고 보니 그렇네요."

"그래서 불교 신도들 사이에서 차츰 새로운 생각이 싹트게 되었어. 한 사람 한 사람이 명상과 수행을 통해서 깨달음을 얻는 것보다는, 세상 모든 사람들이 부처님의 깨달음을 얻어 함께 고통에서 벗어나도록 서로 도와야 한다는 거야. 이런 생각을 중요하게 여기는 불교를 '대승 불교'라고 불러. 반면 부처님의 가르침을 지키며 저마다 명상과 수행으로 깨달음을 얻어야 한다고 생각하는 불교를 '상좌부 불교'라고 부르지."

"제가 듣기에는 대승 불교가 더 좋은 거 같은데요?"

장하다가 뒷머리를 긁적였다.

"응, 게다가 인도 이외의 다른 나라 사람들에게는 인도에서 유행한 명상과 고행 같은 수행법이 낯설었어. 그래서 이들에게는 스님들

허영심의 상식 사전

열반 세상에서 겪는 일체의 고통에서 벗어난 경지를 일컫는 말이야. 불교에서 수행을 통해 도달하고자 하는 최종 목표이지. 흔히 스님들이 죽었을 때 '열반에 드셨다'라고 말하는데, 여기서도 그런 뜻으로 쓰였어.

나선애의 세계사 사전

대승 불교 대승은 '큰 수레'라는 뜻이야. 큰 수레에 많은 사람들을 싣고 다 함께 깨달음을 얻는 것을 중요시하는 불교라고 볼 수 있지.

상좌부 불교 대승 불교에서는 상좌부 불교를 약간 얕잡아 '소승 불교'라고 부르기도 해.

허영심의 상식 사전

시주 절이나 스님에게 아무 조건 없이 물질적인 도움을 베푸는 것을 말해.

곽두기의 국어 사전

구제 구할 구(救) 건널 제(濟). 어려운 처지에 있는 사람을 구한다는 뜻이야.

에게 시주를 꼬박꼬박 하고 설법만 들어도 깨달음을 얻을 수 있다는 대승 불교의 교리가 훨씬 더 매력적이었지. 이민족이 세운 쿠샨 왕조 때 대승 불교가 유행한 것도 이와 관련이 있단다. 그리고 사실 불상이 만들어진 것도 대승 불교가 유행한 것과 관련이 있어."

"네? 그게 어떤 관계가 있는데요?"

"원래 불교에서 구제는 자기 자신만이 할 수 있었어. 하지만 대승 불교에서는 스님이나 부처님처럼 다른 이의 도움을 받아도 구제를 받을 수 있다고 가르쳤지. 그래서 사람들은 강력한 힘을 가진 부처님에게 자신을 구제해 달라고 기도하거나 제물을 바치기도 했지. 그러니까 부처님을 신처럼 모시게 된 거야. 자연히 기도를 올릴 대상, 즉

↑ 스님에게 시주하는 할머니

불상이 필요해졌어. 그리고 뒤이어 불상을 모실 사원과 사원에 머물며 부처님의 말씀을 알아듣기 쉽게 설명해 주는 스님도 생겨났지."

"그건 부처님의 생각이랑 완전 다르잖아요?"

용선생은 어깨를 으쓱해 보였다.

"그런 셈이지. 어쨌거나 대승 불교는 쿠샨 왕조에서 전성기를 맞이했어. 특히 제3대 왕인 카니슈카왕은 나라 곳곳에 거대한 불탑과 사원을 지어 대승 불교 전파에 앞장섰어. 대승 불교는 자연스럽게 쿠샨 왕조의 영향권 아래에 있던 중앙아시아에 전해졌고, 훗날 중국을 거쳐 우리나라까지 들어오게 된단다. 반면에 상좌부 불교는 바닷길을 따라 주로 동남아시아 지역으로 전파되었어. 그래서 같은 불교라 하더라도 우리나라, 중국, 일본의 불교와 동남아시아의 불교 사이에는

꽤 큰 차이가 있지."

"흠, 불교라고 해서 다 같은 불교가 아니네요."

"그래. 흐흐. 자~ 그럼 오늘은 여기까지 할까? 모두들 고생 많았어!"

용선생의 핵심 정리

쿠샨 왕조 시기에 인도에서 유행한 대승 불교가 중앙아시아와 동아시아로 퍼져 나감. 대승 불교는 중생의 구제를 중요하게 여기는 불교. 그에 반해 수행을 중시하는 불교는 상좌부 불교라고 함.

나선애의 정리노트

1. 크샤트리아와 바이샤 계급의 부상
- 전사와 상인들의 권력이 커지며 과도한 제물을 요구하는 브라만교에 대한 불만이 증가함.
  - → 슈라마나 등장: 브라만교를 거부하고 스스로 깨달음을 얻으려는 수행자들이 늘어남.

2. 불교의 탄생과 발전
- 고타마 싯다르타: 불교의 창시자. 석가모니 부처님
  * 붓다: 여러 방법의 수행을 통해 우주의 이치를 깨달은 사람. 우리말로는 부처!
- 욕심을 버려야 인생의 고통에서 벗어나 행복해질 수 있으며, 누구나 수행을 통해 자신처럼 깨달음을 얻을 수 있다고 함. → 크샤트리아와 바이샤, 하층민들의 환영을 받음.
- 상좌부 불교와 대승 불교

상좌부 불교	명상교 - 수행을 통한 개인의 깨달음을 목표로 함. 주로 동남아시아로 전파
대승 불교	대승 = 큰 수레. 많은 사람들이 함께 깨달음을 얻는 것을 목표로 함. 중국을 거쳐 우리나라까지 전파

3. 인도 최초의 통일 제국 마우리아 왕조
- 알렉산드로스의 침공 이후 찬드라굽타 마우리아가 펀자브 지역을 차지
  - → 남인도 일부를 제외한 인도 전체를 통일해 인도 최초의 통일 제국을 이룸.
- 아소카 대왕은 불교의 가르침에 따라 나라를 통치하여 많은 사람들의 존경을 받음.
  - → 마우리아 왕조의 전성기를 이끎.

4. 동서 세계를 연결한 쿠샨 왕조
- 중앙아시아의 월지가 인도 북부를 차지하고 쿠샨 왕조를 세움.
  - → 중국과 서아시아, 인도를 잇는 교역로를 독점해 중계 무역으로 번영을 누림.
  * 간다라 양식: 그리스의 신상 제작 문화의 영향으로 탄생

세계사 퀴즈 달인을 찾아라!

1 인도의 역사와 문화에 대한 설명으로 알맞은 것에 ○표, 알맞지 않은 것에 X표 해 보자.

○ 상인들은 과도한 제물과 신분 차별로 브라만교에 대한 불만이 많았다. ( )

○ 아소카 대왕은 전국 각지에 부처님의 가르침을 새긴 돌기둥을 세웠다. ( )

○ 카니슈카왕은 나라 곳곳에 거대한 불탑과 사원을 지어 대승 불교 전파에 앞장섰다. ( )

○ 간다라 미술은 우리나라에 전혀 영향을 미치지 않았다. ( )

2 다음 지도에 표시된 영역을 차지한 왕조의 이름을 써 보자.

( )

3 다음 중 서로 관련 있는 것들을 바르게 연결해 보자.

① 찬드라굽타 마우리아 ・   ・ ㉠ 대승 불교 전파

② 아소카 대왕 ・   ・ ㉡ 마우리아 왕조의 전성기

③ 카니슈카왕 ・   ・ ㉢ 마우리아 왕조 건설

4 불교가 등장하게 된 배경으로 알맞은 것을 모두 골라 보자.

> ㉠ 인도의 통일
> ㉡ 상인들의 성장
> ㉢ 카스트 제도에 대한 불만
> ㉣ 크샤트리아와 바이샤 계급의 몰락

(   )

5 불교에 대해 <u>잘못</u> 설명한 친구는?
(   )

 ① 인도를 비롯해 아시아 각 지역에 널리 전파되었어.

 ② 누구나 수행을 통해 깨달음을 얻을 수 있다고 했어.

 ③ 카스트 제도를 강화하고 신분에 따른 역할을 강조했어.

 ④ 욕심을 버리면 누구나 고통에서 벗어나 행복해질 수 있다고 했어.

 정답은 328쪽에서 확인하세요!

6 빈칸에 들어갈 알맞은 말을 써 보자.

이 불상은 ○○○ 양식의 초기 불상이야. 옷자락이나 얼굴 모습이 그리스의 신상들과 비슷하지.

(   )

7 다음 설명에 해당하는 왕조로 알맞은 것은?   (   )

> 이 왕조는 중앙아시아의 유목민 월지가 세운 왕조야. 중국과 서아시아, 인도를 잇는 교역로를 독점하며 200년 가까이 번영을 누렸어.

① 난다 왕조　　　② 쿠샨 왕조
③ 마가다 왕조　　④ 마우리아 왕조

용선생 세계사 카페

절에서 만날 수 있는 부처님과 보살님들

역할도 다르고 모습도 다른 여러 부처님과 보살님들

절에 가면 석가모니 부처님 말고도 많은 부처님들을 만날 수 있어. 이 부처님들은 저마다 역할이 다를뿐더러 모습도 조금씩 다르단다. 또, 부처님들과 함께 부처님을 돕는 여러 보살님들을 함께 모시는 경우도 많아. 보살은 아직 깨달음을 얻어 부처가 되지는 않았지만, 오랜 수행으로 인간을 뛰어넘은 경지에 이른 분들을 말하지. 오늘은 여러 부처님들과 보살님들이 각각 어떤 역할을 하며 어떤 모습을 하고 있는지 한번 알아보자.

석가모니불

최초로 깨달음을 얻어 불교를 창시한 석가모니 부처님이야. 석가모니 부처님은 모든 불교 신자들이 최고로 치는 스승이자, 때로는 이 세상을 다스리는 최고신으로 여겨져. 대부분의 절의 중심에는 석가모니 부처님을 모시는 '대웅전'이란 가장 큰 건물이 있단다.

약사여래불

아픈 사람을 치료해 주는 부처님이야. 왼손에 약병을 들고 있기 때문에 금방 알아볼 수 있지. 의료 기술이 발달하지 않은 옛날에는 병이 나면 으레 약사여래를 찾아가 병을 낫게 해 달라고 빌곤 했어.

약병

아미타불

인간을 구제해 극락으로 데려가려고 온 힘을 다하는, 인간에게는 참으로 고마운 부처님이야. '나무아미타불 관세음보살.' 한 번쯤 들어 본 적 있지? 이 염불은 '아미타불과 관세음보살에게 의지합니다.'라는 뜻이야. 아무리 죄가 많은 사람도 진심을 다해 이 염불을 외면 극락으로 갈 수 있대.

미륵불

먼 훗날 나타나 혼란에 빠진 세상을 구원할 미래의 부처님이야. 다른 부처님들은 보통 가부좌를 틀고 앉아 있지만, 미륵불은 어딘가에 걸터앉아 있거나 서 있는 모습으로 표현되는 경우가 많단다. 얼른 고통에 빠진 사람들을 구하러 가기 위해 그런 자세를 취하고 있는 거래. 미륵불은 가난한 사람들에게 미래를 밝히는 등불 같은 존재였어. 그래서 현실이 힘든 사람들은 미륵불로부터 위안을 얻었지. 때로는 미륵불 신앙을 앞세워 반란을 일으키기도 했단다.

지장보살

지옥에서 고통받는 모든 사람들이 구원을 받기 전에는 부처가 되지 않겠다고 맹세한 보살이야. 지옥에서 머물며 죽은 사람들을 안내하는 역할과 이미 지옥에 빠져 벌을 받고 있는 사람들을 극락세계로 이끄는 역할을 해. 보통 명부전이라는 전각에 지장보살을 모시며 죽은 사람들을 위해 기도도 올린단다.
지장보살은 지팡이와 여의주를 든 모습으로 그려져. 손에 든 지팡이로 땅을 내려쳐 지옥의 문을 열고, 여의주로는 어둠을 몰아낸대.

문수보살

문수보살은 완전한 지혜를 지닌 보살이야. 부처님이 돌아가신 뒤 세상에 나타나 사람들의 깨달음을 돕기 위해 노력하고 있대. 오른손에 들고 있는 칼을 휘둘러 사람들의 욕심을 끊어 낸대.

여러 개의 머리

관세음보살

관세음보살은 미륵불이 세상을 구원할 때까지 사람들을 고통으로부터 지켜 주는 역할을 하는 보살이야. 모든 것을 바라보며 많은 사람들을 보살피는 역할을 하기 때문에 천 개의 눈과 천 개의 손을 가지고 있대. 그래서 이렇게 여러 개의 얼굴과 손을 가진 모습으로 표현된단다.

2교시

춘추 전국의 혼란을 딛고 중국에 통일 제국이 들어서다

오랫동안 중국을 지배하며 평화를 누린 주나라.
주나라가 수백 개의 제후국으로 쪼개지면서
중국은 제후국들 간에 끝없이 전쟁이 이어지는 춘추 전국 시대로 접어들게 돼.
550년에 걸친 혼란을 끝내고 중국을 최초로 통일한 나라는 진나라였어.
이번 시간에는 춘추 전국 시대와 진의 중국 통일 과정을 살펴보도록 하자.

기원전 770년	기원전 551년	기원전 403년	기원전 221년	기원전 214년	기원전 213년
서주 몰락, 춘추 시대 시작	공자 탄생	진(晉)나라 분열, 전국 시대 시작	진(秦)나라, 중국 통일	만리장성 건설	분서갱유

역사의 현장 지금은?

초나라의 본거지 후베이성을 가다

초나라의 본거지 후베이성은 창장강 중류에 있는 둥팅호라는 큰 호수 북쪽에 있어. 그래서 호수의 북쪽에 있다는 뜻으로 후베이(湖北)라는 이름이 붙었지. 인구는 5,900만 명, 면적은 18만 제곱킬로미터로 한반도 전체보다 조금 작아. 후베이성은 창장강의 범람으로 생긴 넓고 비옥한 평원과 온화한 날씨 덕분에 무척 풍요로운 곳이야. 또 바깥쪽이 높은 산으로 둘러싸여 외적을 막아 내기에도 유리했단다.

↑ 황학루에서 바라본 우한

후베이성의 중심 도시인 우한

우한은 중국 한복판에 자리 잡고 있을 뿐 아니라 창장강이 도시를 관통해 흐르고 있어서 옛날부터 교통의 요충지로 꼽혔어. 지금도 창장강을 오가는 뱃길은 물론 수많은 도로와 철도가 이곳을 지나고 있지. 현재 약 600만 명의 주민이 살고 있는 우한은 중국 중부의 대표적인 정치, 경제, 문화 중심지야.

↑ 우한의 명물 황학루

↑ 더위를 피해 거리로 나와 잠을 청하는 우한 시민
우한은 난징, 충칭과 더불어 중국의 3대 용광로라 불릴 만큼 무더운 여름 날씨로 악명 높아.

후베이성을 관통하는 창장강

창장강은 나일강, 아마존강에 이어 세계에서 세 번째로 긴 강이야. 후베이성이 위치한 중류 지역의 강폭이 한강의 3배인 3킬로미터나 되기 때문에 바다처럼 보일 정도지. 거대한 창장강은 중국의 생명줄이자 중국 곳곳을 연결하는 교통로 역할도 해 왔어. 오늘날은 관광객을 위한 유람선뿐 아니라 화물선의 모습도 쉽게 볼 수 있지.

↑ 창장강을 오가는 여객선

후베이성은 중국의 손꼽히는 곡창 지대

물이 풍부하고 들이 넓은 후베이성은 예로부터 풍요롭기로 이름난 고장이었어. 오늘날 이곳에서는 차와 쌀, 목화 등 다양한 농작물이 생산되고 있단다.

↑ 우한 근교의 광활한 들판

↑ 찻잎을 따는 사람들

세계 최대 규모의 수력 발전소, 싼샤 댐

우한에서 창장강을 따라 서쪽으로 가다 보면 강폭이 좁아지는 곳이 있어. 흔히 싼샤 협곡이라고 부르는 곳이야. 중국 정부는 이곳을 막아 엄청난 규모의 댐을 건설했어. 폭 2.3킬로미터, 높이 185미터에 초대 저수량이 약 390억 톤으로 우리나라에서 가장 큰 소양강 댐의 13배가 넘는 어마어마한 규모의 댐이지. 특히 싼샤 댐의 전력 설비는 수력 발전소 가운데 세계 최대 규모인데, 중국 전체 발전량의 10% 가까이 되는 시간당 1천만 킬로와트 정도의 전력을 발전한다고 해. 싼샤 댐은 창장강 유역의 홍수를 예방하고 부족한 전력을 충당하며 이 지역의 경제 발전에 크게 기여하고 있어. 하지만 댐 건설로 인한 환경 변화 등 여전히 풀어야 할 숙제도 많아.

↑ 물을 내보내고 있는 거대한 싼샤 댐

봉건 질서가 무너지고 패자가 등장하다

"선생님, 그런데 주나라는 어쩌다가 힘을 잃게 된 건데요?"

장하다의 질문에 용선생은 눈을 찡긋하며 이야기를 시작했다.

"그걸 이야기하려면 먼저 지난 시간에 배운 내용을 살짝 들여다봐야겠는걸. 선생님이 주나라는 봉건 제도로 나라를 다스렸다고 했는데, 봉건 제도가 뭐였는지 기억하니?"

"네, 봉건 제도는 왕이 신하에게 땅을 나누어 주고 신하는 왕에게 충성을 바치는 제도예요. 땅을 나눠 받은 신하를 제후라고 하는데, 주나라는 주로 왕과 가까운 친척들을 제후로 삼았어요."

나선애가 노트를 뒤적거리며 대답했다.

"흐흐, 그래. 잘 기억하고 있구나. 세월이 흐르자 그 봉건 제도에 문

유왕이 봉화를 올려 제후들을 희롱하다

전설에 따르면 서주의 마지막 왕이었던 유왕은 포사라는 미녀를 기쁘게 해 주기 위해서 가짜로 봉화를 올리곤 했대. 포사는 가짜 봉화에 속아 헐레벌떡 달려오는 제후들을 보며 깔깔거리고 웃었지. 여러 차례 속은 제후들은 봉화를 보고도 무시해 버렸고, 그 바람에 실제로 견융이 쳐들어왔을 때도 달려오지 않았지. 이 그림은 유왕이 올린 봉화에 속아 헐레벌떡 달려온 제후들의 모습을 그린 거야.

제가 생겼단다. 처음엔 가까운 친척이었던 왕과 제후의 관계가 대를 이어 갈수록 점점 멀어져서 나중에는 남이나 다름없는 사이가 돼 버렸거든. 그러다 보니 왕에 대한 충성심도 약해졌지. 그러던 중 주나라의 수도 호경이 견융이라는 이민족의 기습을 받았어. 왕은 다급하게 봉화를 올려서 제후들을 불렀지만 아무도 달려오지 않았단다. 결국 호경은 쑥대밭이 되었고 왕도 목숨을 잃고 말았어."

"그 일 때문에 주나라가 망한 거예요?"

"그건 아니야. 몇몇 제후들이 호경 동쪽의 낙읍으로 도읍을 옮기고 새 왕을 모셔 주나라를 이어 갔거든. 이때부터 주나라를 '동쪽의 주나라'라는 뜻으로 동주라고 하고, 그 이전의 주나라를 서주라고 불러. 하지만 동주의 왕은 제후들 덕분에 겨우 왕 자리나 지키는 형편

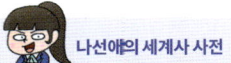

나선애의 세계사 사전
견융 주나라 서쪽에 살던 이민족이야.

왕수재의 지리 사전
낙읍 황허강 지류인 뤄수이강 유역에 자리 잡은 중국의 대표적인 역사 도시. 지금의 뤄양이야.

이었어. 그러다 보니 제후들도 더 이상 왕의 눈치를 보지 않았지. 꼬박꼬박 하던 문안 인사도 하지 않고, 세금도 제대로 안 바쳤을 뿐만 아니라 군사도 보내지 않았단다. 다시 말해 주나라 왕실을 중심으로 한 봉건 제도 전체가 와르르 무너지고 만 거야."

"그럼 이제 어떻게 되는데요?"

"간단히 말해 힘센 사람이 제일가는 시대가 되었어. 힘 있는 제후는 힘없는 제후의 땅을 무력으로 빼앗았지. 심지어 제후가 주나라 왕의 영지를 약탈하는 일까지 벌어졌어."

"제후가 왕한테 덤볐단 말이에요?"

"그래. 이른바 하극상이 벌어진 거야. 사실 이 무렵 하극상은 제후국 내에서도 벌어지고 있었어. 제후가 만만하다 싶으면 힘센 귀족이 제후를 내쫓고 땅을 빼앗곤 했거든."

"뒤죽박죽이네요."

"그렇지? 도읍을 낙읍으로 옮긴 기원전 770년부터 진나라가 중국을 통일하는 기원전 221년까지 대략 550년 동안을 춘추 전국 시대라고 부른단다. 중국 역사상 가장 길었던 혼란기지."

"550년 동안이나 이런 뒤죽박죽한 상황이 계속됐단 말이에요?"

"그래도 전반부인 춘추 시대에는 패자를 중심으로 어느 정도 질서가 유지되었어."

"패자요? 진 사람을 중심으로 질서가 유지되다니요?"

"하하, 여기서 패자는 제후들 중에서 제일 강한 제후, 즉 우두머리 제후를 말해. 패자는 모든 제후를 한자리에 불러 모은 뒤 무너진 봉건 제도 대신 제후들이 따라야 할 규칙을 정했어."

곽두기의 국어 사전

하극상 아래 하(下) 이길 극(剋) 위 상(上). 아랫사람이 윗사람을 짓밟고 올라간다는 뜻이야.

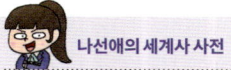

나선애의 세계사 사전

춘추 전국 시대 춘추 시대와 전국 시대를 합친 말이야. 보통 동주가 시작된 기원전 770년부터 기원전 400년대 초까지를 춘추 시대, 그 뒤부터 진나라가 중국을 통일하는 기원전 221년까지를 전국 시대라고 해.

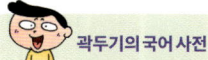

곽두기의 국어 사전

패자 으뜸 패(覇) 사람 자(者). 우두머리라는 뜻이야. '제패하다' 할 때의 패와 같은 글자이지. 여기서는 제후들 중에서 제일 강한 제후라는 뜻이야.

↑ 《춘추》 '춘추 시대'라는 이름은 공자가 지은 《춘추》라는 역사 책에서 따온 이름이야.

"그럼 이제 패자가 왕보다 센 거예요?"

"그런 셈이지. 제후들은 왕한테는 문안 인사도 안 가면서 패자가 부르면 잽싸게 달려왔거든. 사실상 왕을 보호한다는 명분을 앞세워 패자가 천하를 주물렀던 거야."

"선생님, 그럼 힘만 세면 아무나 패자가 되었나요?"

장하다의 질문에 용선생은 싱긋 미소를 지어 보였다.

"패자가 되려면 힘도 세야 하지만 큰형님다운 모습을 보이는 것도 중요했어. 그럼 어떤 과정을 거쳐서 패자들이 등장했는지 차례차례 살펴볼까?"

 **용선생의 핵심 정리**

기원전 770년, 주나라가 낙읍으로 도읍을 옮기면서 춘추 전국 시대 시작. 왕의 힘이 약해지자 봉건 질서가 무너지고 힘센 제후인 패자가 나라를 주무름.

↑ 관중 (기원전 725년?~기원전 645년) 제나라의 명재상. 상공업과 농업을 장려하고, 군사력을 길러 제나라를 부강한 나라로 만들었어. 덕분에 제 환공은 춘추 시대의 패자로 우뚝 설 수 있었지.

 장하다의 인물 사전

진나라 문공 진나라 제후 자리를 둘러싼 다툼으로 19년간의 망명 생활 후 진나라 제후가 되었어. 주나라 천자를 도와 수도에서 일어난 반란을 진압하고, 초나라군을 물리쳐 두 번째 패자가 되었지.

 왕수재의 지리 사전

화베이 평원 황허강 하류에 형성된 거대한 평원. 화베이를 차지한 세력이 곧 중국을 지배했다고 볼 수 있어.

춘추 시대, 혼란이 새로운 발전의 밑거름이 되다

"첫 번째로 패자가 된 사람은 제나라 환공이었어. 제나라는 명재상 관중의 주도로 상업과 수공업을 장려하고 충실히 군사력을 기른 덕분에 제후국 중에서 가장 힘이 강했단다. 환공은 이민족들이 쳐들어오면 군사를 이끌고 나가 약소 제후국을 지켜 주곤 했어."

"혹시 뭔가 딴 속셈이 있는 건 아니고요?"

"환공은 어떻게든 봉건 제도를 지키려고 했어. 그래서 주나라의 왕을 받들어 이민족을 무찌르고, 약한 제후국을 보호하며 멸망한 제후국을 되살리겠다고 선언했지."

"오호, 진짜 큰형님다운데요?"

"환공의 뒤를 이어 패자가 된 진나라 문공 역시 주나라를 위협하던 남쪽의 초나라를 막아 낸 뒤 패자로 인정받았어."

"그럼 초나라는 이민족이에요?"

두기가 고개를 갸웃하며 물었다.

"그렇단다. 초나라는 원래 주나라의 제후국이 아니었고, 사용하는 언어도 달랐거든. 또 다른 강국인 오나라 월나라도 마찬가지였지. 하지만 화베이 평원과 가까운 초나라는 허약한 주나라 제후국을 하나씩 집어삼키며 힘을 키웠어. 그리고 마침내 북쪽으로 대대적인 침략을 시작했는데, 이때 진나라 문공이 제후들을 모아 초나라를 막아 낸 거야. 전쟁이 끝나고 문공은 모든 전리품을 주나라 왕에게 바치고 충성을 맹세했지."

"패자는 주나라를 지키는 수문장이었네요."

"그런 셈이지. 그런데 말이야, 재밌게도 진나라 문공에 이어서 패자가 된 사람은 초나라의 장왕이었단다."

뜻밖의 말에 아이들의 눈이 휘둥그레졌다.

"그게 무슨 말씀이세요? 이민족이 패자?"

"기원전 597년에 진나라가 초나라 장왕에게 크게 패배하면서 패자 자리를 내주었거든. 심지어 초나라 장왕의 뒤를 이어서 패자가 된 건 오나라 왕 합려, 그다음은 월나라 왕 구천이었어. 이처럼 이민족 왕들이 줄줄이 중원의 대장 노릇을 하면서 그동안 오랑캐 땅으로 취급받던 남쪽의 창장강 유역도 중국의 일부가 되었지. 춘추 시대가 시작된 이후 차례로 패자가 되었던 제 환공, 진 문공, 초 장왕, 오왕 합려,

곽두기의 국어 사전

오랑캐 이민족들을 얕잡아 부르는 말이야

춘추 전국의 혼란을 딛고 중국에 통일 제국이 들어서다 **067**

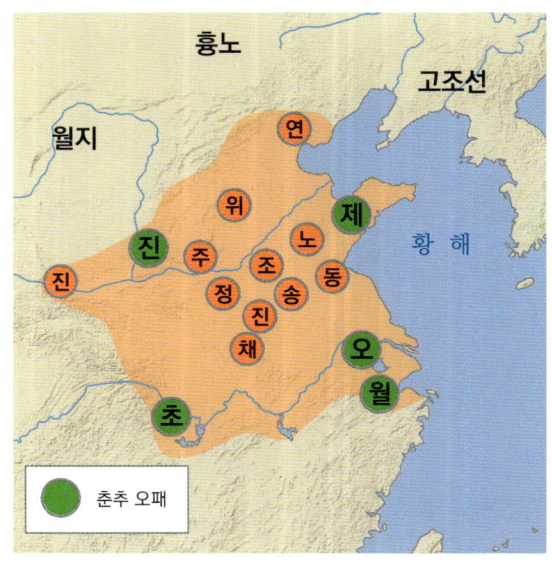

↑ 춘추 오패와 주요 제후국

월왕 구천을 춘추 시대의 다섯 패자, 즉 춘추 오패라고 불러."

"그럼 이제 초나라 왕도 주나라 왕을 모시는 건가요?"

"그럴 리가 있나. 초나라, 오나라, 월나라 왕은 주나라 왕과 마찬가지로 왕이라는 칭호를 썼어. 당연히 주나라 왕을 받든다거나 봉건 제도를 지키겠다는 생각도 없었지. 그러자 이들과 경쟁하던 다른 제후들도 앞다퉈 왕이라는 칭호를 쓰기 시작했단다. 이제 그나마 형식적으로 유지되던 봉건 질서마저 모두 무너져 버린 거야."

"휴~ 점점 더 혼란이 심해졌네요."

허영심이 한숨을 내쉬자 용선생이 빙긋 웃었다.

"그런데 말이야, 혼란이 꼭 나쁜 것만은 아니었어. 그 혼란이 발전의 밑거름이 되었거든."

"혼란이 발전의 밑거름이 되다니, 그게 무슨 말씀이세요?"

"제후들은 약육강식의 살벌한 생존 경쟁에서 살아남을 수 있는 강한 나라가 되려고 안간힘을 썼단다. 그 과정에서 발전이 이루어졌던 거야. 그렇다면, 강한 나라가 되려면 뭐가 제일 중요할까?"

"그야 강한 군대죠. 싸워서 이겨야 하니까!"

장하다가 숨도 안 쉬고 대답하자 왕수재가 반박했다.

"저는 돈이라고 생각해요. 돈 없이 어떻게 강한 군대

곽두기의 국어 사전

약육강식 약할 약(弱) 고기 육(肉) 강할 강(强) 먹을 식(食). 약한 쪽은 고기가 되고 강한 쪽은 그 고기를 먹는다는 뜻으로 살벌한 생존 경쟁을 표현한 말이야.

→ 진묘수 무덤을 수호하는 짐승이라는 뜻이야. 춘추 전국 시대 초나라에서는 이런 동물 조각을 무덤에 넣는 것이 유행이었대.

를 키우겠어요?"

"두 사람 말이 다 맞아. 나라를 부유하게 만들고 강한 군사력을 기르는 것, 이걸 부국강병이라고 하지. 춘추 전국 시대 제후는 부국강병을 위해 신분에 관계없이 우능한 인재를 발탁했고, 새로운 도구나 제도를 받아들이는 데도 망설임이 없었어. 중국에 본격적으로 철기가 도입된 것도 바로 춘추 시대였단다. 철제 농기구가 농업 생산을 늘리는 데 큰 도움이 된다는 걸 알게 된 제후들이 앞다퉈 철기를 도입했거든."

곽두기의 국어 사전

부국강병 부유할 부(富) 나라 국(國) 강할 강(强) 병사 병(兵). 나라 살림이 풍족하고 군사가 강하다는 뜻이야.

발탁 뽑을 발(拔) 뽑을 탁(擢). 여러 사람들 중에서 쓸 사람을 뽑는다는 뜻이야.

↑ 춘추 시대에 사용된 철제 농기구들

↑ 명도전
춘추 전국 시대 제나라, 조나라 등에서 사용됐던 청동 화폐야. 명(明) 자가 새겨진 칼 모양의 화폐여서 명도전이라고 해.

"철제 농기구가 그렇게 대단한가요?"

도통 이해가 되지 않는다는 표정으로 두기가 물었다.

"철제 농기구를 사용하면 땅을 아주 깊이 갈 수 있어. 그럼 작물이 땅속 깊은 곳에 있는 수분과 양분을 빨아들여 훨씬 더 잘 자랄 수 있지. 그뿐만 아니라 나무를 베거나 뽑아서 숲을 농지로 개간하기도 훨씬 쉬워. 철제 농기구 덕택에 춘추 시대부터 화베이 평원 전체가 빠르게 농지로 바뀌게 되었단다. 당연히 식량 생산도 크게 늘어났지."

용선생은 입술을 축이며 설명을 이어 나갔다.

"식량 생산이 늘어나자 뒤이어 여러 변화들이 일어났어. 우선 인구가 크게 늘었고, 교통이 편리한 곳에는 시장이 생겨났지. 멀리 떨어진 곳과의 무역도 활발해졌어. 상업이 발달하자 자연스럽게 거래를 편리하게 하기 위해 화폐도 만들어졌어. 이 가운데서도 생존 경쟁은 더욱 극심해져 중국의 역사는 새로운 단계로 접어들게 된단다. 바로 전국 시대가 막을 올린 거지."

> **나선애의 세계사 사전**
>
> **전국 시대** 싸울 전(戰) 나라 국(國). 춘추 시대보다 제후국 간에 전쟁이 더 극심하게 벌어지던 시대야.

용선생의 핵심 정리

춘추 전국 시대에 제후국이 살아남기 위해 부국강병 경쟁을 펼치면서 농지 개간, 철기 도입이 이루어지고, 그 결과 농업 생산이 비약적으로 늘어남.

전국 시대,
일곱 나라가 치열한 경쟁을 펼치다

"뭐가 달라졌는데 생존 경쟁이 더 치열해졌어요?"

"춘추 시대에는 형식적이나마 봉건 질서가 유지됐어. 패자는 주나라 왕실을 존중했고 제후국을 보호하려 했지. 하지만 전국 시대부터는 묻지도 따지지도 않고 오로지 전쟁으로 결판을 냈어."

"우아, 정말 살벌하네요."

"아까 춘추 시대 패자였던 진나라 기억하지? 그 진나라가 기원전 403년 한, 위, 조, 세 나라로 쪼개졌어. 이 사건이 바로 전국 시대의 시작을 알리는 신호탄이 되었지."

"그게 그렇게 중요한가요?"

"이 사건은 진나라의 귀족들이 제후를 내쫓은 뒤 자기들끼리 땅을 나누고 주나라 왕을 협박해 제후가 된 사건이야. 한번 생각해 봐. 원래 제후를 임명하는 건 주나라 왕의 권리야. 그런데 이제 힘만 있으면 누구나 제후가 될 수 있고, 힘이 없으면 제후 자리에서 쫓겨나는 시대가 되었다는 것이 똑똑히 증명된 거지. 그래서 전국 시대의 제후국은 죽기 살기로 힘을 기르고, 땅을 넓히기 위해 치열한 전쟁을 벌였단다."

용선생은 새로운 지도를 띄운 뒤 설명을 이어 나갔다.

↓ 전국 칠웅

춘추 전국의 혼란을 딛고 중국계 통일 제국이 들어서다

"그러다 기원전 300년 무렵이 되면 수많은 제후국이 7개 강대국으로 정리가 되는데, 이 7개 강대국을 전국 칠웅이라고 불러. 전국 시대의 일곱 영웅이라는 뜻이지."

"아까는 나라가 그렇게 많았는데 이젠 고작 일곱 나라만 남았네요?"

"그래. 전국 시대가 되면서 이전보다 전쟁의 규모도 훨씬 커지고 전쟁 양상도 변했어. 사실 춘추 시대까지의 전쟁은 영토를 빼앗는 전쟁이 아니라 누가 높고 낮은지를 정하는 전쟁이었어. 진 쪽에서 '졌소. 앞으로 형님으로 모시겠소.' 하면 전쟁이 끝났지."

"무슨 전쟁이 그래요?"

"춘추 시대까지는 형식적으로나마 봉건 질서가 유지되었기 때문에 아무리 전쟁에서 이겼다고 해도 제후를 쉽게 쫓아낼 수 없었어. 하지만 전국 시대에는 상대방의 근거지인 성을 함락시켜 가차 없이 멸망시켜 버리고 영토를 빼앗는 것이 전쟁의 목표가 되었단다. 그러다 보니 작은 제후국은 모두 멸망하고 일곱 나라만 남게 된 거지."

"으아, 진짜 목숨을 건 경쟁이 시작된 거네요."

➜ **전국 시대 공성 무기들**
성문을 부수고, 성벽을 오르는 데에 쓰였던 공성 병기들. 전쟁의 양상이 바뀌며 다양한 공성 무기가 개발되었어.

↑ **운제** 성벽에 갈고리를 걸어 군사들이 타고 올라가도록 만든 일종의 사다리차야.

↑ **공성탑** 성벽 가까이 접근한 뒤 성벽 위의 적군을 향해 활을 쏘기 위한 도구야.

↑ **분온차** 군사들을 성문까지 안전하게 접근시키는 데 쓰였어.

장하다가 턱을 덜덜 떨었다.

"이렇게 전쟁의 규모가 커지다 보니 전국 시대 제후국은 백성들을 100퍼센트 활용해 농업 생산을 늘리고, 필요할 때 손쉽게 군사로 동원하는 제도를 만들고 싶어 했어."

"말이 쉽지, 그걸 어떻게 해요?"

"방법이 있지. 우선 백성들을 정확히 파악하기 위해 호적을 만들었어. 그리고 땅을 똑같이 나눠 줘 농사를 짓게 했지."

"백성에게 땅을 나눠 준다고요? 갑자기 웬 선심?"

왕수재가 의아한 표정을 짓자 용선생이 진지한 얼굴로 대답했다.

"물론 공짜는 아냐. 백성은 땅을 받는 대신 세금을 내고, 전쟁이 나거나 나라에 필요한 일이 있을 때에는 만사 제치고 달려가야 했거든.

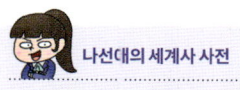

나선대의 세계사 사전

호적 모든 가구의 가족 수, 이름, 나이, 성별, 생년월일, 주소 등을 조사해 기록한 문서야.

춘추 전국의 혼란을 딛고 중국에 통일 제국이 들어서다 **073**

만약 세금을 내지 않거나 나라의 부름에 응하지 않는 백성이 있는 경우에는 공동으로 책임을 물었기 때문에 같은 마을의 백성들은 서로를 감시해야 했어. 다만 누구라도 나라에서 시키는 일을 잘하면 작위를 받아 신분을 상승시킬 수가 있었지."

"신분 상승이 그렇게 중요한가요?"

"응. 아까 모든 백성에게 땅을 똑같이 나누어 주었다고 했잖니? 그래서 한 나라에 사는 모든 백성의 재산과 지위가 똑같았거든. 그러다 보니 누구나 남보다 높은 작위에 오르려고 애를 쓰게 되었던 거야. 하지만 제후는 한편으로 너무 큰 공을 세워서 높은 작위에 오르거나, 돈을 많이 번 사람들이 등장하지 않게 하려고 노력했어."

"아니, 그건 왜요?"

"전국 시대는 힘이 가장 중요한 시대라고 했잖아. 그러니 백성도 높은 작위에 오르거나 돈을 많이 벌어서 힘을 키우면 제후에게 반항

할 수가 있었거든. 그걸 막으려고 한 거지. 제후는 소금이나 철 장사처럼 돈 되는 사업을 나라가 독점하고, 백성에게 교묘하게 세금을 매겨서 부자의 등장을 막았단다."

"알고 보니 좀 치사하네요."

"흐흐. 이런 지배 방식을 편호제민이라고 해. 전국 시대 제후국은 편호제민을 목표로 삼아 최대한 많은 세금을 거두고 더 많은 군사를 확보하려고 했단다."

"그런데 농사만 짓던 사람들을 전쟁에 끌고 가 봐야 큰 도움이 될까요?"

"맞아. 그래서 원래 농민은 전쟁에 끌려가지 않았어. 전차도 말도 탈 줄 모르고, 변변한 무기도 없는 병사는 전투에 큰 도움이 안 됐거든. 그런데 전국 시대가 되면서 상황이 달라졌어. 이지는 성을 함락하는 것이 전쟁의 목조이라서 군사의 수가 많아야 유리했지. 게다가 철제 무기가 도입되면서 농민도 싸고 질 좋은 무기로 무장시킬 수 있게 되었어. 마지막으로 초나라, 오나라, 월나라같이 습지가 많은 중국 남부 지역이 전쟁터가 되자 바퀴가 푹푹 빠지는 전차보다 질척거리는 땅에서도 싸울 수 있는 보병의 중요성이 커졌단다. 이제는 제대로 훈련조차 받지 못한 농민도 칼 한 자루만 쥐여 주면 전쟁터에서 제법 활약할 수 있게 된 거지."

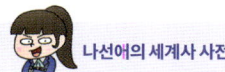

나선애의 세계사 사전
편호제민 백성의 재산을 고르게 만들고 호적에 올려 관리한다는 뜻이야. 혹은 호적에 올라 있는 평범한 백성을 가리키기도 해.

"이래저래 백성들만 불쌍하네요. 만날 감시당하는 데다가 세금도 내야 하고, 이제는 전쟁에도 끌려가니…… 쩝."

허영심이 한숨을 푹 내쉬었다.

"그래, 전쟁이 많을수록 백성들이 가장 고달팠지. 그래서 혼란이

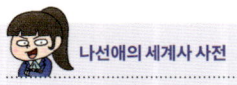
나선애의 세계사 사전
제자백가 여러 제(諸) 아들 자(子) 일백 백(百) 집 가(家). 제자는 여러 학자들, 백가는 온갖 학파들이라는 뜻이야.

심해질수록 하루빨리 혼란을 끝낼 방법을 고민하는 사람도 늘어났어. 사실 춘추 전국 시대는 중국 역사상 가장 많은 사상가가 활발하게 활동하며 다양한 학문을 연구한 시기이기도 했단다. 이런 사람들을 제자백가라고 불러."

"제자백가? 제자가 백 명이라고요?"

용선생의 핵심 정리

오로지 전쟁으로 결판을 내던 시대가 전국 시대. 이때 전쟁의 양상이 변하면서 백성들이 전쟁에 동원되고, 백성들을 쉽게 동원하기 위해 편호제민 정책이 도입됨.

제자백가, 춘추 전국 시대를 수놓은 백 가지 학문의 꽃

↑ **공자가 제자들과 함께 수업을 하는 모습**
공자는 직접 학교를 세워서 제자들과 함께 토론 수업을 했어. 제자들이 그 수업 내용을 모아 정리한 책이 바로 《논어》야.

장하다의 말에 용선생이 빙긋 웃었다.

"제자백가는 제자와 백가를 합친 말이야. 제자는 공자, 맹자, 묵자처럼 뛰어난 사상가들을 의미해. 공자, 맹자 뒤에 붙은 '자(子)'라는 글자는 보통 뛰어난 사상가나 스승에게 붙이는 존칭이란다. 또 백가는 100가지 학파라는 뜻이야. 공자의 유가, 묵자의 묵가처럼 여러 사상가가 주도한 온갖 학파를 한꺼번에 묶어서 가리키는 말이지.

◆ 제나라 수도 린쯔
(재현 모형)

전국 칠웅 중 하나인 제나라 수도 린쯔에는 제나라 왕이 설립한 직하학궁이란 왕립 학교가 있었어. 제나라 왕은 이곳에 이름난 학자들을 초청해 토론을 벌이고 제자를 기르게 하는 등 여러모로 지원을 아끼지 않았지. 그 덕분에 즈하학궁은 순자, 한비자 등 수많은 학자를 배출했단다.

제자백가의 사상은 수천 년이 지난 지금까지도 동양인들의 사고방식에 큰 영향을 미치고 있단다."

"그런데 아무리 좋은 소리를 해도 전쟁 통에 누가 귀담아듣기나 하겠어요?"

"그렇지 않아. 제후들은 제자백가의 말에 큰 관심을 가지고 있었단다. 제후들은 부국강병을 이루기 위해 항상 인재에 목달라 있었거든. 그래서 능력만 있으면 출신과 신분을 따지지 않고 발탁해서 단번에 재상 자리를 맡기는 경우도 흔했지. 사실 제자백가가 등장할 수 있었던 데에는 제후들의 이런 태도가 큰 몫을 했어. 열심히 공부해서 능력을 키우면 하루아침에 높은 자리에 오를 수 있었으니까. 자연히 하급 귀족들 사이에 '공부해서 출세하자'는 분위기가 퍼졌고, 그 덕분에 뛰어난 학자가 많이 등장할 수 있었던 거지."

"결국 출세를 하는 게 학자들의 목표였던 거예요?"

"흐흐. 물론 그게 전부는 아니었어. 제자백가의 궁극적인 목표는 어

↑ **취푸의 공묘 대성전** 공자가 태어나고 활동한 중국의 취푸에 있는 공자 사당이야. 공자가 세상을 떠난 직후 세워졌는데, 공자의 가르침을 따르는 유가 세력이 커질수록 이 사당도 점점 더 크고 화려해져서 지금은 궁궐과도 같은 모습이 되었지.

디까지나 춘추 전국 시대의 혼란을 끝내는 거였거든. 출세는 그 목표를 이루기 위한 수단이었지. 제자백가는 제자를 양성하는 데도 열심이었어. 제자를 열심히 키우면 언젠가 자신의 제자들이 세상을 바꿀 수도 있다고 생각했거든. 그래서 공자를 비롯해 많은 학자들은 학교를 세우고 제자를 모아 학문을 가르쳤어. 또 제나라에서는 왕이 학교를 세우고 학자들을 초청해 인재를 기르기도 했어. 제자백가의 여러 사상은 바로 이런 학교를 중심으로 만들어졌단다."

"무슨 사상이 있었는데요? 저희도 들어 본 적 있는 건가요?"

장하다가 눈을 동그랗게 뜨며 물었다.

"말 나온 김에 제자백가의 여러 사상에 대해 간단히 살펴볼까? 먼저 가장 선배 격인 공자의 사상부터 알아보자. 공자의 가르침은 《논어》라는 책을 통해 오늘날까지 전해 내려오는데, 핵심만 딱 한 글자로 정리하자면 이거야.'

용선생은 칠판에 대문짝만 한 글씨로 어질 인(仁) 자를 썼다. 글자를 읽어 본 곽두기가 고개를 갸웃거렸다.

"어질 인? 그냥 어질기만 하면 혼란을 끝낼 수 있다는 건가요?"

"공자는 춘추 전국 시대의 혼란이 오기 전 주나라를 이상 사회로 여겼어. 그때는 사람들이 저마다 자신의 신분에 따라 지켜야 할 예절을 지켰기 때문에 세상이 평화롭고 질서가 유지되었다고 생각했던 거야. 그런데 언젠가부터 사람들이 자기 분수에 맞지 않는 것을 가지려고 욕심을 부리면서 문제가 생겼어. 제후가 왕 자리를 탐내고, 귀족이 제후 자리를 탐내고……. 결국 힘이 모든 걸 결정하는 어지러운 세상이 된 거야."

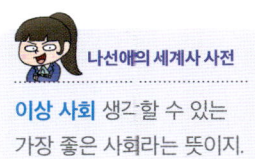

나선애의 세계사 사전
이상 사회 생각할 수 있는 가장 좋은 사회라는 뜻이지.

"그건 맞는 말이네요."

"공자는 사람들이 마음을 닦아 분수에 넘치는 욕심을 버리면 질서가 회복될 거라고 생각했어. 그래서 교육과 수양을 무척 강조했지. 공자는 분수를 넘는 욕심이 사라져서 자기 신분에 맞는 예절을 실천하는 마음을 '어질 인(仁)'이라는 글자로 표현했단다. 간단히 말해 임금은 임금답게, 신하는 신하답게, 부모는 부모답게, 자식은 자식답게 행동할 줄 알면 혼란이 멈출 거라는 뜻이야. 이렇게 공자의 가르침을 따르는 학파를 유가라고 불러."

"좋은 말이긴 한데, 지금 목숨을 걸고 전쟁을 벌이고 있는 판에 너

무 한가한 소리처럼 들립니다."

왕수재의 말에 용선생은 잠자코 고개를 끄덕였다.

"그래, 그래서 아무도 공자의 말을 귀담아듣지 않았어. 공자는 소신껏 자신의 뜻을 펼칠 수 있는 기회를 찾아 중국 곳곳을 떠돌았지만 공자를 써 주는 제후는 거의 없었지."

"정말요? 저는 공자님이 제일 유명해서 크게 출세한 분인 줄 알았어요."

"당시 제후나 제자백가는 공자가 이상만 좇는 이상주의자라고 생각했어. 그래서 좀 더 실용적인 생각을 가진 사상가들이 등장했단다. 대표적인 사람이 묵자야. 묵자는 장사나 기술, 농사와 같은 생업을 아주 중요하게 여겼어. 그래서 상인과 수공업자, 농민을 대변하고, 한사코 전쟁에 반대했지."

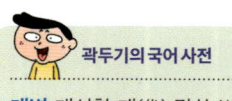

곽두기의 국어 사전

대변 대신할 대(代) 말씀 변(辯). 다른 사람이 하고 싶은 말을 대신 한다는 뜻이야.

"흠, 이번엔 전쟁에 반대했다고요?"

"그래. 묵자는 전쟁을 벌이면 백성이 생업을 꾸릴 수 없고, 힘들게 생산한 물자를 낭비하므로 이기든 지든 모든 사람이 손해를 보게 된다고 주장했어. 그래서 제후들을 직접 찾아가 전쟁을 말리기도 했지."

"히야, 맨날 전쟁을 벌이는 마당에 전쟁에 반대하다니. 묵자는 꼭 저처럼 평화주의자 같아요."

용선생은 고개를 끄덕였다.

"묵자는 공자가 강조한 대로 각자의 신분에 맞는 예절만 지켜서는 세상의 혼란을 바로잡을 수 없다고 생각했어. 다른 나라보다 내 나라, 남보다는 내 부모님을 더 중요하게 여기는 마음 때문에 다툼이

생기고 전쟁이 일어난다고 여겼거든. 그래서 묵자는 남의 가족도 내 가족처럼, 남의 나라도 내 나라처럼 차별 없이 사랑하는 자세가 필요하다고 여겼지. 묵자가 이야기한 이런 사랑을 '겸애'라고 해. 묵자의 겸애 사상에는 세상 모든 사람이 평등하다는 생각이 깔려 있단다."

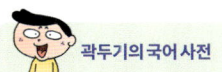

곽두기의 국어 사전
겸애 아우를 겸(兼) 사랑 애(愛). 모든 사람을 아울러서 사랑한다는 뜻이야.

"히야, 평화주의에 평등주의라니. 묵자는 시대를 앞서간 분이었군요?"

"흠. 하지만 말씀하신 대로라면 제후들은 묵자를 별로 좋아하지 않았을 것 같아요."

왕수재의 말에 용선생이 고개를 끄덕였다.

"맞는 말이야. 그래서 묵자의 사상은 제후보다 평민 사이에서 매우 인기가 좋았어. 사실 춘추 전국 시대 당시에는 공자의 사상보다 영향이 더 컸다고 볼 수 있지. 그런데 공자가 죽은 지 180년 뒤, 맹자라는 사상가가 등장해 공자의 사상을 더욱 발전시키게 된단다."

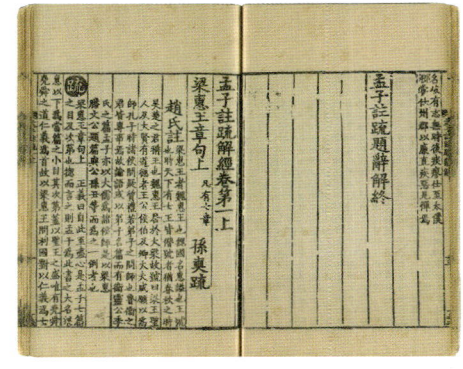

↑ **맹자의 사상이 담긴 책 《맹자》** 맹자가 전국을 돌며 만난 제후와 다른 학파 사람들과의 대화가 담겨 있어. 맹자는 이 책에서 교육과 수양, 백성을 사랑하는 마음이 중요하다고 주장했단다.

"아, 맹자도 들어 본 것 같아요."

장하다가 생각난다는 듯 중얼거렸다.

"맹자는 인간은 본래 어질고 올바른 마음을 가지고 태어난다고 생각했어. 이렇게 인간이 선하게 태어난다는 생각을 성선설이라고 해. 하지만 세상을 살아가는 동안 마음에 때가 껴서 그 착한 마음이 겉으로 드러나지 못하게 된다는 거지. 그러므로 수양을 통해 마음의 때를 깨끗이 닦아 내는 것이 중요하다는 거야. 공자와 마찬가지로 교육과 수양을 중요하게 여긴 것이지."

나선애의 세계사 사전
성선설 인간의 본성은 선하다는 주장이야. 이에 반해 인간은 악한 본성을 가지고 태어난다는 주장을 성악설이라고 해.

"원래 인간이 착하게 태어나면, 아기들은 착하다는 건가요? 어휴, 제 사촌 동생은 얼마나 말을 안 듣는데요."

허영심이 중얼거리며 고개를 절레절레 저었다.

"그래서 맹자와는 조금 다르게 이야기한 사람이 있었단다. 바로 순자야. 순자는 인간은 태어날 때부터 그저 본능에 따라 배고프면 먹고, 졸리면 자고, 힘들면 쉬려는 생각만 할 뿐 착한 마음을 가지고 있지 않다고 했어. 그러니 교육과 노력을 통해서 변화시켜야 한다고 주장했지."

"결국 다들 교육을 강조하는 건 똑같네요?"

"그런데 교육으로는 부족하다고 생각한 사람도 있었단다. 아무리 가르쳐도 결국 억지로 말을 듣게 할 수는 없으니 법을 정해 강제로 지키도록 해야 한다는 거야. 이게 바로 법가 사상이란다."

"엥? 그럼 지금까지는 법이 없었단 말인가요?"

"당연히 있었지. 하지만 아직은 법이 두루뭉술하고 일관성도 없었단다. 신분에 따라, 권력자의 기분에 따라 같은 죄를 지어도 처벌이 다를 때도 있지. 그래서 법가는 죄목을 상세하게 정하고 사람들에게 널리 알려 사람들이 법을 위반하면 반드시 정해진 대로 엄격히 처벌받아야 한다고 주장했어. 그래야 백성이 법을 지키고 나아가 세상의 질서가 바로잡힐 수 있다고 본 거지."

"어휴, 골치 아파. 그냥 좀 편하게 살면 안 돼요?"

하다의 넋두리에 용선생이 너털웃음을 터트렸다.

"하하하, 하다한테 안성맞춤인 사상도 있지. 바로 도가야."

"도가요? 도가는 또 뭐예요?"

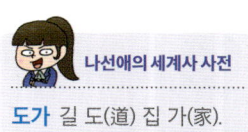

나선애의 세계사 사전

도가 길 도(道) 집 가(家). 도는 '도를 닦는다'라고 할 때의 도 자로, 자연의 이치를 뜻해. 도가는 자연의 이치를 추구하고, 그 이치에 따라 살아야 한다고 주장하는 학파지.

"도가는 춘추 시대 사람인 노자의 가르침을 따르는 학파야. 노자는 무엇이든 억지로 하려 하지 말고 자연의 이치에 따라 살아야 한다고 생각했어. 사람이 만든 예절, 도덕, 신분, 나라 같은 것 때문에 오히려 세상이 혼란하다는 말씀이었지."

"이야, 그런 생각은 한 번도 못 해 봤는데요?"

"도가 사상에 따르면 학문을 배우고 관직에 나가 출세하는 것도 모두 세상을 혼란스럽게 만드는 일이야. 그래서 도가 사상을 따르는 사람들은 다른 제자백가와 달리 산속에 숨어 자연을 즐기며 살아가는 걸 좋아했지. 훗날 귀족 중에도 이런 도가 사상을 좇아 현실에 대한 관심을 끊고 자연을 벗 삼아 풍류를 즐기며 살아가려는 사람이 많았어."

▲ **장자** (기원전 369년~기원전 289년?) 맹자와 비슷한 시기에 살았어. 도가 사상을 집대성한 《장자》라는 책을 썼지.

용선생의 말이 끝나자 나선아가 노트를 들여다보며 중얼거렸다.

"사상가마다 다른 주장을 하니 제후들도 누구 말을 따라야 할지 머리 아팠겠어요."

"이 중에서 현실에서 가장 위력을 발휘한 건 법가였어. 특히 중국의 서쪽 변방에 있던 진나라는 법가 학자를 등용해 부국강병에 성공했을 뿐만 아니라, 기세를 몰아 중국을 최초로 통일하게 된단다."

 **용선생의 핵심 정리**

춘추 전국 시대 제후들은 출신을 가리지 않고 뛰어난 인재를 영입. 덕분에 수많은 학자들이 나타나 다양한 사상·학문의 꽃을 피우는데, 이들을 제자백가라고 함.

세상을 바꾸자! 중국을 이끈 사상의 등장

공자 (기원전 551년?~기원전 479년) 이름은 공구. 유가의 시조. 공자는 세상이 혼란해진 것은 주나라의 예가 무너졌기 때문이라고 생각했어. 그래서 혼란에서 벗어나기 위해서는 사람들이 분수에 넘치는 욕심을 버리고, 군주부터 어진 마음으로 나라를 다스려야 한다며 '인(仁)'을 강조했어. 공자는 전국을 떠돌며 제후들에게 자신을 써 달라고 했지만 외면당했고, 예순여덟의 늙은 나이에 고향 노나라로 돌아와 제자들을 가르치는 데 힘썼지.

노자 이름은 이이. 초나라 출신으로 주나라에서 벼슬을 했어. 정확히 언제 태어나고 죽었는지는 모르지만 공자보다 약간 이른 시기에 살았대. 노자는 도가의 창시자로 《도덕경》을 썼다고 해. 노자는 구태여 뭔가를 하려 하지 말고 자연의 순리에 따를 것을 주장했어. 노자의 주장은 혼란한 세상에서 위험을 피하기 위한 처세술이자, 뭔가를 시도하다 긁어 부스럼을 만드는 정치가들을 향한 경고이기도 했지.

묵자 (기원전 470년?~기원전 391년) 이름은 묵적. 전국 시대 최대 학파였던 묵가의 시조야. 건축 기술자 출신의 사상가로 장인, 상인, 농민의 이익을 대변했어. 세상에 이익이 되는 것은 북돋우고 세상에 해로운 것을 없애면 세상이 태평해질 것이라고 주장했지. 그러기 위해 신분을 가리지 말고 능력 있는 사람을 발탁할 것, 물자를 낭비하지 말고 아껴 쓸 것, 전쟁하지 말 것, 나를 사랑하듯이 남을 사랑할 것을 주장했어.

맹자 (기원전 372년~기원전 289년?) 이름은 맹가. 공자를 잇는 유가의 대표적인 사상가야. 맹자는 마음을 닦는 수양을 강조했는데, 세상을 살면서 마음에 낀 때를 벗겨 내면 타고난 선한 마음이 저절로 드러난다고 생각했기 때문이야. 맹자의 이런 생각을 '성선설'이라고 해. 공자와 마찬가지로 자신을 써 줄 제후를 찾아 전국을 떠돌았지만 역시 실패하고 고향으로 돌아와 제자 양성에 힘썼어.

순자 (기원전 298년?~기원전 238년) 이름은 순황. 유가 사상가로, 당대 제일의 학자였어. 제나라의 왕립 학교인 직하학궁의 좨주(오늘날 국립 대학 총장 격)를 여러 차례 지냈고, 진나라와 초나라에서도 활약했어. 순자는 맹자의 성선설을 비판하며 자연 그대로의 인간 본성은 욕심에 따라 행동하기 때문에 교육을 통해 본성을 변화시켜야 한다고 주장했어. 이것이 순자의 '성악설'이야. 법가의 대표적인 인물 한비자와 진나라 재상 이사는 순자의 제자들이야.

한비자 (기원전 280년~기원전 233년) 이름은 한비. 한(韓)나라 왕족으로 이사와 함께 순자에게 가르침을 받았어. 심한 말더듬이였으나 학식이 뛰어나고 글을 잘 썼대. 군주가 갖추어야 할 통치술을 적은 책 《한비자》를 써서 법가의 이론을 집대성했어. 한비자는 모든 사람에게 법을 공평하고 엄격하게 적용하는 것이 무엇보다도 중요하다고 주장했어. 시황제가 중국을 통일하고 다스리는 데 큰 영향을 미쳤지.

진나라가 엄격한 법치를 통해 전국 시대 최강국으로 부상하다

왕수재의 지리 사전

관중 평원 황허강의 지류인 웨이수이강을 따라 펼쳐져 있는 평원이야. 들이 넓고 사방이 산으로 막혀 방어에 유리한 곳이었어. 주나라의 호경, 진나라의 셴양, 한나라와 당나라의 장안이 모두 관중 평원에 있었어.

곽두기의 국어사전

중용 무거울 중(重) 쓸 용(用). 사람을 중요한 자리에 쓴다는 뜻이야.

변법 변할 변(變) 법 법(法). 법을 바꾼다는 뜻으로, 개혁과 같은 말이야.

"원래 진은 관중 평원 서쪽에서 오랑캐의 침략을 막는 임무를 맡고 있던 주나라의 변방 제후국이었어. 여러 제후국 중에서도 가장 가난하고 문화도 뒤떨어진 곳이었지. 하지만 주나라가 동쪽의 낙읍으로 수도를 옮긴 뒤 관중 평원을 차지하고 나서 서서히 강대국으로 떠오르게 된단다. 이후 진나라는 동쪽의 화베이 평원으로 진출하려고 했어. 하지만 그 길목에는 위나라가 떡하니 버티고 있어서 화베이 평원으로 좀처럼 진출할 수 없었지. 이때 위나라는 법가 학자들을 중용하고 엄격한 법을 시행해 강대국으로 자리매김해 있었거든."

"법가라면 법을 엄격하게 만들어야 한다고 주장한 사람들 맞죠?"

"흐흐. 그래. 진나라는 위나라가 부강해지는 걸 보면서 법치의 필요성을 절실히 깨달았지. 당시 진나라 제후였던 효공은 위나라 출신 상앙을 재상으로 삼아 나라를 뜯어고치기 시작했는데, 이것을 '상앙의 변법'이라고 해. 상앙의 변법으로 부국강병에 성공한 진나라는 주변의 작은 제후국들을 집어삼키며 순식간에 최강국으로 떠올랐어."

"도대체 상앙이 어떤 개혁을 했기에 나라가 그렇게 달라져요?"

"상앙의 변법은 크게 네 가지로 나누어 볼 수 있어."

첫째, 모든 백성을 다섯 또는 열 집 단위로 묶는다. 그중 누군가 죄를 저지르면 다 같이 벌을 받을 테니 서로 잘 감시하라. 만일 범죄자를 고발하지 않으면 처형될 것이다.

둘째, 전쟁에 나가 공을 세우면 평민도 귀족이 될 수 있고, 왕족이라도 전쟁에서 공이 없으면 평민 대접을 받을 수 있다.

셋째, 전쟁터가 아닌 곳에서 싸움질을 하면 반드시 벌을 받을 것이다.

넷째, 이득만 좇는 상인과 장인, 게을러서 가난해진 자는 모두 체포하여 노비로 삼겠다.

"어머, 무서워~! 감시하고, 처형하고, 노비로 삼고……. 전부 엄한 걸요?"

허영심의 말에 용선생이 고개를 끄덕였다.

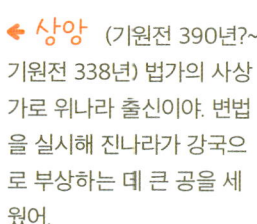

"그렇지만 법이 이렇게 엄한데도 진나라 백성의 반응은 미적지근했어. 이전에도 법은 있었지만 제대로 지켜진 적이 없었기 때문이지. 그래서 상앙은 법이 제구실을 하기 위해선 먼저 법이 엄격히 지켜진다는 걸 백성에게 보여 줄 필요가 있다고 생각했어."

"어떻게요?"

"상앙은 진나라 도성 남문 앞에 커다란 나무를 세워 놓고는 '이 나무를 북문으로 옮기는 자에게 금 10냥을 주겠다.' 하고 써 붙였어. 하지만 백성들은 아무도 그 말을 믿지 않았지. 그러자 이번에는 '이 나무를 옮기는 자에게 금 50냥을 주겠다.' 하고 써 붙였어. 마침내 어떤 사람이 혹시나 하는 마음으로 북문으로 나무를 옮겼지. 상앙은 곧바로 그 사람에게 약속대로 금 50냥을 주었단다. 그러고는 이렇게

← 상앙 (기원전 390년?~기원전 338년) 법가의 사상가로 위나라 출신이야. 변법을 실시해 진나라가 강국으로 부상하는 데 큰 공을 세웠어.

춘추 전국의 혼란을 딛고 중국에 통일 제국이 들어서다 **087**

선언했어. '이것이 법이다. 앞으로 나라에서 정한 법은 반드시 그대로 시행될 것이다.'"

"나무 하나 옮겼다고 금을 주다니, 무슨 법이 그래요?"

장하다가 어리둥절한 표정을 지었다.

"흐흐. 그러니까 상앙은 일종의 쇼를 벌였던 거야. 아무리 말도 안 되는 법이라고 해도 나라에서 정하면 반드시 지켜진다는 믿음을 심어 주려던 거였지. 상앙은 이후로도 공을 세우면 반드시 상을 주고 죄를 지으면 반드시 벌을 주면서 거침없이 개혁을 실시했어. 그렇게 십 년쯤 지나자 진나라에서는 백성은 물론 귀족까지 법을 철저히 지키게 되었지. 길가에 물건이 떨어져 있어도 집어 가는 사람이 없었고, 산에는 도적이 없어졌어. 자연스레 백성들의 생활이 풍족해졌단다."

"법이 엄격해지니 모두 법을 잘 지키게 되었다, 이 말씀이군요."

"하하, 그래. 100년 정도가 지난 기원전 221년, 진나라는 마침내 전국 칠웅을 하나하나 무너뜨리고 중국을 통일해 550년 동안의 기나긴 혼란에 마침표를 찍었어."

"히야, 드디어 중국이 통일된 건가요?"

"그래. 중국 역사상 최초의 통일 제국이 탄생한 거야."

용선생의 핵심 정리

기원전 300년대 중후반, 관중 평원 서쪽의 진나라 효공이 상앙을 발탁해 엄격한 법치를 실시하면서 강국으로 떠오름. 기원전 221년, 진나라가 마침내 중국을 통일.

시황제가 강력한 중앙 집권 국가를 건설하다

"우아, 드디어 전쟁이 끝났다!"

허영심이 짝짝짝 손뼉을 치며 좋아했다.

"그래, 중국을 통일한 진나라 왕은 주나라처럼 제후에게 땅을 나눠 주지 않고 온 나라를 직접 다스리기로 했어. 봉건제를 하면 결국 주나라처럼 나라가 쪼가지게 된다고 생각했기 때문이지. 이렇게 중앙에서 모든 권력을 틀어쥐고 나라를 다스리는 제도를 중앙 집권 체제라고 해. 그래서 진나라 왕은 왕의 칭호부터 새로 정하기로 했지."

"왕을 왕이라고 하지 뭐라고 해요?"

"춘추 전국 시대에 제후들이 너도나도 왕을 자처하는 바람에 왕이 너무 흔해졌거든. 이제 중국 전체를 다스리는 왕에게는 새로운 칭호가 필요했던 거지. 진나라 왕은 고심 끝에 삼황오제의 줄임말인 '황제'를 자신의 칭호로 쓰기로 했어. 자신의 업적이 전설 속 삼황오제를 다 합친 것만큼 크다고 생각했거든. 거기에 자신이 중국의 첫 번째 황제니까 처음 시(始) 자를 붙여 '시황제'라고 부르도록 했지."

"아하! 그러니까 자신이 진나라의 첫 번째 황제라는 뜻이군요?"

"그렇단다."

"그런데 칭호만 바꾼다고 전부는 아니잖아요."

왕수재의 질문에 용선생은 고개를 끄덕였다.

"물론 아니지. 시황제는 전국을 군과 현으로 잘게 나누어 직접 관리를 파견했어. 이렇게 황제가 관리를 파견해 전국을 직접 다스리는 제도를 군현제라고 한단다."

↑ **시황제** 통일된 중국을 다스리며 중앙집권 국가의 기틀을 닦았어.

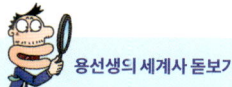

군과 현은 우리나라의 도, 군, 읍 같은 행정 단위야. 상앙의 변법 이후 진나라에서는 군현제를 실시했는데, 중국을 통일한 뒤 이 제도를 중국 전체로 확대했어.

"선생님, 그런데 주나라 때에는 중국이 너무 넓어서 황제가 직접 다스리기는 어렵다고 하셨잖아요."

"그래, 넓디넓은 중국 땅을 다스리려면 도로와 통신 체계가 필요했어. 너희들 페르시아 제국이나 로마 제국이 새로운 땅을 정복하면 먼저 도로부터 닦았던 거 기억하지? 진나라도 수도 셴양과 전국의 모든 군현을 연결하는 도로를 건설했단다. 보고와 명령이 오가는 데 걸리는 시간을 줄이고, 여차하면 군대도 파견하기 위해서였지."

"동양이나 서양이나 제국들은 서로 비슷비슷하네요."

"진나라가 닦은 이 도로는 후대에 더욱 가지를 뻗고 촘촘하게 이어지면서 중국을 하나의 국가로 유지하는 데 큰 역할을 했단다. 시황제는 이 길을 따라 다섯 차례나 순행에 나서서 나라를 구석구석 살펴

곽두기의 국어사전

순행 돌아볼 순(巡) 나들이 행(幸). 임금이 직접 나라를 둘러보는 걸 말해.

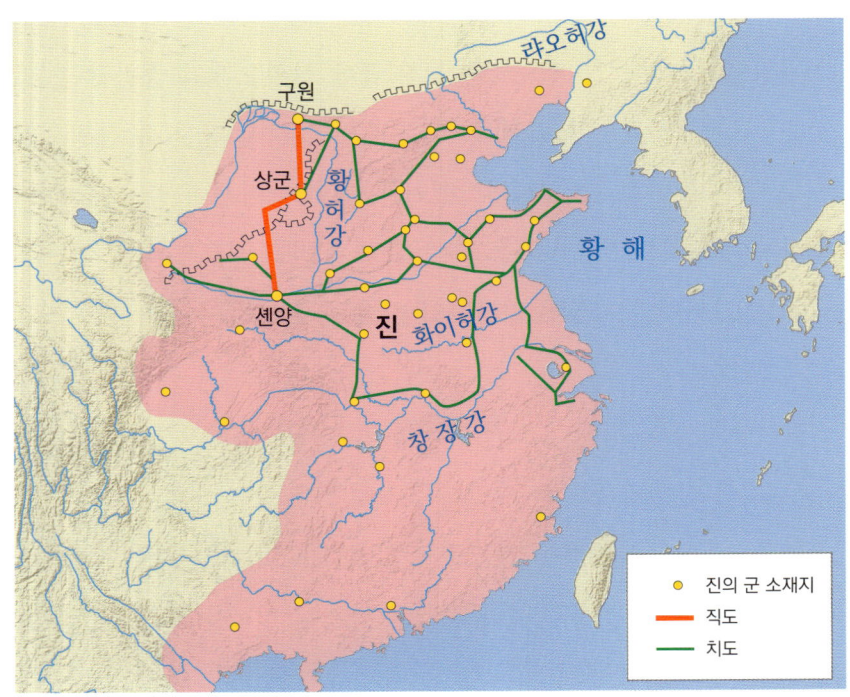

➡ **진나라의 직도와 치도**
직도는 셴양에서 흉노와의 국경 지역으로 군대를 급파하기 위해 닦은 곧은길이야. 그리고 치도는 전국에 흩어져 있는 현들과 셴양을 연결하는 도로망이지.

보며 자신의 업적을 자랑스러워했어. 그뿐만 아니라 높은 산에 올라 자신의 업적을 기록한 비석을 세우기도 했지."

"그러고 보니까 신라 진흥왕도 영토를 넓힌 뒤 나라를 돌아다니며 순수비를 세웠잖아요. 그거랑 비슷하네요."

나선애의 말에 용선생은 흐뭇하게 고개를 끄덕였다.

"그래. 여기까지가 우리 땅이다, 하고 선언하는 거지. 그런데 아직 해야 할 일이 남아 있었어. 춘추 전국 시대 동안 제후국은 각기 다른 나라처럼 지내 왔기 때문에 문자는 물론 화폐와 도량형도 서로 달랐거든. 중국이 진정한 통일을 이루려면 하루빨리 이것들을 통일해야 했단다."

"도량형? 그게 그렇게 중요한가요?"

"그럼. 예를 들어 황제가 '백성들은 땅 백 제곱미터당 세금으로 곡식 1되를 내라.'라는 명령을 내렸다고 치자. 그런데 지역마다 되의 크기가 다르다면 어떤 지역은 세금을 많이 내고 어떤 지역은 적게 내겠지? 도량형을 통일하야 이런 일을 방지할 수가 있지. 화폐나 문자 통일도 마찬가지였어. 특히 문자 통일은 중국이 공통의 문화를 갖게 되는 데 정말 큰 역할을 했지."

"영토 통일, 도량형 통일, 문자 통일, 화폐 통일…… 진나라가 정말 여러 가지를 통일시켰군요?"

나선애가 노트를 정리하다 갑자기 생각난 듯이 물었.

"아 참! 만리장성도 시황제가 쌓았다고 들은 거 같은데?"

"흐흐, 맞아. 시황제 하면 만리장성을 떠올리는 사람이 많지. 그런데 사실 시황제가 만리장성을 완전히 새로 쌓은 건

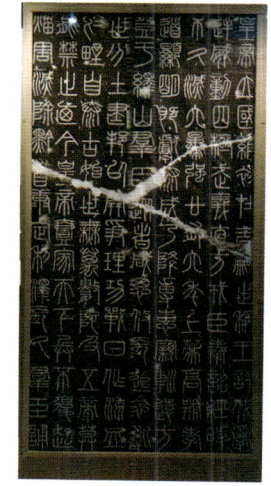

↑ **역산 공적비**
시황제가 역산에 올라 세운 비석으로, 중국을 통일한 자신의 업적이 새겨져 있어.

허영심의 상식 사전

도량형 길이와 부피, 무게 등을 재는 단위를 말해. 우리가 쓰는 cm나 kg 같은 단위도 도량형의 일종이지.

↑ **시황제 시대의 저울추와 화폐**

▲ 전국 시대의 장성   전국 시대에 쌓은 장성은 대부분 흙으로 쌓은 토성이었어. 그래서 오늘날에는 이렇게 흔적만 남아 있단다.

나선애의 세계사 사전
흉노   중국의 북쪽에서 멀리 중앙아시아에 이르는 초원 지대를 무대로 살아가던 유목민이야.

"아니야. 춘추 전국 시대 때부터 제후국들이 방어를 위해 성벽을 쌓았거든. 시황제는 그 성벽 중에서 중국 안에 있는 것들은 모조리 허물고, 북쪽 국경의 성벽을 수리하고 이어서 긴 장성을 쌓았단다. 이게 바로 만리장성이야."

"왜 북쪽 국경의 성벽만 남겨요?"

"북쪽에서 흉노라는 유목민이 부쩍 힘을 키우고 있었기 때문이지. 시황제는 진나라 최고의 명장 몽염 장군을 보내 흉노를 몰아내고 만리장성을 쌓게 했지. 몽염 장군은 죄수와 군인을 동원해 8년간의 공사 끝에 만리장성을 완성했단다."

> **용선생의 핵심 정리**
>
> 시황제가 군현제를 도입해 강력한 중앙 집권 국가를 건설하고, 도량형, 화폐, 문자를 통일함.

▼ **만리장성**   총 길이가 6,000킬로미터에 이르는 만리장성은 시황제 이후로도 몇 차례에 걸쳐 수리와 재건축을 거쳐 오늘날에 이르고 있어. 실제 시황제 때의 만리장성은 지금보다 더 북쪽에 있었을 거래.

만리장성이 '장성'일 수밖에 없는 이유?

흔들리는 진나라

용선생은 잠시 책장을 넘기며 숨을 고르더니 아이들을 바라보며 눈을 내리깔았다.

"그런데 말이다. 사실 진나라는 중국을 통일한 직후부터 삐걱거리기 시작했어."

"엥? 지금 한창 떠오르고 있는데, 삐걱거리다니요?"

"시황제의 통치가 너무 가혹했거든. 시황제는 법가 사상을 제외한 다른 사상을 모조리 탄압했어. 여기에 진나라 재상이었던 이사가 끼어들어 시황제를 부추기면서 분서갱유라는 큰 사건이 벌어졌단다."

"분서갱유? 그게 뭔데요?"

"어느 날 한 유학자가 시황제를 찾아왔어. 유학자는 '옛 주나라의 봉건제를 본받아야 한다.'고 주장하며 시황제와 재상 이사를 비판했지. 발끈한 이사는 시황제에게 '지금 폐하께서 중국을 통일하여 평화로운 시대가 됐는데 어리석은 유학자들이 걸핏하면 옛 법을 들먹입니다. 이것은 곧 폐하를 비난하는 것이니 이참에 제자백가의 책을 모조리 불태우고 옛 법을 말하는 자들은 씨를 말려야 합니다!'라고 말했단다."

나선애의 세계사 사전

분서갱유 책을 불태우고 선비를 구덩이에 묻은 사건이야. 분서는 기원전 213년, 갱유는 기원전 212년에 일어났는데, 두 사건을 합쳐서 분서갱유라고 해.

"무슨 말도 안 되는 소리! 누구나 자기 생각을 말할 수 있어야 하잖아요!"

"당연하지. 하지만 당시엔 황제의 말이 곧 법이었어. 시황제는 이사의 말대로 제자백가의 책을 모두 거두었어. 그리고 병가의 책과 의학, 농업, 점술처럼 실용적인 지식을 담은 책을 제외한 모든 책을 불

춘추 전국의 혼란을 딛고 중국어 통일 제국이 들어서다

태웠어. 이렇게 했는데도 시황제를 비판하는 학자들이 나타나자, 이번에는 아예 학자들을 붙잡아 와 산 채로 구덩이에 파묻어 버렸지. 이 두 사건을 합쳐서 분서갱유라고 해."

"어머! 사람을 산 채로 파묻었다고요?"

놀란 허영심의 얼굴이 굳어 버렸다.

↑ **분서갱유** 붙잡혀 온 학자들이 산 채로 구덩이에 묻히고 그 옆에선 책이 불타고 있어.

"그래. 이 사건 이후로 중국의 지식인들은 시황제를 폭군으로 여겼어. 백성들 사이에서도 시황제에 대한 원망의 목소리가 점점 커지고 있었지. 법이 너무 엄격한 데다가 만리장성이나 시황제의 무덤, 궁궐 공사 같은 대규모 공사에 불려 다니느라 살 수가 없을 지경이었거든. 시황제의 무덤을 짓는 데만 수십만 명이 동원되었다니 진나라의 백성들이 얼마나 고달팠을지 알 만하지."

"전쟁이 끝나서 이제 살기가 나아지나 했더니 전혀 아니었나 봐요."

"그러던 어느 날 지방을 순행하던 도중에 갑자기 시황제가 세상을 떠났어. 갑작스러운 시황제의 죽음은 진나라에 피바람을 몰고 왔지. 순행 길에 따라나섰던 간신 조고와 이사가 시황제의 유언이랍시고 시황제의 큰아들과 몽염 장군에게 자결을 강요했거든. 조고와 이사는 아직 철부지인 어린 왕자 하나를 황제 자리에 올려놓고 멋대로 전횡

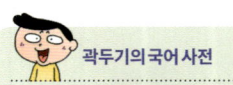

곽두기의 국어사전

전횡 오로지 전(專) 가로 횡(橫). 혼자 제멋대로 설치고 다닌다는 뜻으로, 누군가 마구잡이로 권력을 휘두를 때 쓰는 말이야.

시황제의 불로초와 서귀포 전설

↑ 불로초를 찾아 떠나는 서복의 배

절대 권력을 휘두른 시황제에게도 딱 한 가지 피할 수 없는 게 있었어. 바로 죽음이었지. 당시 중국에서는 늙지 않고 영원히 살 수 있게 해 주는 '불로초'가 세상 어딘가에 있다는 소문이 돌았지. 시황제는 사방으로 사람을 보내 불로초를 구해 오게 했어.

어느 날 서복이라는 유명한 도사가 시황제를 찾아와 "바다 건너 동쪽의 신성한 산에 불로초가 있다고 합니다. 저에게 어린아이 3,000명을 주시면 찾아오겠습니다."라고 했지. 시황제는 서복에게 어린 남녀 3,000명과 금은보화를 내주며 불로초를 찾아오라고 했어. 하지만 함대를 이끌고 동쪽으로 떠난 서복은 끝내 돌아오지 않았대.

불로초를 찾아 떠난 서복의 이야기는 우리나라에도 전해 오고 있어. 전설에 따르면, 서복이 말한 동쪽의 신성한 산이 우리나라의 금강산, 지리산, 한라산이었대. 서복은 이 산들을 차례로 뒤진 뒤 허탕을 치고 제주도에서 중국으로 돌아갔다는구나. 그 장소가 오늘날 제주도의 서귀포야. 서복이 제주도 서쪽에 있는 중국으로 돌아간 포구라는 데서 유래한 이름이래.

을 부렸단다. 견디다 못한 백성들은 반란을 일으켰어. 그러자 그동안 숨죽이고 있던 옛 제후국 귀족들도 들고일어났지. 결국 진나라는 중국을 통일한 지 고작 15년 만에 다시 갈갈이 찢어지고 말았단다."

"그럼 다시 춘추 전국 시대 같은 혼란이 시작되는 건가요?"

장하다가 손을 들고 물었지만 용선생은 고개를 가로저었다.

"혼란은 오래가지 않았어. 걸출한 두 영웅이 대결을 펼친 끝에 다시 한번 진나라의 뒤를 잇는 강력한 통일 제국이 등장하거든. 그 이야기는 다음 시간에 공부하기로 하자꾸나. 자, 애들아, 오늘은 여기까지!"

용선생의 핵심 정리

지나치게 엄격한 법치와 사상 탄압으로 백성과 지식인들의 불만이 커짐. 시황제가 죽은 뒤 조고와 이사 등 간신의 농간까지 더해져 진나라는 급격히 붕괴됨.

나선애의 **정리노트**

1. 춘추 전국 시대의 시작
- 주나라는 이민족의 침략으로 호경에서 동쪽의 낙읍(뤄양)으로 도읍을 옮김.
  - → 춘추 전국 시대가 시작됨.
- 춘추 시대: 낙읍 천도 이후 기원전 400년대 초까지 우두머리 제후인 패자를 중심으로 질서가 유지됨.
- 전국 시대: 기원전 400년대 초부터 진나라의 통일까지 7개의 힘센 제후국(전국 칠웅)이 균형을 이룸.

2. 부국강병 경쟁과 제자백가의 등장
- 제후들은 부국강병을 위해 유능한 인재를 발탁하고, 앞선 제도를 도입
  - → 철제 농기구와 철제 무기가 도입되며 식량 생산이 늘어나고 전쟁의 규모가 확대됨.
  - → 제자백가: 춘추 전국 시대의 혼란을 끝낼 방안을 제시했던 뛰어난 사상가와 학파들
    * 대표적인 제자백가는 공자의 유가, 노자의 도가, 묵자의 묵가, 한비자의 법가 등!

3. 진나라의 중국 통일
- 법가 사상에 따라 엄격하게 나라를 다스림. → 상앙의 변법
- 시황제의 정책: 황제 칭호 사용, 군현제 실시, 도로망 정비, 화폐·도량형·문자 통일 등
- 강압적인 정책과 무리한 대규모 토목 공사로 백성의 반발을 삼.
  - → 분서갱유, 만리장성 건설 등

세계사 퀴즈 달인을 찾아라!

1 빈칸에 들어갈 알맞은 말을 써 보자.

위의 지도와 같이 일곱 나라가 균형을 이루고 있었던 시기를 ○○ 시대라고 해.

(   )

2 춘추 전국 시대에 대한 설명으로 알맞지 <u>않은</u> 것은? (   )

① 주나라가 호경에서 낙읍으로 도읍을 옮긴 후 시작되었다.
② 강력한 중앙 집권 국가가 건설되어 왕의 힘이 강력해졌다.
③ 백성들을 쉽게 동원하기 위해 편호제민 정책이 도입되었다.
④ 철제 농기구가 도입되어 농업 생산이 비약적으로 늘어났다.

3 춘추 전국 시대에 대한 설명으로 알맞은 단어를 골라 보자.

○ 춘추 전국 시대에 발달한 여러 사상을 일컫는 용어는 (분서갱유 / 제자백가)이다.

○ 춘추 시대에 주나라 왕을 대신해 우두머리 노릇을 하는 강력한 제후를 (황제 / 패자)라고 한다.

○ 진은 (법가 / 유가) 사상에 따라 제도를 정비한 후 전국 칠웅을 무너뜨리고 중국을 통일하였다.

4 다음 중 서로 관련 있는 것들을 바르게 연결해 보자.

① 공자 •　　　　　　　　• ㉠ 유가의 시조로, '인(仁)'을 강조함.

② 노자 •　　　　　　　　• ㉡ 모든 이에 대한 평등한 사랑인 겸애를 강조함.

③ 묵자 •　　　　　　　　• ㉢ 도가의 창시자로 자연의 이치와 순리를 강조함.

5 빈칸에 공통으로 들어갈 알맞은 말을 써 보자.

시황제는 전국을 여러 개의 군과 현으로 나눈 뒤 직접 관리를 파견하여 다스리는 ○○○를 실시했다. 이렇게 황제가 관리를 파견해 전국을 직접 다스리는 제도를 ○○○라고 한다.

(　　　　　　　　　　　　)

7 진나라가 멸망하게 된 배경에 대한 설명으로 알맞은 것에 ○표, 알맞지 않은 것에 X표 해 보자.

○ 법가 사상에 따라 가혹하게 통치했기 때문이다. (　　　)

○ 북쪽의 흉노라는 유목민과의 전쟁에서 패배했기 때문이다. (　　　)

○ 만리장성 건설 등 대규모 토목 공사에 백성을 자주 동원했기 때문이다. (　　　)

6 진의 시황제가 실시한 정책으로 옳지 않은 것은? (　　　)

① 도량형 통일
② 도로망 정비
③ 만리장성 건설
④ 유가 사상 중용

 정답은 328쪽에서 확인하세요!

용선생 세계사 카페

춘추 시대의 풍운아 오자서와 고사성어

수많은 인물과 사건이 넘실거린 춘추 전국 시대는 인간 세상에서 벌어질 수 있는 온갖 일들이 벌어졌던 시대야. 후대 사람들은 두고두고 그 사건들을 곱씹어 보며 미래의 등불로 삼고자 했는데, 그렇게 해서 만들어진 것이 바로 고사성어야. 고사성어는 '옛이야기에서 만들어진 말'이란 뜻으로, 대개 네 글자로 된 것들이 많아서 흔히 사자성어라고도 해.

춘추 전국 시대의 여러 인물들 중에서도 춘추 시대 오나라 재상이었던 오자서라는 인물이 여러 고사에 유독 자주 등장하지. 그의 드라마틱한 삶에 얽힌 고사성어들을 살펴보도록 할까?

▼ **청나라 화가가 그린 쑤저우 〈고소번화도〉** 오나라의 수도 쑤저우는 '하늘에 천국이 있다면 땅에는 쑤저우와 항저우가 있다.'는 말이 있을 정도로 춘추 전국 시대부터 화려하고 번화한 도시였어.

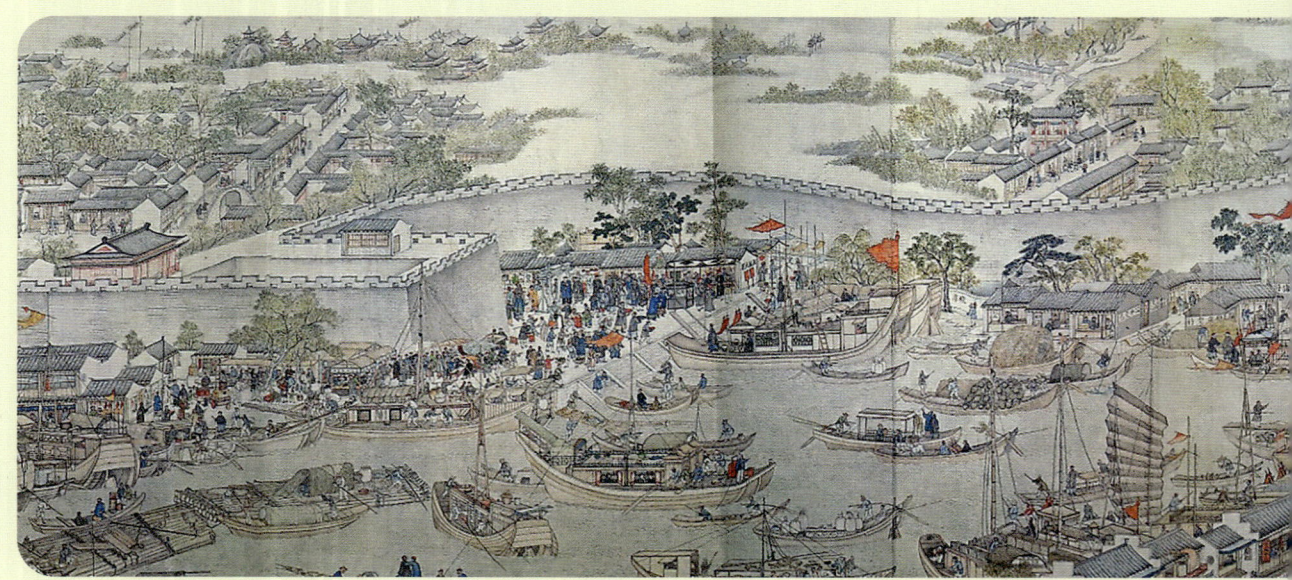

동병상련(同病相憐)

같은 아픔을 가진 사람끼리는 서로 가엾이 여긴다.

원래 오자서는 초나라 사람이었어. 오자서의 아버지는 태자의 스승으로 사람들의 존경을 받았고, 형 역시 초나라 관리였지. 그러던 어느 날 아버지와 형이 간신의 모함을 받아 왕에게 죽임을 당하고 말았어. 충격을 받은 오자서는 복수를 맹세하며 오나라로 도망쳤지. 오나라에서 재상이 된 오자서는 초나라를 멸망시키기 위해 사방에서 인재를 구했단다. 이때 오자서처럼 초나라 왕에게 가족이 죽임을 당한 뒤 오나라로 도망쳐 온 백비라는 인물이 있었어. 사람들은 백비가 욕심이 많고 강직하지 못하다며 나쁘게 평했지. 하지만 오자서는 백비가 자신과 같은 처지라며 오히려 중용했단다. 여기서 나온 말이 바로 동병상련이야.

도행역시(倒行逆施)

도리에 어긋나는 일을 억지로 시행하다.

오자서는 초나라를 공격한 지 석 달 만에 초나라 수도를 함락했어. 오자서는 아버지와 형의 원수를 갚고자 초나라 왕의 시신을 무덤에서 꺼내 형체도 알아볼 수 없을 정도로 심하게 매질했지. 초나라에서 벼슬을 했던 오자서의 친구는 소식을 듣고 사람을 보내 죽은 사람을 그토록 심하게 매질하는 것은 도리에 어긋난다며 꾸짖었어. 그러자 오자서는 '도리에 어긋나더라도 가족의 원수를 갚기 위해서는 어쩔 수 없다.'며 매질을 계속했대. 도행역시는 여기서 유래한 말이야.

↓ 월왕 구천검
월왕 구천이 실제로 사용했던 청동검이래.

와신상담(臥薪嘗膽)

장작더미 위에서 잠을 자고, 곰 쓸개를 핥다.

초나라를 무너뜨린 오나라 왕 합려는 숙적 월나라를 공격했어. 오자서는 무리라며 말렸지만 합려는 듣지 않았지. 전쟁에서 패한 합려는 결국 세상을 떠나고 말았어. 합려의 뒤를 이어 오나라 왕이 된 부차는 아버지의 복수를 잊지 않기 위해 매일 장작더미 위에서 잤어. 그러곤 사람들에게 지나갈 때마다 '부차야, 아비의 원수를 잊었느냐!' 하고 소리를 지르게 했지. 착실히 힘을 기른 부차는 월나라를 공격해 월나라 왕 구천의 항복을 받아 냈단다.
하지만 아버지의 원수를 갚은 부차는 자만에 빠져 사치와 향락을 일삼기 시작했어. 그사이에 월나라 왕 구천은 매일 쓰디쓴 곰 쓸개를 핥으며 복수를 맹세했지. 와신상담은 오나라 왕 부차와 월나라 왕 구천이 주거니 받거니 벌인 복수의 다짐에서 나온 말이야.

경국지색(傾國之色)

나라를 기울게 만들 미인.

월나라 왕 구천은 부차를 구렁텅이로 빠뜨릴 작정으로 서시라는 미인을 부차에게 보냈어. 오자서는 "서시는 나라를 위태하게 만들 미인이니 받아들여선 안 된다."라고 간언했지만 부차는 듣지 않았지. 구천의 계략대로 부차는 나랏일을 팽개치고 방탕하게 놀기만 했어. 여기서 나온 말이 바로 경국지색이야. 나라를 기울게 할 만큼 아름다운 미인이라는 뜻이지.

끊임없이 잔소리를 하는 오자서가 성가셨던 부차는 핑계를 만들어 오자서를 죽이고 말았어. 소식을 들은 구천은 이때다 하고 오나라를 공격해 부차를 사로잡았지. 부차는 그때서야 자신의 잘못을 깨달았지만 이미 너무 늦었지. 부차는 자신이 오자서의 말을 듣지 않아 나라를 멸망시켰다며 자결하고 말았단다.

▲ **월나라의 미녀 서시** 서시는 물고기들이 수면에 비친 서시의 얼굴을 보고 헤엄치는 걸 잊을 정도로 아름다운 여인이었대.

용선생 세계사 카페

진시황릉
지하에 건설된 또 하나의 도읍

영원히 꺼지지 않을 등불의 은은한 불빛 아래에서 서커스단이 황제를 위해 공연을 펼쳤어. 황제는 편안한 자세로 비스듬히 누워 남자 광대의 머리 위로 고정시킨 가늘고 긴 막대 위에서 어린 여자아이가 온갖 자세로 재주를 펼치는 모습을 구경했지. 궁에 딸린 관청에서는 저마다 독특한 복장과 표정을 한 문무백관이 맡은 일을 수행했고, 내성 바깥의 아름다운 연못 정원에서는 우아한 깃털을 자랑하는 오리가 무리 지어 한가로이 노닐었어. 그러나 근위대는 이런 느긋한 풍경과는 동떨어진 긴장된 표정으로 궁을 빙 둘러 대열을 이루고 있었어. 말고삐를 쥔 채 한쪽 무릎을 꿇고 명령을 기다리는 기병, 보병, 전차병들로 구성된 근위대는 족히 만 명은 넘어 보였어. 군사들은 당장 적을 향해 돌진할 듯이 완전 무장을 한 채 전투 대형을 갖추었고, 그 뒤로 장군으로 보이는 부리부리한 눈을 가진 사내가 네 마리 말이 끄는 마차에 올라타 있었어.

도대체 여기가 어느 나라 궁전이냐고? 실은 이곳은 진나라 수도 셴양 근처 여산의 땅 밑 깊숙한 곳에 건설된 지하 궁전, 바로 진시황릉이야. 진시황릉에 관한 자세한 기록은 한나라의 역사가 사마천이 쓴 《사기》라는 책에 나와 있어. 하지만 진시황릉의 위치가 어딘지는 아무도 몰랐지. 그러다

↑ 진시황릉 입구 진시황릉은 그 자체가 진나라 수도 셴양을 그대로 옮겨 놓은 거대한 지하 도성이야. 셴양과 똑같이 내성과 외성이 있는데, 내성의 둘레는 2.5킬로미터, 외성의 둘레는 6.3킬로미터에 달해. 시신을 안치한 무덤은 지하 도성의 남서쪽에 있고, 75미터 높이의 거대한 피라미드 모양이야. 유명한 병마용 갱은 내성과 외성 사이에 배치되어 있어.

↑ **병마용 갱** 병마용은 병사와 말 인형, 갱은 구덩이라는 뜻이야. 구덩이 속의 병마용은 모두 전투 대형을 갖추고 있어. 실물 크기의 병사와 말이 1만 점 넘게 전투 대형으로 배치되어 있어.

1974년 우물을 파는 도중에 우연히 발견되어 오늘날에 이르고 있단다. 발견된 직후부터 지금까지 계속 발굴이 이루어지고 있지만, 워낙 규모가 커서 아직도 지하 도성의 내성과 외성 사이에 배치된 700여 개 갱들 가운데 병마용 갱 일부만 겨우 발굴 작업이 끝났어. 75미터 높이의 피라미드 모양 무덤은 아직 손도 대지 못하고 있지.

발굴이 진행될수록 사람들은 그 엄청난 규모에 입을 다물지 못했어. 내성과 외성 사이의 거대한 구덩이에는 흙으로 빚은 실물 크기의 병사와 말 인형이 1만 개 넘게 전투 대형으로 배치되어 있는데, 그 한 점 한 점이 심혈을 기울여 제작한 예술 작품으로 표정과 생김새가 모두 달라. 사마천의 《사기》에서는 진나라의 시황릉을 이렇게 설명하고 있어.

"70만 명이 동원되어 38년에 걸쳐 진시황릉을 만들었다. 시신이 썩지 않도록 지하수가 세 번 나올 때까지 땅을 깊이 파고, 구리로 여섯 겹의 관을 짜서 시신을 안치한 뒤 구리를 부어서 그 주위를 틀어막았다. 궁실과 관청의 모든 보물을 함께 묻고, 장인에게 자동으로 발사되는 활을 만들게 해서 황릉을 파거나 접근하는 자가 있으면 자동으로 화살이 발사되도록 했다. 또 수은으로 강과 바다를 만들어 기계 장치로 흐르게 하고 하늘에는 별자리를 만들었다."

사실 오랫동안 학자들도 이 내용을 안 믿었대. 그저 과장된 소문일 뿐이라고 생각했지. 그런데 발굴 작업이 진행될수록 《사기》에 적힌 내용이 사실로 증명되고 있어. 현재까지 밝혀진 바로는 진시황릉은 무덤이라기보다 지하에 건설된 또 하나의 도읍으로 불러야 할 것 같아. 황궁과 도성 안의 여러 관청은 물론이고, 황제를 지킬 근위대와 관리들, 심지어 황제를 즐겁게 해 줄 곡예단까지 실물 크기로 재현해 놓았거든. 덕분에 진나라의 문화와 기술 수준은 물론 전쟁 방식, 무기, 복장, 심지어 머리 모양까지 정확히 알 수 있게 되었지. 진시황릉은 이렇게 어마어마한 지하 궁전을 짓게 했던 시황제의 강력한 권력과 진나라의 중앙 집권 제도에 대해 새삼 다시 생각하게 만들어 주었어. 자, 우리도 사진으로나마 시황제의 지하 궁전 구경 좀 해 볼까?

← **가까이서 본 병마용** 마치 실제 사람을 묘사한 것처럼 표정이 매우 생생해. 병마용은 신체 부위별로 흙으로 빚어 구운 뒤 조립했는데, 하나하나가 뛰어난 예술 작품으로 평가받고 있지.

◆ **돌로 만든 갑옷과 투구** 진시황릉 병마용 갱에서 발견된 갑옷과 투구야. 돌조각을 얇게 다듬어 만든 뒤 구멍을 내 연결해 만들었어. 아무리 솜씨 좋은 장인이라도 하나를 완성하는 데 1년 이상 걸렸을 것으로 추정하고 있어.

◆ **청동 마차 모형** 실제로 시황제가 타던 마차랑 똑같이 생겼대. 이 마차를 타고 순행하는 진시황의 모습을 한번 상상해 보렴.

◆ **다양한 자세를 취하고 있는 병마용들** 병마용은 얼굴 생김이 다 달라. 원래 흙으로 빚은 뒤 불에 구운 도기인데 모두 옻칠을 하고 값비싼 물감으로 색을 칠했어.

3교시

동아시아에 들어선 대제국 한나라

진나라의 뒤를 이은 한나라는 중국 역사에 뚜렷한 흔적을 남겼어.
오늘날 중국 사람을 가리키는 한족,
중국의 글자를 의미하는 한자라는 말이 바로 한나라에서 유래됐지.
이번 시간에는 한나라가 중국을 어떻게 통일하고
중국 사회를 어떻게 다스렸는지 살펴보도록 하자.

기원전 209년	기원전 202년	기원전 129년	기원전 126년	기원전 89년	기원후 25년
진승과 오광의 난	항우 사망, 한나라가 중국 통일	한 무제, 흉노와의 전면전 개시	장건, 서역에서 무사히 귀환	한 무제, 흉노와의 전쟁 중단	후한 건국

역사의 현장 지금은?

한나라를 세운 유방의 든든한 힘, 쓰촨성의 오늘

쓰촨성은 면적이 한반도의 2배가 넘고 인구는 8,000만 명이 넘어. 사방이 높은 산으로 둘러싸인 거대한 분지로 창장강을 비롯해 4개의 강이 흐르기 때문에 쓰촨(四川), 즉 4개의 하천이라는 이름이 붙었지. 쓰촨성은 폐쇄적인 지형 덕에 숱한 전란을 피해 대체로 평화를 누려 왔어. 삼국 시대 유비의 촉나라도 쓰촨성에 세워졌지. 오늘날은 중심 도시인 청두와 충칭을 중심으로 경제 성장이 빠르게 이루어지고 있단다.

▲ 청두 신시가지의 야경

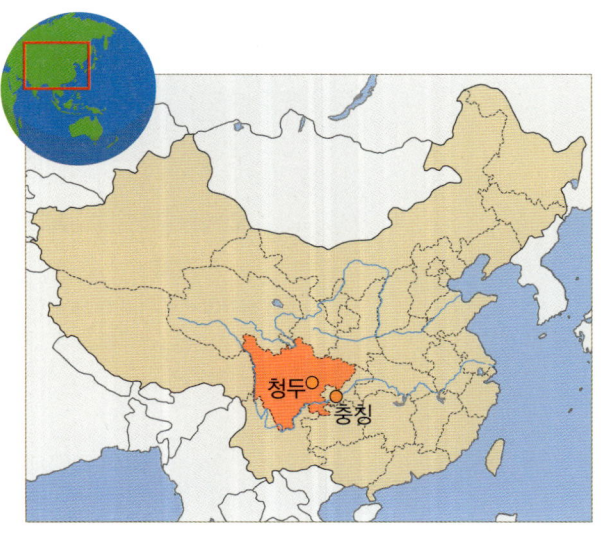

쓰촨성의 성도 청두

청두는 인구 1,400만 명에 달하는 거대 도시야. 북쪽에 가로놓인 친링산맥이라는 자연 장벽이 외침을 막아 준 덕분에 오랫동안 평화를 누려 왔고, 쓰촨 지방의 중심 도시가 될 수 있었지. 오늘날은 중국 서남 지역의 공업 중심지로 면, 철강 등의 공업이 발달했고, 철도와 고속 도로, 수로가 교차하는 교통의 요충지야.

↑ 진리 거리 청두의 옛 모습을 재현해 놓은 거리야.

거대 도시 충칭

충칭은 주나라 이후 3,000년 동안 쓰촨성의 중심지였으며, 오늘날은 인구가 3,000만이 넘는 대도시이지. 항일 운동 기간에는 우리나라 임시정부가 이곳에 있기도 했어.

↑ 창장강이 흐르는 충칭의 전경

중국 불교의 성지로 꼽히는 어메이산의 러산 대불

높이 70미터, 얼굴 너비 10미터, 어깨 너비 28미터의 초대형 미륵 보살상이야. 근방의 배가 안전하게 다니기를 기원하면서 강가의 절벽을 90년에 걸쳐 통째로 깎아 만들었대.

← 러산 대불의 모습

바위에 선반처럼 매달린 잔도

아찔하게 높은 바위의 허리에 마치 좁다란 선반이나 사다리처럼 걸쳐 놓은 이런 길을 잔도라고 해. 유방이 쓰촨으로 갈 때에도 잔도를 이용했지. 오늘날 잔도는 모험을 즐기는 관광객에게 매우 인기가 많아.

↑ 잔도에서 사진을 찍는 관광객

쓰촨성은 판다의 고향

커다란 곰 인형 같은 귀여운 생김새와 덩치를 무색하게 만드는 깜찍한 몸놀림으로 전 세계인의 사랑을 받는 판다. 중국을 상징하는 동물인 판다의 고향이 바로 쓰촨성이야. 판다는 쓰촨성의 드넓은 대나무 숲에서 대나무 잎을 먹으며 살지. 하지만 안타깝게도 판다는 1급 멸종 위기 동물이야. 야생과 동물원에 있는 판다를 모두 합쳐도 겨우 2,000마리 정도에 불과하거든. 더구나 번식도 느려 1년에 태어나는 새끼가 겨우 10여 마리밖에 되지 않는대. 중국 정부는 판다를 보호하기 위해 많은 노력을 기울이며, 판다의 밀반출을 엄격히 금지하고 있어.

↑ 대나무 잎을 먹는 판다

진나라가 무너지고 한나라가 들어서다

"어디 보자, 지난 시간에는 진나라가 중국 통일을 이룬 지 얼마 되지 않아 무너졌다는 이야기까지 했었지?"

"네, 지나친 공사와 가혹한 법으로 백성들을 괴롭혀서 반란이 일어났다고 하셨어요."

"그래. 진나라를 무너뜨린 계기가 되는 진승과 오광의 난이 일어난 건 시황제가 세상을 떠난 지 고작 2년 후인 기원전 209년이었어."

"진승과 오광의 난이 뭐예요? 그것도 백성들이 일으킨 반란인가요?"

"그렇단다. 진승은 친구인 오광과 함께 수자리를 맡아 북쪽 국경으로 가고 있었어. 그런데 그만 홍수가 나는 바람에 정해진 날짜까지 목적지에 도착할 수가 없게 된 거야. 엄격한 진나라 법에 따르면 사

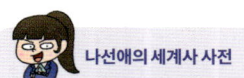

나선애의 세계사 사전

진승과 오광의 난 기원전 209년에 일어난 중국 최초의 농민 반란. 진나라 멸망의 계기가 되었어.

곽두기의 국어 사전

수자리 국경을 지키는 일, 또는 국경을 지키는 군사를 말해.

형을 당할 수 있는 큰 죄였지."

"홍수가 나서 늦었는데도 사형이라고요?"

허영심이 깜짝 놀라며 두 손으로 뺨을 감쌌다.

"그래. 진나라의 법이 그렇게 무시무시했단다. 진승은 친구 오광과 짜고 같이 국경으로 가던 사람들을 부추겼어. '이보게들, 우린 이제 이러나저러나 죽을 목숨일세. 이왕 죽을 거라면 차라리 뜻을 한번 크게 펴 보세. 어디 처음부터 왕후장상의 씨가 따로 있던가!' 진승이 이렇게 말하며 인솔하던 장교를 단칼에 베어 버리자 망설이던 사람들도 모두 진승의 편에 붙었어. 진승과 오광의 난이 시작된 거야."

"그런데 겨우 농민 몇 명이 반란을 일으켜서 진나라가 무너질까요?"

"물론 시작은 초라했지. 하지만 진나라의 폭정에 시달려 온 백성과 귀족이 속속 합류하면서 반란군은 금세 눈덩이처럼 불어났어. 진승은 각지에서 일어난 반란군들의 총대장 역할을 하며 장초라는 나라를 세우고 스스로 왕 자리에 올랐지. 그리고 여세를 몰아 진나라 수도 셴양으로 진격해 들어갔지."

"와! 그럼 이제 진승이 진나라를 무너뜨리는 건가요?"

"아니, 셴양으로 향하던 반란군은 진나라 장군 장한이 이끄는 진압군에게 격파당했어. 이때 오광은 부하들의 반란으로 목숨을 잃었고, 진승은 남쪽으로 달아나다 부하에게 살해당했지. 이렇게 해서 진승과 오광의 난은 실패로 막을 내렸단다."

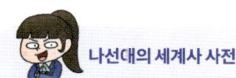

나선대의 세계사 사전

왕후장상 왕, 제후, 장군, 재상을 뜻하는 말이야. 그러니까 나라의 높은 사람을 뜻하는 말이지. 이 말은 반란을 일으켜 성공하면 우리도 왕후장상이 될 수 있다는 뜻이지.

장초 (기원전 209년~기원전 208년) 진승의 반란군이 진(陳)을 도읍으로 삼아 건설한 나라. 중국 최초로 농민 반란군이 세운 나라래.

↑ **진승과 오광의 난** 반란을 이끄는 진승과 오광. 진나라에 불만을 품은 백성이 반란군에 가세하면서 순식간에 10만에 달하는 대군이 만들어졌어.

동아시아에 들어선 대제국 한나라 **117**

▲ 거록 전투 거록은 황허강 중류에 있던 곳이야. 항우는 이곳 전투에서 진나라 군대를 물리치며 진나라 멸망의 결정적 계기를 마련했어.

▲ 항우 (기원전 232년~기원전 202년) 삼촌 항백을 따라 봉기군에 가담했으며, 삼촌이 전사한 뒤 반란군을 이끌었어. '힘은 산을 뽑고 기개는 세상을 뒤덮을 만하다.'는 '역발산기개세'란 고사성어로 유명해.

"그렇게 끝이라고요?"

장하다가 실망한 듯 말하자 용선생이 고개를 저었다.

"끝이라고는 안 했는걸. 진승과 오광의 난은 끝났지만, 반란은 이제 시작이었어. 진승이 죽자 반란에 가담한 귀족들은 춘추 전국 시대 제후국의 부활을 선언했어. 그러곤 저마다 독립국을 세우고 진나라에 맞서 본격적인 전쟁에 들어갔지. 이때 반란군의 총대장 역할을 한 사람이 바로 초나라의 항우였어. 항우는 가장 강력한 군세를 자랑하는 초나라 반란군을 이끌고 거록 전투에서 진나라 군대를 격파하며 진나라를 멸망 직전까지 몰아붙였어."

"항우란 사람이 엄청 잘 싸웠던 모양이죠?"

"그럼. '힘은 산을 뽑고, 기운은 세상을 덮는' 무시무시한 장수였대. 항우는 아직 남아 있는 진나라 군대를 차례차례 무찌르면서 셴양으로 진격했어. 그런데 웬걸, 항우보다 한발 앞서서 셴양을 점령한 사람이 있었단다."

곽두기의 국어 사전

군세 군사 군(軍) 형세 세(勢). 군사력을 말해.

↖ 홍문의 연회 셴양을 점령한 항우는 연회를 열어 유방을 초청했는데, 항우의 부하가 칼춤을 추는 척하다가 유방을 죽이려고 했어. 그것을 눈치챈 유방의 부하가 꾀를 부려 함께 칼춤을 추며 유방을 보호했지. 유방은 자리에서 빠져나와 멀리 달아나 위기에서 벗어났단다.

"엥? 누가 감히 총대장보다 먼저 셴양을 점령했어요?"

"유방이라는 사람이었어. 항우의 초나라 반란군에 합세해 큰 공을 세운 사람이지. 유방은 항우가 진나라 군대와 싸우느라 시간을 지체하는 사이에 잽싸게 셴양으로 들어가 진나라 황제로부터 항복을 받아 냈어. 한편으로는 부하들에게 약탈을 금지하고 가혹했던 진나라의 법을 모조리 폐지해 셴양 사람들의 민심을 얻었지."

"항우 입장에서는 좀 얄미웠겠는데요?"

"그랬겠지? 하지만 어차피 항우의 군대가 훨씬 수도 많고 강력했어. 항우가 들어오자 유방은 항우에게 셴양을 넘겨주고 물러나는 수밖에 없었지. 그러자 항우는 이미 항복한 진나라 황제를 죽이고, 셴양을 잿더미로 만들어 버렸어. 그리고 시황제의 무덤까지 뒤져 온갖 재물을 약탈했단다."

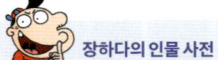

장하다의 인물 사전

유방 (기원전 247년~기원전 195년) 한나라 첫 번째 황제. 초나라에서 미천한 신분으로 태어났지만, 진나라 말기의 혼란 속에서 한나라를 세우고 중국을 통일했어.

↓ 함곡관 동쪽의 화베이 평원에서 서쪽의 관중 평원으로 들어가는 협곡에 설치된 관문이야. 유방은 이 관문을 넘어 항우보다 먼저 셴양에 도착했지.

"어머, 유방이랑은 완전 딴판이네요."

허영심이 눈을 동그랗게 떴다.

"그래, 너무나 달랐지. 이렇게 해서 진나라는 완전히 멸망했어. 항우는 옛 초나라 왕의 후예를 황제 자리에 올리고, 자신은 초패왕이 되었단다."

"초패왕은 무슨 뜻이에요?"

"옛날 춘추 시대 '패자'와 같은 의미야. 기억하니? 하지만 춘추 시대와 마찬가지로 황제는 그저 허수아비였을 뿐 실제 권력은 초패왕인 항우가 쥐고 있었지. 항우는 함께 싸운 반란군 대장들을 중국 각지의 제후로 임명했는데, 이때 유방도 한중과 파촉 지역을 다스리는 한중왕으로 임명됐어. 일을 마친 항우는 약탈한 재물을 싣고 군사들과 함께 초나라로 향했단다."

"그런데 한중이 어디죠?"

"한중은 친링산맥 남쪽에 있는 곳이야. 관중 평원에서 한중으로 가려면 험준한 산길을 넘어야 했어. 그래서 옛날에는 죄인들의 귀양지로 자주 쓰였지. 항우는 만만찮은 경쟁자인 유방을 산골짜기에 가두어 두려던 속셈이었어."

"유방 입장에서는 불만이 많았겠군요."

"응. 유방 말고도 옛 제후국 왕족 출신 반란군 대장 중에는 항우의 논공행상에 불만을 가진 사람이 많았어. 항우가 자기 측근에게만 좋은 땅을 주고 옛 제후국 왕족 출신들을 푸대접했다는 거였지. 마침내 제나라에서 먼저 반란을 일으켰고, 그 틈에 유방도 반란에 가세했지. 대장군 한신의 대활약이 계속되고 항우에게 불만을 가진 제후들

↑ 한신 (기원전 ?~기원전 198년) 처음에는 항우의 부하였어. 하지만 유방이 이끄는 한나라군의 대장군이 되어 중국을 통일하는 데 결정적인 역할을 했지.

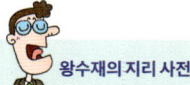

왕수재의 지리 사전

파촉 지금의 쓰촨성을 가리키는 옛 이름이야.

친링산맥 관중 평원 남쪽에 동서로 길게 뻗은 산맥이야. 중국의 남부와 북부를 가르는 경계선 역할을 하지.

곽두기의 국어 사전

논공행상 말할(論) 공 공(功) 갈 행(行) 상 상(賞). 공을 따져 상을 준다는 뜻이야.

동아시아에 들어선 대제국 한나라

↑ 잔도 바위산에 선반처럼 매달린 좁은 길. 잔도는 관중 평원에서 한중 땅으로 들어가는 길이었대.

← 장기 유방과 항우의 전쟁을 소재로 만든 게임이란다. 빨간색은 유방의 한(漢)나라, 초록색은 항우의 초(楚)나라를 뜻해.

이 속속 가세하면서 전세는 유방에게 유리하게 돌아갔어. 유방의 한나라군에 쫓기던 항우는 결국 서른 살의 나이로 스스로 목숨을 끊었단다."

"우아, 유방이 대역전승을 거둔 거네요."

"그렇단다. 항우를 물리친 유방은 기원전 202년 황제 자리에 올랐어. 한나라가 중국을 통일한 거야."

> **용선생의 핵심 정리**
>
> 기원전 209년, 진승과 오광의 난을 계기로 옛 제후국 귀족들이 일제히 반란 대열에 합류. 진나라는 항우를 대장으로 하는 반란군 연합군에 멸망당함. 그 후 기원전 202년, 한나라 유방이 항우를 꺾고 중국을 통일함.

진나라의 실패에서 배운 한나라

↑ 한 고조 유방

"설마 한나라는 진나라처럼 금방 망하진 않겠죠? 보고 배운 게 있을 테니까요."

나선애의 말에 용선생은 고개를 끄덕였다.

"그래. 한 고조 유방은 진나라가 왜 중국을 통일한 지 겨우 15년 만에 무너졌는지 잘 알고 있었지. 그래서 진나라의 실패를 거울 삼아 같은 실수를 되풀이하지 않으려고 노력했어. 그 덕분인지 한나라는 400년이라는 긴 시간 동안 중국을 다스리며 오늘날까지 이어지는 중국의 토대를 닦았지. 중국 최초의 통일 제국은 진나라이지만 실질적으로 중국을 하나의 나라로 통합한 것은 한나라라고 볼 수 있단다."

"그럼 진나라랑 한나라가 어떻게 다른데요?"

"나라가 가급적 일을 벌이지 않는 것이 옳다고 생각하는 것을 황로 사상이라고 불러. 한나라는 이 황로 사상에 따라 우선 백성을 편히 쉬게 해 주었어. 한나라가 막 들어섰을 때 백성들은 대규모 공사와 전쟁으로 너무나 많이 지쳐 있었거든. 한나라는 백성이 생업에 종사할 수 있도록 대규모 공사나 전쟁 같은 큰 일을 가급적이면 벌이지 않았어. 이렇게 한나라 초기의 관리들은 황로 사상에 입각해 나랏일을 처리해 나갔지."

"다행이다! 백성들도 이제야 한시름 놓겠네요."

곽두기가 안도의 한숨을 내쉬었다.

"그리고 한나라는 법가가 아닌 유가 학자를 대거 관리로 채용했어. 법이 너무 엄격했던 것도 진나라가 멸망한 이유 가운데 하나였다고 생각했기 때문이지."

"하긴, 반란이 일어난 것도 법이 너무 엄

한 탓이었으니까요."

"그래. 한나라는 중국처럼 큰 나라를 다스리려면 황제가 덕으로 백성을 보살펴야 한다고 생각했어. 그러면 법이 엄하지 않더라도 백성이 황제를 따를 거라고 생각했던 거야. 그런데 이렇게 유가의 가르침을 널리 퍼뜨리려고 하다 보니 한 가지 문제가 있었지. 분서갱유 기억하지? 유학자들의 가르침을 담은 경전들이 분서갱유 때문에 죄다 불타 없어져 버렸거든. 유학자 입장에서는 유학을 가르치고 싶어도 교과서로 삼을 책이 없었지."

"어? 그럼 어떡해요?"

"그래서 한나라에서는 꽁꽁 숨겨져 있던 옛 유교 경전들을 찾아내고 그동안 잘못된 부분을 바로잡아서 원래의 의미를 밝히는 학문이 발전했어. 이걸 훈고학이라고 해. 《주역》이나 《춘추》 같은 유학 경전들이 정리될 수 있었던 것은 훈고학 덕분이었어. 훈고학을 통해 정리

용선생의 세계사 돋보기

훈고학은 옛 경전들의 정확한 뜻을 해설해 가르치는 학문이란 뜻이야.

↑ **공자에게 제사를 지내는 유방** 한나라는 중국 곳곳에 공자의 사당을 세우고 제사를 올리며 유학을 발전시키는 데 앞장섰어. 그림 가운데에 돼지 세 마리를 바치고 허리를 숙이고 있는 사람이 한 고조 유방이야.

된 경전들은 훗날 유학 발전에 아주 중요한 디딤돌이 되었지."

용선생은 이야기를 마치며 스크린에 새로운 지도를 띄웠다.

"마지막으로 한나라는 군현제 대신 군국제를 도입했어."

"군국제는 또 뭐예요?"

"군국제는 나라를 군현제를 실시하는 군 지역과 봉건제를 실시하는 국 지역으로 나누어 다스리는 통치 제도야. 진나라의 군현제와 주나라의 봉건제를 섞었다고 보면 돼."

↑ 한나라 초기 군국제 실시 지역

"군현제랑 봉건제를 합쳤다고요?"

"응. 유방은 중국의 서쪽 지역은 황제가 직접 다스리는 곳으로 정하고 관리를 파견해 군현제로 다스리고, 동쪽 지역은 한신을 비롯한 공신들과 자신의 직계 가족을 제후로 임명해 봉건제로 다스렸어."

"음, 예전에는 군현제 덕분에 황제가 나라를 직접 다스릴 수 있게 되었다고 하시더니…… 한나라는 왜 군국제를 실시한 건가요?"

나선애가 아리송한 듯 고개를 갸웃거렸다.

"당연히 황제는 중국 전역을 군현제로 다스리고 싶어 했지. 하지만 지금껏 목숨을 걸고 싸워 준 부하들에게 적절한 보상을 줄 필요가 있었단다. 항우가 실패한 것도 결국에는 논공행상에 대한 불만 때문이었잖니? 하지만 군국제는 그리 오래가지는 못했어."

"오래가지 못했다니요?"

동아시아에 들어선 대제국 한나라 **125**

"황제가 된 유방은 제후들을 믿지 않았거든. 그래서 갖은 이유를 대며 제후들을 하나씩 제거해 나갔지. 심지어 항우를 무찌르는 데 가장 큰 공을 세운 대장군 한신도 황제에게 반란을 꾀했다는 누명을 뒤집어쓴 채 목숨을 잃고 말았단다."

"세상에! 그건 좀 너무한데요."

"자꾸 그런 식으로 나오면 없던 불만도 생기겠어요!"

장하다가 주먹을 불끈 쥐며 말하자 용선생은 고개를 끄덕였다.

"유방이 제후들을 차례로 제거해 나가자 불안해진 제후들은 힘을 합쳐 반란을 일으켰단다. 그런데 이 일은 오히려 군현제를 확대시키는 계기가 됐어. 유방이 반란을 진압한 후 반란에 가담한 제후들의 영지를 모두 몰수해 군현제를 실시했거든. 결국 유방의 증손자인 한 무제 때 중국 전역에서 군현제가 실시되었어. 이제 초나라 왕이니 제나라 왕이니 하는 제후는 모두 사라지고 황제가 관리를 파견해 전국을 직접 다스리게 된 거야."

↑ 한 무제의 순행 행렬 전국 순행에 나선 한 무제의 행렬을 표현한 청동상이야.

"그럼 한나라도 진나라처럼 중앙 집권 체제로 바뀐 거네요."

"응, 이렇게 중앙 집권 체제가 잘 자리 잡으면서 사람들의 생각에도 차츰 변화가 일어났어. 이제 지역에 따라 초나라나 제나라 사람이라고 생각하는 대신 모두 같은 한나라 사람이라고 생각하게 된 거야. 중국 사람을 가리키는 한족, 중국 글자를 가리키는 한자라는 말이 생겨난 것도 이때였어. 중국이 비로소 하나의 나라로 통합된 거지."

"이제야? 휴, 통일 한번 하기 힘드네요."

"이제야 중국은 분열과 혼란에 대한 걱정을 덜고 바깥으로 눈을 돌릴 수 있게 되었어. 특히 한 무제는 아주 야심만만한 황제였단다. 한 무제는 아무도 견줄 수 없는 업적을 이룬 위대한 황제가 되고 싶어 했지."

▲ 한 무제 (재위 기원전 141년~기원전 87년)
한나라 황제로 흉노, 고조선, 서역, 베트남 등을 정복해 한나라의 영토를 최대로 넓혔어.

"어? 그런데 한나라는 가급적 큰일을 벌이지 않는 게 좋다고 생각했다면서요?"

"그래. 무제는 바로 그런 생각이 영 맘에 들지 않았지. 그래서 황제 자리에 오르자마자 학자들에게 새로운 통치 방법을 찾아보라고 명령했어. 이때 당시 최고의 유학자였던 동중서가 낸 의견이 황제의 눈에 들어왔단다."

"동중서가 어떤 의견을 냈는데요?"

"동중서는 황제는 하늘로부터 명을 받아 백성을 다스리는 하늘의 자손이니 황제가 나서서 천하의 법도를 바로잡고 백성을 감화시켜야 나라의 근본이 바로 선다고 했어. 또 유학을 중심으로 나라를 다스리면 백성들이 쉽게 따를 것이라고 했지."

장하다의 인물 사전

동중서 (기원전 176년~기원전 104년?) 한나라 때의 유학자로 오경박사를 지냈어. 유교가 한나라의 통치 이념으로 자리 잡는 데 큰 역할을 했어.

마왕두이

1972년 중국의 후난성 창사 시에 있는 마왕두이라는 나직한 언덕에서 한나라 시대의 무덤 3기가 발견 됐어. '마왕두이 한묘'라고 불리는 이 유적에서는 당시의 생활상을 엿볼 수 있는 귀중한 유물들이 쏟아 져 나왔지. 마왕두이 한묘에서 나온 유물들을 살펴보며 당시 사람들이 어떻게 살았는지 상상해 보자.

◀ **T자 모양의 비단 그림** 얼핏 옷처럼 보이지만 비단에 그린 그림이야. 크 게 지하 세계, 지상 세계, 천상 세계의 세 부분으로 나뉘어 있는데, 지하 세계에 는 이 세상을 떠받치고 있는 장사가 그려져 있고, 지상 세계에는 제사를 지내고 있는 모습과 부인의 영혼을 싣고 하늘로 올라가는 용이 그려져 있어. 마지막으 로 천상 세계 부분에는 해와 달, 여신 등 신화적 요소가 그려져 있어. 당시 중국 인의 세계관을 엿볼 수 있어서 매우 흥미로워.

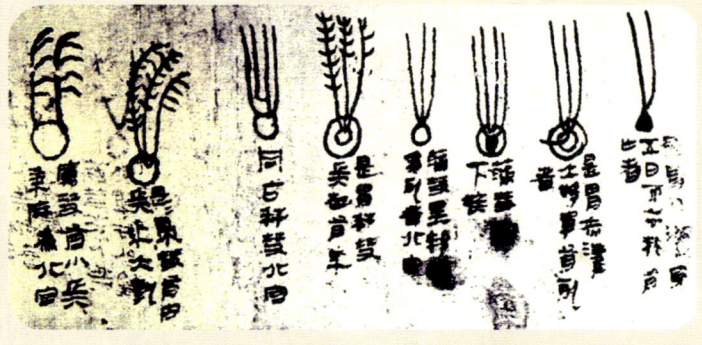

▲ **혜성도** 혜성을 모양에 따라 구분하기 위해 그려 놓은 그림이야. 전 세계에 서 가장 이른 시기에 그려진 혜성이고, 혜성의 모양 역시 매우 정확해. 당시 중 국 천문학 수준이 매우 높았다는 것을 알 수 있어.

◀ **도인도(복원도)** 일종의 건강 체조 그림이야. 죽은 이가 저승에서도 이런 체조를 통해 건강한 생활을 누리기를 바라는 마음에서 이런 그 림을 무덤에 넣었나 봐.

용선생의 이야기를 들은 왕수재가 머리를 긁적거렸다.

"그러니까…… 황제가 직접 나서야 나라가 바로 선다, 그리고 유학을 중심으로 나라를 다스려라 이건가요?"

"그래. 의욕이 넘치는 한 무제에게는 마음에 쏙 드는 조언이었지. 한 무제는 동중서의 건의에 따라 태학을 설립하고, 오경박사라는 제도를 만들어 나라에서 전문적으로 유학자들을 키워 내기 시작했어. 그리고 효렴제라는 관리 선발 제도를 만들어 나라의 관리를 뽑을 때 유가의 가르침을 잘 따르는 사람을 우선적으로 뽑도록 했단다. 이렇게 뽑힌 관리들은 황제에게 충성을 바쳤고, 한 무제는 그 힘을 바탕으로 어떤 황제보다 활발한 활동을 펼쳤어."

"무제가 무슨 일을 했는데요?"

나선애의 세계사 사전

태학 오늘날의 국립 대학에 해당돼.

오경박사 유학에서 중요시하는 다섯 경전을 공부하는 다섯 명의 박사를 두고 박사 한 명이 10명의 제자를 양성하도록 한 제도야.

효렴제 효성이 깊고 청렴한 사람들을 관리로 뽑는 제도야. 한나라에서는 효심과 청렴함을 관리에게 가장 필요한 덕목으로 봤어.

용선생의 핵심 정리

한나라는 법가 대신 유학을 통치 이념으로 삼으면서 경전을 바로잡는 훈고학이 발달함. 한편, 군현제와 봉건제를 섞은 군국제로 나라를 다스리다가 차츰 군현제가 자리 잡음.

장건이 서역으로 간 까닭은?

"먼저 한 무제는 활발하게 정복 활동을 벌였어. 고조선을 침공해서 멸망시키고 남쪽의 베트남도 공격해 멸망시켰지. 이렇게 정복 활동에 힘쓴 결과 한 무제는 한나라 황제들 중 가장 넓은 영토를 다스리게 되었단다."

동아시아에 들어선 대제국 한나라 **129**

"아하, 고조선을 멸망시킨 게 한 무제였군요?"

"그래. 그런데 한 무제도 끝까지 고전한 강적이 있었어. 바로 만리장성 너머의 흉노였지."

"흉노? 도대체 흉노가 누군데요?"

"원래 흉노는 중국 북쪽에 펼쳐진 드넓은 초원에서 유목 생활을 하는 사람들이었어. 그런데 툭하면 국경 지대를 약탈하고 재물을 빼앗아 가는 통에 아주 오래전부터 골칫거리였단다. 시황제가 만리장성을 쌓은 것도 흉노의 침입을 막으려던 거야."

"그럼 끝난 거 아니에요?"

나선애의 물음에 용선생이 고개를 저었다.

"위기를 느낀 흉노는 하나로 똘똘 뭉쳤어. 그래서 한나라가 중국을

▼ **오르도스** 흉노의 본거지였던 중국 북부 오르도스 초원의 현재 모습. 시황제는 만리장성을 건설해 오르도스에서 흉노를 내쫓아 버렸어.

통일할 무렵에는 흉노가 묵특 선우의 지도 아래 초원의 모든 유목민을 아우르는 대제국을 이룩했지."

장하다가 지도를 보고 깜짝 놀라며 말했다.

"우아! 중국을 통일한 한나라 위에 한나라보다 훨씬 더 큰 나라가 있다니!"

"한나라가 통일을 이룬 지 고작 1년 뒤, 흉노의 지도자 묵특 선우는 40만 명에 이르는 기병을 이끌고 한나라로 쳐들어왔어. 한 고조는 30만 명의 군사를 이끌고 나가 흉노에 맞서 싸웠지만 묵특 선우의 유인 작전에 말려 크게 패하고 백등산이란 곳에서 포위당했지. 한 고조는 흉노 제국에 한나라 공주를 시집보내고 매년 공물을 바치기로 하고 나서야 겨우 포위에서 벗어날 수 있었단다."

"우아, 그럼 흉노가 한나라보다 강했네요?"

> **나선애의 세계사 사전**
>
> **선우** 흉노가 자신들의 지도자에게 붙였던 칭호야. 유목민의 왕이라고 생각하면 돼.

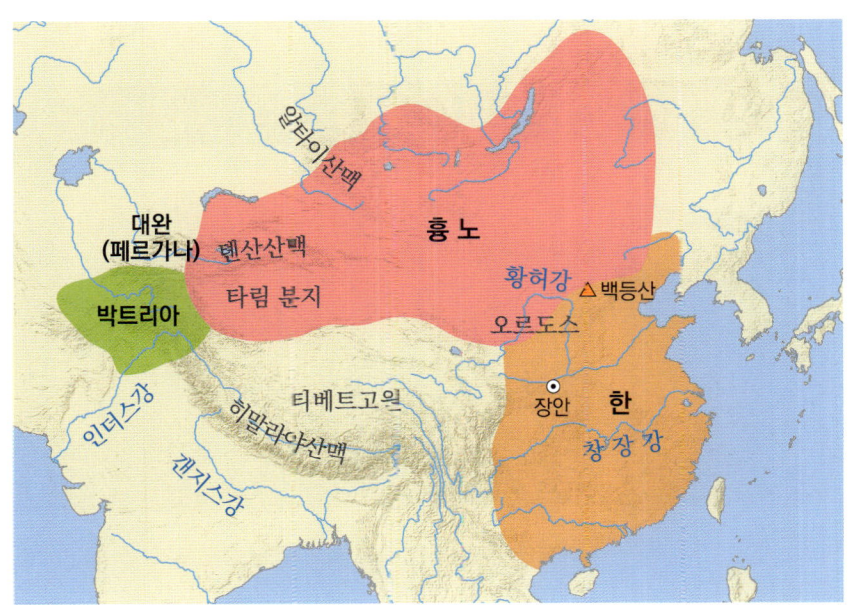

◀ 묵특 선우 시기의 흉노와 한나라 영역

"그랬던 셈이지. 흉노는 그 뒤에도 걸핏하면 국경 지역을 약탈했어. 황제들은 그때마다 공물의 양을 늘려 가며 흉노를 달래기에 급급했지. 의욕 넘치는 한 무제가 당연히 이런 상황을 좋아했을 리가 없겠지?"

"그랬을 것 같네요. 그럼 이제 한 무제와 흉노의 대결이 시작되는 건가요?"

"응, 한 무제는 우선 흉노에게 쫓겨나 머나먼 서역으로 옮겨 간 월지와 동맹을 맺기로 했어. 월지는 흉노에게 원한이 있을 테니 동맹 제안을 틀림없이 받아들일 것이라고 생각했지."

"잠깐만요. 월지? 맞다! 인도 공부할 때 나왔어요! 쿠샨 왕조를 세운 유목민. 맞죠?"

왕수재의 말에 용선생이 고개를 끄덕였다.

"호오, 기억하는구나? 정답이다. 한 무제는 바로 그 월지와 동맹을 맺으려고 했던 거야. 문제는 아직 월지가 있는 서역까지 가 본 사람

> **왕수재의 지리 사전**
>
> **서역** 처음에는 중국의 서쪽, 타림 분지 일대의 오아시스 도시들을 가리키는 말이었어. 하지만 나중에는 중국보다 서쪽에 있는 지역 전체를 가리키는 말이 돼.

↑ **묵특 선우 기념 우표** 아버지 두만 선우에 이은 흉노 제국 제2대 선우. 유라시아 동부 초원을 통합해 대제국을 건설하고 한나라와 대치했어.

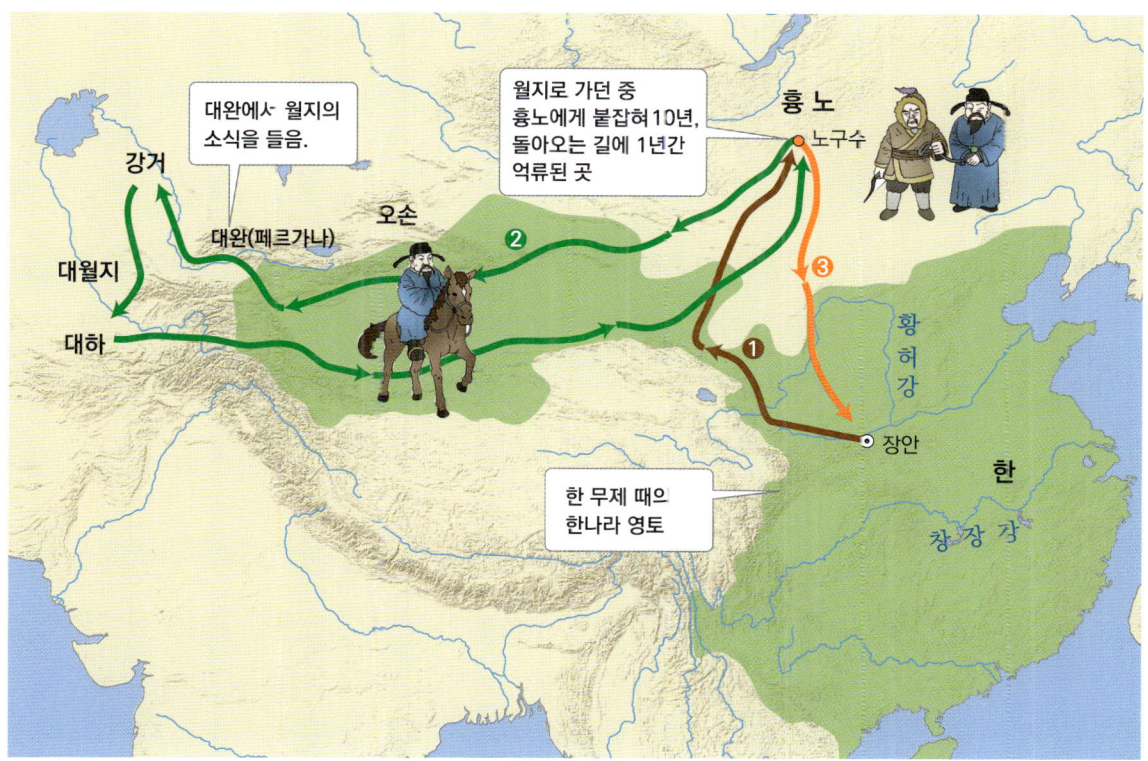

↑ 장건의 서역 원정

이 아무도 없었다는 거지. 더구나 서역으로 가려면 흉노의 땅을 지나야 했어."

"그 위험한 길을 누가 가려고 하겠어요?"

"한 무제도 고민이었지. 그러던 차에 평소 똑 부러지게 일 잘하기로 소문난 장건이라는 관리가 나섰단다. 결국 기원전 139년, 장건은 짐꾼과 호위병 등 일행 100여 명과 함께 서역을 향해 출발했어."

"그래서 장건은 성공했어요?"

"결론부터 말하면 실패했어. 그런데 실패하기까지 우여곡절이 너무나도 많았단다. 장건은 국경을 넘자마자 흉노에게 붙잡혀 포로가

곽두기의 국어 사전
억류 누를 억(抑) 머물 류(留). 억지로 붙잡아 둔다는 뜻이야.

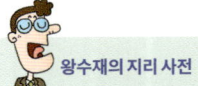
왕수재의 지리 사전
대완 중앙아시아의 시르다리야강 중류에 있던 나라. 페르가나라고도 해.

되었어. 그리고 10년 동안이나 억류된 채 흉노 여인과 결혼해 아이까지 낳았지."

"결혼까지요? 그럼 임무는 완전히 잊은 거예요?"

"흉노도 그렇게 생각했나 봐. 포로 생활이 10년에 이르자 슬슬 감시가 약해지면서 어느 정도 자유롭게 돌아다닐 수 있었어. 장건은 기회를 놓치지 않고 탈출했단다. 그리고 다시 긴 여행을 한 끝에 마침내 서역에 있는 대완이라는 나라에 도착했어. 대완의 왕은 장건 일행을 잘 대접하고 월지에 가는 길도 안내해 주었지."

"흠. 일이 이제야 잘 풀리는 느낌인데요."

"하지만 막상 월지 왕을 만난 장건은 실망할 수밖에 없었어. 월지는 이미 새로운 땅에 정착해 잘 살고 있었기 때문에 흉노를 향한 원한을 잊은 지 오래였거든. 장건이 아무리 설득을 해도 월지 왕은 그저 고개를 설레설레 저을 뿐이었지."

"어머! 그럼 어떡해요? 고생만 실컷 하고 그냥 빈손으로 돌아와요?"

"그래도 별수가 없었지. 장건은 1년 동안 더 서역에 머물면서 서역에 대한 온갖 정보를 수집했어. 그리고 기원전 126년 마침내 장안으로 돌아왔단다. 꼬박 13년 만의 귀환이었지."

"무사히 돌아와서 다행이긴 한데 어쨌든 임무는 완수하지 못한 거잖아요."

"그래도 한 무제는 장건을 반갑게 맞아

▲ **장건 출사 서역도** 비석 왼쪽에 무릎 꿇은 사람이 서역으로 떠나는 장건, 그 오른쪽에서 말을 탄 채 배웅하는 사람이 한 무제야.

주면서 서역 이야기에 귀를 기울였어. 아직 중국 사람 중에 서역에 대해 장건만큼 자세히 아는 사람이 없었거든. 장건의 이야기 속에는 한 무제의 귀가 솔깃할 만한 소식들이 몇 가지 있었단다. 하나는 서역의 대완 땅에 하루에 천 리를 달리는 한혈마라는 명마가 많다는 것이었지. 다른 하나는 중국의 비단이 서역에서 아주 인기가 좋다는 것이었어.

"그게 왜 한 무제한테 중요한 소식인 거죠?"

"한나라가 흉노랑 싸울 때마다 고전했던 이유가 바로 흉노의 기병 때문이었거든. 유목민인 흉노는 항상 튼튼하고 날쌘 말을 타고 한나라를 공격하는 반면 한나라 병사들은 대부분 보병이었지. 한 무제는 흉노를 꺾으려면 어떻게 해서든 기병을 길러야

> **나선애의 세계사 사전**
>
> **한혈마** 땀 한(汗) 피 혈(血) 말 마(馬). 피처럼 붉은 땀을 흘리는 말이라는 뜻이야. 천리를 달린다고 해서 천리마라고도 해. 실제로 중앙아시아는 명마의 원산지로 이름 높아.

↑ **마답비연상**
날아가는 제비를 밟고 달리는 말을 표현한 청동상이야. 그만큼 빠르게 달린다는 뜻이지.

↑ 양관 박물관의 장건 동상 양관은 서역으로 통하는 중국 서쪽의 관문이었어.

한다고 생각하고 있었어. 한 무제는 서역에서 중국 비단이 인기라고 하니, 중국 비단을 싣고 가서 대완의 말과 바꿔 오면 되겠다고 생각한 거야. 이렇게 해서 중국의 비단이 본격적으로 서역으로 수출되기 시작했어. 중국의 비단은 중앙아시아, 서아시아를 거쳐 그리스와 로마까지 팔려 나갔지. 그러자 비단이 오가는 길을 따라 아시아와 유럽을 잇는 길고 긴 동서 교역로가 만들어졌는데, 이 교역로를 비단길이라고 한단다."

"비단길이라고요?"

"그래. 비단을 교역하던 길이라고 해서 비단길이라고 부르지. 사실 비단길은 장건의 서역 원정 이전부터 세계 곳곳의 특산물이 거래되

↑ 비단길과 주요 지역 특산물들

는 무역로였어. 그런더 장건의 서역 원정을 계기로 더욱 활성화되면서 동양과 서양의 문물이 교류되는 가장 중요한 통로 역할을 한단다. 그런 점에서 장건은 본래 임무에는 실패했을지 몰라도 역사 발전에는 어마어마한 업적을 남긴 셈이지."

"그런데 한 무제 입장에서는 본래 목적이 더 중요하지 않을까요? 흉노를 물리치지 못하면 교역로가 다 무슨 소용이에요?"

↑ 비단을 짜는 중국 여인들

왕수재의 말에 용선생이 손을 내저었다.

"그렇지 않단다. 장건의 보고에 따르면 흉노는 타림 분지의 오아시스 도시들을 장악해서 생필품을 구하고 조공을 거둬 큰 수입을 올리고 있었어. 말하자면 이 도시들을 빼앗으면 흉노의 숨통을 조일 수도 있었던 거지."

"오호, 듣고 보니 한 구제가 귀가 솔깃했겠는걸요?"

"왜 아니겠니? 한혈마를 수입해 기병을 양성하며 전쟁 준비를 마친 한 무제는 본격적으로 흉노와의 전쟁에 나섰단다. 이렇게 해서 한나라 역사상 가장 치열하고 피 말리는 전쟁의 막이 올랐어."

왕수재의 지리 사전

타림 분지 톈산산맥과 티베트고원으로 둘러싸인 거대한 분지. 분지 가장자리에는 오아시스 도시들이 자리 잡고 있고, 가운데는 세계에서 가장 건조하다는 타클라마칸 사막이 있어.

용선생의 핵심 정리

기원전 139년, 장건이 한 무제의 명령으로 월지와 동맹을 맺기 위해 서역으로 떠남. 장건은 고생 끝에 돌아와 서역에 관한 정보를 제공해, 한나라가 비단길을 개척하는 계기가 됨.

한 무제, 흉노와 필사적인 전쟁을 벌이다

장하다의 인물 사전

위청 (?~기원전 106년)
한 무제 때의 명장으로 한나라 역사상 처음으로 흉노와의 싸움에서 승리를 거둬 영웅으로 떠올랐대. 총 일곱 차례나 흉노와 싸웠는데 모두 승리를 거뒀어.

곽거병 (기원전 140년~기원전 117년) 여섯 차례 흉노와 싸워 모두 승리를 거둔 한 무제 때의 명장. 스물네 살의 젊은 나이에 세상을 떠났어.

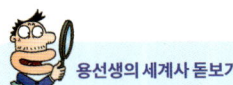

용선생의 세계사 돋보기

장안에서 둔황까지 가는 길을 하서회랑이라고 해. 황허강 서쪽에 있는 좁은 길이라는 뜻이야. 비단길의 입구로 한나라와 흉노 제국 모두에게 매우 중요한 길이었어.

"흉노와의 전쟁을 이끈 건 한나라의 명장 위청과 곽거병이었어. 이 장수들은 중국 역사상 처음으로 만리장성을 넘어 고비 사막 북쪽의 흉노 본거지를 공격했지. 한나라의 적극적인 공세에 흉노가 주춤한 틈을 타 한나라는 장안에서 둔황으로 가는 길을 빼앗고, 그 자리에 요새를 건설했어. 이 원정으로 중국과 서역을 잇는 길을 빼앗기는 바람에 흉노는 큰 타격을 입었지."

"맨날 당하다가 역공을 펼치다니, 대단한데요."

"하지만 한 무제는 여기서 만족하지 않았어. 흉노가 장악하고 있던 타림 분지의 오아시스 도시들도 빼앗아 버리려고 했지. 흉노는 이 오아시스 도시를 절대 포기할 수 없었기 때문에, 한나라와 흉노 사이에 필사적인 전쟁이 시작된단다. 한 무제는 타림 분지로 수만 명의 군사를 보내 도시들을 한 곳 한 곳 정복했어."

"그래서 완전히 흉노로부터 승리를 거두었나요?"

▼ 한 무제 시대 흉노와의 전쟁

↑ **막북 전투** 기원전 119년, 흉노의 본거지로 쳐들어간 곽거병은 7만 명이 넘는 흉노군을 무찔렀어.

↑ **마답흉노상**
말발굽 아래에 흉노가 깔려 있는 모습을 표현한 석상이야. 한나라의 흉노 정복을 상징하고 있어.

"결과적으로 말하면 무제는 승리를 거두는 데 성공했어. 한 무제는 순순히 항복한 오아시스 도시는 자치권을 인정해 주고 저항한 도시의 왕들은 죽이거나 쫓아낸 뒤, 한나라 말을 잘 들을 사람을 왕으로 세웠어. 오아시스 도시를 모두 장악한 뒤에는 6만의 군대를 보내 더 서쪽에 있는 한혈마의 산지 대완까지 정복하고, 수천 마리의 말을 공물로 받았단다. 장건이 가져온 서역에 대한 정보가 한 무제의 서역 정복으로 이어졌던 거야."

설명을 마친 용선생은 스크린에 한나라 영토를 띄웠다.

"어마어마하네요. 안 그래도 큰 나라인데 처음보다 2배는 되는 것 같아요."

장하다가 입을 떡 벌렸다.

"그래, 그런데 이렇게 강력해진 한나라에도 한 가지 문제가 있었어. 바로 전쟁을 벌이느라

↑ **한 무제의 정복 활동**

동아시아에 들어선 대제국 한·나라 **139**

너무 많은 돈을 써 버린 거야. 한 무제가 본격적으로 정복 활동을 벌이면서 한나라의 재정은 바닥을 드러냈어. 그렇다고 흉노를 완전히 제압한 것도 아니었지. 흉노는 초원 깊숙한 곳으로 후퇴하긴 했지만 국경 지대를 쑥대밭으로 만들곤 했기 때문에 한나라는 잠시도 마음을 놓을 수 없었거든."

"흠. 이겨도 이긴 게 아니었군요."

"그럼 이제 한나라는 어떻게 되는 거죠?"

"한 무제는 부족한 재정을 충당하기 위해 한 가지 해결책을 들고나왔어. 바로 소금과 철의 판매를 국가가 독점하는 염철 전매 제도였지."

"왜 하필 소금과 철이에요?"

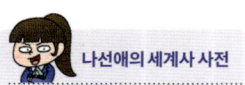

나선애의 세계사 사전
염철 전매 제도 염철은 소금과 철을 말해. 또 전매제도는 특정 상품을 국가에서 독점적으로 판매하는 제도야.

"소금과 철은 생활에 꼭 필요한 물건이거든. 가격을 올려도 백성들은 구입할 수밖에 없었지. 또 생산되는 곳도 어느 정도 정해져 있어서 통제하기도 쉬웠지. 한나라는 염철 전매 제도로 부족한 재정을 어느 정도 메울 수 있었지만 비싼 값에 소금과 철을 사야 했던 백성들은 불만이 컸어. 한 무제는 여기에 균수법과 평준법이라는 제도도 실시했어. 균수법은 물건값이 싼 지역에서 물건을 사 와서 물건값이 비싼 지역에 내다 파는 제도이고, 평준법은 풍년이 들어 곡식값이 쌀 때 식량을 사들였다가 흉년이 들어 곡식값이 오를 때 내다 파는 제도란다. 둘 다 물가도 안정시키면서 이득도 볼 수 있는 정책들이지."

"음……. 그럼 좋은 정책 아닌가요?"

"의도는 좋지. 그런데 가만히 생각해 보면 이건 원래 상인이 하는 일이야. 한 무제가 상인이 하던 일을 빼앗고 그 이익을 나라에서 가로챈 꼴이었지. 또 농업을 중시하고 상업을 억제한다는 명분을 내세

워 상인에게는 세금도 엄청 높였어. 그러니 당연히 상인의 반발이 컸단다."

"제가 상인이어도 한 무제를 원망할 것 같아요."

"문제는 이렇게 해도 전쟁 자금을 대기에는 한참 부족했다는 거야. 결국 한 무제도 더 이상 고집을 부릴 수 없었지. 한 무제는 칙령을 내려 40여 년을 끌어온 흉노와의 전쟁을 중단하고 백성들을 쉬게 하겠다고 선언했단다."

"전쟁을 하지 않는 건 좋은데, 그럼 다시 흉노한테 쩔쩔매던 옛날로 돌아가는 건가요?"

장하다가 서운한 듯 굴자 용선생은 고개를 가로저었다.

"한나라 사람들도 바로 그게 큰 걱정이었나 봐. 그래서 한 무제가 죽고 아들인 소제가 황제 자리에 오르자 전국의 학자들을 모아서 앞으로 나라가 나아갈 방향을 의논하는 회의를 열었지. 이 회의에서 가장 중요한 안건이 '염철 전매 제도를 유지할 것인가, 말 것인가'였기 때문에 이 회의를 '염철 회의'라고 부른단다."

"그걸 뭐 회의까지 열어서 결정해요? 전쟁을 그만두기로 했으니까 염철 전매도 그만해야죠."

"그럼 다시 흉노가 쳐들어오면 어떻게 막아? 그럴 때를 대비해서라도 나라에 돈이 있어야지."

허영심과 왕수재가 번갈아 가며 이야기하자 용선생은 씩 웃으며 말을 이어받았다.

"흐흐. 염철 회의에서의 결론은 이랬단다. '흉노와의 전쟁을 끝낸다. 염철 전매 제도는 대폭 완화한다. 대신 앞으로 흉노는 기미 정책을 통해서 막아 낸다.'"

"기미 정책? 그게 뭔데요?"

"간단하게 말하자면 이민족으로 이민족을 막는 정책이라고 할 수 있어. 국경 가까이에 있는 이민족에게 관직과 물자를 주어서 국경 근처에 정착시켜 살게 해 주는 대신, 이들이 더 멀리 있는 이민족의 침략을 막게 하는 방법이지."

"에이, 그렇게 빤한 수작이 먹혀들까요?"

"응, 기미 정책이 본격적으로 실행되자 흉노는 서서히 흔들리기 시작했단다. 때마침 흉노 제국의 선우 자리를 놓고 형제끼리 다툼이 벌어졌거든. 세력 다툼에서 패한 쪽이 중국으로 와서 한나라 황제에게

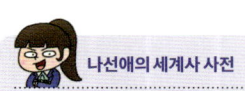

나선애의 세계사 사전

기미 재갈 기(羈) 고삐 미(縻). 재갈과 고삐라는 뜻이야. 말에 재갈을 물리고 고삐를 매달아 말뚝에 묶어 두듯이, 이민족에게 어느 정도 자치를 허용하면서 한나라에 복종하게 만드는 정책이지.

도움을 청했지. 이때 한나라의 도움을 받은 쪽을 동흉노, 초원에 남아 있던 흉노를 서흉노라고 해. 한나라는 얼씨구나 하면서 동흉노를 지원해 서흉노를 초원에서 몰아냈지."

"히야, 그럼 흉노 제국은 그렇게 끝난 건가요?"

"아직은 아니야. 한나라가 잠깐 혼란한 틈에 동흉노가 다시 힘을 키워 세력을 떨치기 시작했거든. 하지만 동흉노 역시 선우 자리를 놓고 다툼을 벌이다가 북흉노와 남흉노로 분열됐고, 그중 남흉노가 한나라에 와서 도움을 요청했단다. 한나라는 이 기회에 골칫거리 흉노를 완전히 끝장내기로 마음을 먹었어. 그래서 또다시 머나먼 서역까지 군대를 보내 북흉노를 완전히 쫓아내 버렸지. 이 원정 이후 흉노 제국은 초원에서 영영 자취를 감추었어."

"기미 정책 덕분에 군사비를 아끼면서 흉노를 무너뜨린 거네요. 염철 회의를 한 보람이 있었군요."

"그래. 염철 회의의 승리였지. 그래서 이제 한나라는 염철 회의를 주도했던 호족 세력이 활개를 치는 나라로 서서히 바뀌어 나가게 된단다."

"호족 세력이라고요?"

> **용선생의 핵심 정리**
>
> 한 무제가 정복 전쟁으로 한나라 최대 영토를 개척했으나 전쟁 비용 마련을 위해 실시한 염철 전매 제도를 상인이 반대하면서 더 이상의 전쟁을 포기. 이후 한나라는 기미 정책으로 이민족을 제압함.

호족이 뜨고 환관과 외척이 설치다

"호족은 지방 곳곳에 어마어마하게 넓은 땅을 가지고 사실상 그 지역 주민들을 지배하는 사람이야. 평범한 백성은 황제 말은 어겨도 호족 말을 어기고는 살 수 없을 만큼 호족의 영향력은 절대적이었지. 그런데 호족은 농사 말고도 각종 상업 활동을 통해 이득을 보곤 했어. 원래 소금이나 철 판매 역시 호족의 사업 분야였지. 그래서 호족은 한 무제가 실시한 염철 전매 제도를 몹시 싫어했단다."

"그럼 염철 회의에서 염철 전매를 그만하자고 한 것도 호족이겠네요."

"그래. 염철 회의 이후 호족 세력은 빠르게 성장하기 시작했어. 황제 주변은 어느새 호족 출신 관료들로 가득 차게 되었지. 나중에는 황제가 뭔가를 해 보려고 해도 관료들의 등쌀 때문에 아무것도 할 수 없을 정도였어. 호족 출신 관료들은 자기 이익에 맞지 않으면 이리 떼처럼 몰려와 '아니 되옵니다!'라고 하며 어깃장을 놓기 일쑤였거든."

"황제도 호족한테 밀린다고요?"

"응. 관료들이 자신의 말을 듣지 않게 되자 황제는 환관과 외척 세력에게 기대게 되었어. 환관은 황제와 가장 가까운 곳에서 항상 시중을 드는 사람이고, 외척은 때로 권력을 놓고 경쟁을 벌일 수도 있는 황족보다 더 믿을 수 있는 사람들이었으니까 말이야. 그러다 보니 환관과 외척이 황제를 믿고 권력을 마구 휘두르는 일이 종종 벌어지곤 했어. 어린 나이에 황제 자리에 오르기라도 하면 황제의 어머니인 태

↑ 곡식 창고 모양 토기
곡식 저장 창고의 모습을 본떠 만든 토기. 후한 시기 호족의 무덤에서 나왔어.

곽두기의 국어 사전

외척 바깥 외(外) 친척 척(戚). 어머니 쪽 친척들을 가리키는 말이야.

후가 섭정을 했기 때문에, 태후의 친척인 외척이 권력을 자기 것인 양 휘두르는 일이 예사였지."

"어쩐지, 드라마 봐도 환관이랑 외척이라고 하면 왠지 좀 간신들 같더라니까……."

허영심이 중얼거렸다.

"하하, 그래. 환관과 외척이 권력을 휘두르기 시작하면서 한나라 조정은 점차 호족 출신 관료와 외척, 환관이 황제를 사이에 두고 권력 다툼을 벌이는 전쟁터로 변했단다. 그사이 지방 호족은 부패한 관리와 짜고 불법으로 백성의 땅을 빼앗았고, 땅을 뺏긴 백성은 호족 밑으로 들어가 소작농이나 노비신세가 됐어. 먹고살 길이 막막해진 사람들이 산적이나 강도가 되다 보니 마음 놓고 여행을 할 수가 없을 지경이었지. 전쟁이 끝나고 평화가 찾아온 지 오래인데도 한나라는 오히려 점점 더 헤어나기 힘든 수렁으로 빠져들고 있었던 거야. 바로 이때 혜성처럼 등장한 사람이 왕망이었어."

곽두기의 국어사전

조정 아침 조(朝) 조정 정(廷). 임금이 신하들과 나랏일을 의논하고 결정하는 장소야. 임금을 포함해 나랏일을 결정하는 기구 전체를 뜻하는 말로도 쓰여. 주로 아침에 회의를 열었기 때문에 이런 이름이 붙었대.

용선생의 핵심 정리

호족이 대토지를 소유하고 사실상 지방을 지배함. 중앙에서는 환관과 외척이 번갈아 제멋대로 권력을 휘두름.

동아시아에 들어선 대제국 한나라 **145**

↑ **왕망** (기원전 45년~기원후 23년) 외척으로 권력을 잡은 왕망은 황제 자리를 빼앗아 신나라를 세웠어.

왕망의 개혁이 실패하고, 호족 세력이 후한을 건국하다

"왕망? 이름만 보면 왕창 말아먹었을 거 같은데요?"

장하다가 피식 웃자 용선생이 한술 더 떴다.

"왕창 말아먹은 정도가 아니라 아예 나라를 통째로 훔쳐 버렸단다."

"엥? 나라를 훔쳤다고요?"

"왕망은 외척 출신 관리였어. 그런데 외척으로서는 보기 드물게 청렴하고 겸손한 사람이었대. 외척 중에 사람다운 사람은 왕망뿐이라는 말이 있을 정도였지. 왕망은 섭정을 맡은 태후의 도움으로 대사마라는 관직에 올랐어. 대사마는 요즘으로 치면 국방부 장관에 해당하는 관직인데, 한나라에서 세 손가락 안에 꼽히는 높은 관직이었지. 대사마가 된 왕망은 가난한 사람을 돕고 인재를 등용해 사람들의 인심을 샀단다."

"그런 사람이 나라를 훔쳤단 말이에요?"

"그렇단다. 갖은 술수로 사실상 모든 권력을 손에 쥔 왕망은 황제를 독살하고 두 살짜리 어린아이를 새로운 황제에 올려놓았어. 그리고 사실상 황제 노릇을 하더니 3년 뒤 그마저 쫓아내고 자신이 황제 자리에 올랐지. 그리고 나라 이름까지 신으로 바꾸어 버렸어."

"사람들의 인심을 샀던 것도 다 꿍꿍이가 있었던 거군요?"

"왕망은 나름대로 혼란에 빠진 한나라를 개혁하려는 의지를 가지고 있었단다. 특히 하루가 다르게 커져 가는 호족 세력을 제압하는 게 급선무라고 생각했지. 그래서 호족이 지나치게 많은 토지를 가질

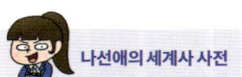

나선애의 세계사 사전

신 기원후 8년에 왕망이 한나라의 황제 자리를 빼앗아 세운 나라. 왕망은 새로운 나라라는 뜻으로 나라 이름을 신(新)으로 짓고, 개혁 정책을 폈지만 민심을 잃어 곳곳에서 반란이 일어났어. 건국 15년 만인 기원후 23년에 호족 세력에게 멸망당했어.

수 없도록 상한선을 정해 놓고 그 이상의 토지는 몰수했지. 몰수한 토지는 가난한 백성들에게 나눠 주고, 또 각종 물건값도 나라에서 정해 호족이나 상인이 폭리를 챙기지 못하게 했지."

"어? 하나같이 전부 백성에게 좋은 정책인데요?"

"뜻이야 좋았지. 그런데 왕망의 개혁은 하나도 실행되지 못했어. 호족의 어마어마한 힘을 무시하고 개혁을 밀어붙일 만큼 왕망의 세력이 대단하질 못했거든. 왕망이 계속 개혁을 밀어붙이려고 하자 결국 전국 각지의 호족이 반란을 일으켰단다. 왕망은 반란군에 패해 목숨을 잃었고, 신나라도 건국된 지 고작 15년 만에 멸망하고 말았지."

"그럼 한나라가 다시 들어서는 건가요?"

"응. 반란을 일으켜 왕망을 몰아낸 사람은 황족 출신의 대호족인 유수란 사람이었어. 유수는 뤄양을 새 수도로 삼아 한나라를 부활시키고 새로운 황제로 즉위했단다. 이때부터 한나라를 나중에 세워진 한나라라고 해서 후한이라고 해. 이전의 한나라는 전한이라고 하지."

"호족이 황제가 됐으니 이제는 정말 호족들 세상이 됐겠네요."

"그래. 후한은 두말할 것 없이 호족의 세상이었지. 브레이크 없이 급성장한 호족은 결국 나중에 후한이 멸망할 때에도 가장 큰 역할을 하게 된단다. 또 황제가 환관과 외척 세력에게 의지하면서 나라가 혼란스러웠던 것도 전한 때와 똑같아. 이런 상황은 대체로 후한이 멸망할 때까지 200년 가까이 유지됐지."

"200년? 아이고, 그런 나라에서 어떻게 살아요?"

"뭐, 그렇다고 후한이 마냥 살기 힘들었던 생지옥은 아니었어. 호족의 주도 아래 상업이 발달하면서 새로운 발견과 발명이 이루어지

곽두기의 국어 사전

상한선 위 상(上) 제한할 한(限) 선 선(線). 더 이상 넘을 수 없는 위쪽 한계선이야.

장하다의 인물 사전

유수 (기원전 5년~기원후 57년) 황족 출신의 대호족으로 왕망의 신나라를 멸망시키고 후한의 첫 황제인 광무제가 되었어.

용선생의 세계사 돋보기

수도를 장안 동쪽의 뤄양으로 옮겼기 때문에 동한으로 부르기도 해. 마찬가지 이유로 전한을 서한이라고 부르기도 하지.

동아시아에 들어선 대제국 한나라 **147**

↑ 광무제 유수

↑ 후풍지동의 후한의 과학자 장형이 발명한 세계 최초의 지진계. 지진이 나면 용머리에서 개구리 입으로 쇠구슬이 떨어지는데, 어느 쪽 구슬이 떨어지는지 보고 지진이 난 방향을 알 수 있었대.

고 도시에 활기가 돌았던 시기기도 하거든. 인류 역사에 큰 영향을 미친 종이가 발명된 것도 바로 후한 시대란다."

용선생의 말에 장하다가 갑자기 탁자 위에 놓인 책을 집어 들었다.

"종이? 이 종이 말씀인가요?"

"응. 그 전에는 종이 대신 대나무를 얇게 잘라 이어 붙인 죽간에 글을 썼어. 그런데 죽간은 너무 무겁고 부피도 커서 가지고 다니기가 어려웠지. 그래서 후한의 환관이었던 채륜이 숱한 연구 끝에 나무껍질에 많은 섬유를 이용해 종이를 발명해 냈단다. 아마 종이가 없었다면 지금 우리는 학교에 올 때마다 지게에 죽간을 지고 다녀야 할지도 몰라."

"종이가 중국에서 발명됐다는 건 오늘 처음 알았어요."

종이 만드는 법

"그래. 아무리 전쟁이 벌어지고 사회가 혼란스러워도 한편에서는 이렇게 새로운 발전이 이루어졌단다. 그럼, 오늘은 여기까지 할까?"

용선생의 핵심 정리

외척 출신인 왕망이 유가 사상을 앞세워 개혁을 실시하고 황위를 빼앗아 신나라를 세움. 유수를 앞세운 호족 세력이 반란을 일으켜 신나라를 멸망시키고 한나라를 다시 세우는데, 이것이 후한.

나선애의 **정리노트**

1. 진나라의 멸망 과정
- 중국 최초의 농민 반란인 진승과 오광의 난의 뒤를 이은 옛 제후국의 반란
- 항우의 초나라와 유방의 한나라가 대결한 끝에 한나라의 역전승!

2. 중국을 통일한 한나라
- 유가의 가르침을 받아들이고 경전을 복원 → 훈고학 발전
  * 동중서의 건의로 통치 이념화 → 태학 설립, 오경박사 제도, 효렴제 실시!
- 군국제 실시 → 점차 군현을 전국으로 확대

3. 흉노와의 전쟁과 비단길 개척
- 한 고조 때부터 흉노와의 전쟁이 시작됨.
- 한 무제 때 장건을 서역에 파견 → 비단길 개척
- 과도한 전쟁으로 국가의 재정 악화 → 염철 전매를 통해 개선 노력
  → 한 무제 말기에 전쟁 중단. 흉노는 기미 정책에 의해 분열됨.

4. 호족 세력의 성장과 후한의 등장
- 호족 세력 등장. 중앙에서는 환관과 외척의 성장으로 권력 다툼 극심
  → 외척 출신 왕망이 한나라를 뒤엎고 신 건국
  → 호족 출신 황족 유수가 신나라를 무너뜨리고 한나라를 부활시킴. → 후한 건국

세계사 퀴즈 달인을 찾아라!

1 다음 중 서로 관련 있는 것들을 바르게 연결해 보자.

① 왕망 • • ㉠ 종이 발명

② 장건 • • ㉡ 비단길 개척

③ 채륜 • • ㉢ 신나라 건국

2 빈칸에 들어갈 알맞은 인물의 이름을 써 보자.

> 한 무제는 왕위에 오른 뒤 여러 학자에게 '나라를 다스릴 새로운 통치 방법'을 제출하라고 명령했어. 수많은 대안이 올라왔는데 한 무제는 그중 ○○○의 주장을 받아들여 유학을 중심으로 나라를 다스렸지.

( )

3 한 무제에 대한 설명으로 알맞지 <u>않은</u> 것은? ( )

① 군현제와 봉건제를 섞은 군국제를 실시했다.
② 장건을 서역으로 파견해 비단길을 개척했다.
③ 유학을 통치 이념으로 삼고 태학을 설립했다.
④ 유가의 가르침을 잘 따르는 사람을 관리로 뽑는 효렴제를 채택했다.

4 한나라 시기 유학에 대해 잘못 설명한 친구는? ( )

 ① 엄격한 법을 통해 나라를 다스려야 한다고 가르쳤어.

 ② 유교 경전의 정리와 해석을 중시하는 훈고학이 발달했어.

 ③ 오경박사라는 제도를 통해서 전문적으로 유학자들을 키워 냈어.

 ④ 효렴제를 통해 유학의 가르침을 잘 따르는 사람을 관리로 선발했어.

5 빈칸에 들어갈 알맞은 말을 써 보자.

"한 무제는 흉노와의 전쟁으로 부족해진 재정을 충당하기 위해 한 가지 해결책을 들고 나왔어. 바로 소금과 철의 판매를 국가가 독점하는 ○○ ○○ 제도였지."

( )

6 지도에 표시된 이동로에 대한 설명으로 알맞지 않은 것은? ( )

① 이 길을 통해 중국과 서역이 연결되었지.
② 배를 타야만 갈 수 있는 험난한 바닷길이었어.
③ 장건이 서역에 사신으로 다녀오며 개척한 길이야.
④ 이 길을 통해 중국의 비단이 유럽까지 팔려 나가 '비단길'이라는 이름이 붙었어.

7 한나라에 대한 설명으로 옳지 않은 것은? ( )

한나라 때에는 ① 지역 사회를 장악한 호족 세력이 중앙 관리로 진출하여 정치를 주도했어. ② 호족은 농업 이외에 각종 상업 활동으로 이득을 보곤 했지. ③ 후한 말에는 외척과 환관이 정치에 개입하면서 사회 혼란이 심화되었고, ④ 진승과 오광의 난을 비롯한 농민 봉기가 발생했단다.

정답은 328쪽에서 확인하세요!

용선생 세계사 카페

한나라 건국의 주역 한신과 고사성어

과하지욕(袴下之辱)

사타구니 밑을 기는 치욕. 큰 뜻을 위해서라면 작은 치욕은 견딘다는 뜻.

젊은 시절 한나라의 대장군 한신은 비록 가난했지만 포부만큼은 태산처럼 큰 사내였어. 어느 날 한신에게 동네 불량배들이 시비를 걸었어. "넌 칼을 차고 있지만 키만 멀대같이 큰 겁쟁이다! 아니라면 나랑 싸우자! 못 하겠으면 내 가랑이 밑으로 기어가든가!" 한신은 순간 욱했지만 꾹 참고 태연히 불량배의 가랑이 사이로 기어서 지나갔어. 이 사건에서 과하지욕이라는 고사성어가 나왔어.

국사무쌍(國士無雙)

나라의 장수 가운데 견줄 자가 없다.

진나라 말기 반란이 일어났을 때, 한신은 항우의 반란군에 가담했어. 하지만 항우가 미천한 출신인 자신을 써 주지 않자 유방에게로 갔지. 하지만 유방군에서도 제대로 대우를 받지 못하자 한신은 유방을 떠나려 했어. 이 사실을 알아챈 소하는 한신을 설득해서 붙잡았지. 소하는 당장 유방을 찾아가 이렇게 말했어. "전하께서 지금에 만족하신다면 상관없으나 천하를 얻으려면 한신이 필요합니다. 한신은 나라의 인물 중 견줄 자가 없는 뛰어난 장수입니다." 소하의 이 말에서 바로 국사무쌍이라는 고사성어가 나왔단다. 유방은 한신을 대장군에 임명했어.

↑ **달빛 아래에서 한신을 쫓는 소하** 유방을 떠나려는 한신을 소하가 쫓아가 붙잡고 있어. 유방의 재상이었던 소하는 몇 마디 말로 한신의 능력을 알아보고 유방에게 적극 추천했지.

배수지진(背水之陣)

물을 등지는 진. 어떤 일에 죽기를 각오하고 임한다.

한나라의 대장군이 된 한신은 군대를 이끌고 험한 산을 넘어 관중 평원을 점령하고 곡창 지대인 화베이 평원으로 향했어. 하지만 문제가 하나 있었지. 한나라 병사들은 전쟁 경험이 적을뿐더러 머릿수에서도 초나라에 크게 밀렸거든. 그래서 한신은 꾀를 냈어. 바로 강을 등지고 적과 싸우는 거였지. 한나라 병사들은 물에 빠지지 않으려 죽을힘을 다해 싸웠고, 결국 큰 승리를 거두었어. 한신의 이 전략어서 유래한 말이 바로 배수지진이란다.

사면초가(四面楚歌)

사방에서 들려오는 초나라 노래. 적들에게 포위되어 궁지에 몰린 형편.

한신의 활약으로 항우와 초나라군은 해하라는 곳에서 한나라군에 포위됐어. 한신은 지지부진한 전쟁을 빨리 끝내려고 병사들을 시켜 한밤중에 초나라 노래를 부르게 했지. 적막한 전쟁터에서 살다 고향 노래가 들려오자 초나라 병사들은 가족 생각에 앞을 다투어 도망갔고, 나중에는 겨우 80명만 남았어. 항우는 어쩔 수 없이 남은 군사를 모두 돌려보내고 스스로 목숨을 끊었단다. 사면초가는 바로 여기서 나온 말이야.

🔻 〈패왕별희〉 초패왕 항우와 그의 연인인 우희의 이별을 그린 중국 전통 연극이야. 둘의 비극적인 사랑은 2,000년이 지난 지금도 중국인들의 마음을 울리고 있어.

다다익선(多多益善)

많으면 많을수록 좋다.

어느 날 유방은 한신을 불러 "짐은 얼마만큼의 군사를 이끌 능력이 있는가?" 하고 물었어. 한신은 "10만 정도는 될 것이옵니다." 하고 대답했지. 유방은 다시 "그럼 그대는 얼마의 군사를 이끌 수 있는가?" 하고 물었어. 한신은 "소신은 많으면 많을수록 좋사옵니다." 하고 대답했대. 어이가 없어진 유방은 한신에게 "그렇게 잘난 자네는 왜 짐의 밑에 있는가?" 하고 말했어. 그러자 한신은 "폐하는 비록 군사를 이끄는 재주는 적으나 장군들을 다스리는 능력이 뛰어나기 때문이옵니다." 하고 대답했단다. 한신의 대답에 유방은 껄껄 웃으며 한신을 보내 줬어. 바로 여기서 '많으면 많을수록 좋다'는 뜻의 다다익선이라는 말이 나왔단다.

토사구팽(兎死狗烹)

토끼가 죽으면 사냥개를 삶아 먹는다. 쓸모가 없어지면 버린다.

드디어 전쟁이 끝났어. 승리를 거둔 유방은 한나라 첫 번째 황제가 됐고, 공을 세운 부하들은 제후 자리와 관직을 받았지. 한신은 제후 중에서도 으뜸인 초나라 왕에 임명됐단다. 하지만 황제 유방은 제후가 된 공신들이 반란을 일으킬까 봐 불안했어. 그래서 갖은 꼬투리를 잡아 공신을 차례로 제거했지. 그러던 어느 날, 한신이 반란을 꾸민다는 소문이 돌았어. 유방은 기다렸다는 듯이 한신을 체포해 끌고 왔지. 다행히 헛소문임이 밝혀져 곧 풀려나긴 했지만 한신은 한참 낮은 등급의 제후로 강등당하고 말았어. 한신은 '토끼 사냥이 끝나니 사냥개를 삶아 먹으려 하는구나.' 하고 자기 신세를 한탄했대. 여기서 나온 말이 토사구팽이야.

용선생 세계사 카페

중국 역사학의 아버지 사마천

우리가 황제와 치우의 전쟁, 요임금과 순임금 같은 훌륭한 옛 왕들, 중국 역사를 수놓은 수많은 영웅들의 이야기를 알 수 있는 건 중국인들의 유별난 기록 문화 덕분이란다. 중국인들은 전설부터 역사적 사건, 인물 이야기까지 기록할 만한 가치가 있는 것들은 무엇이든 기록으로 남겼거든. 특히 한나라 때에는 사마천의 《사기》가 편찬되기도 했어. 《사기》는 중국의 정통 역사서 중 가장 오래된 책이기도 하지. 그럼 《사기》를 지은 사마천은 누구인지, 《사기》는 어떤 책인지 함께 알아보도록 할까?

기록관은 사마천 가문의 가업

사마천의 집안은 주나라 때부터 대대로 나라에서 일어난 중요한 일과 천문 관측 내용을 기록하는 일을 맡아 해 온 기록 전문가 집안이었어. 사마천 역시 아버지로부터 기록하는 법을 배운 기록 전문 관리였지.

수치를 감수하고 궁형을 선택하다

사마천이 활동하던 한 무제 때, 이릉이라는 장수가 있었어. 이릉은 흉노를 공격해 대승을 거두었지만 그만 돌아오는 길에 흉노 군사에게 포위당해 어

↑ **사마천** (기원전 145년~기원전 84년) 중국 역사학의 아버지라고 불려. 궁형을 받았다는 의미로 사마천의 초상화에는 수염을 그리지 않는단다.

➜ **죽간에 글을 쓰고 있는 사마천** 사마천은 중국에서 가장 오래된 정통 역사서 《사기》를 남겼어.

쩔 수 없이 항복하고 말았지. 소식을 들은 한 무제는 이릉의 가족을 모두 붙잡아 와 죽이려고 했어. 이때 사마천이 홀로 나서서 그동안의 이릉 장군의 공을 생각해 가족만은 용서해 줄 것을 청했지. 하지만 더욱 화가 난 황제는 사마천을 옥에 가두고 궁형과 사형 중에 하나를 택하라고 했단다. 궁형은 남자의 생식기를 자르는 형벌이야. 궁형을 선택하면 목숨은 건지지만 평생 사람들의 손가락질을 받을 것을 각오해야 했어. 하지만 사마천은 사람들의 예상과 달리 궁형을 택했단다. 아버지의 일을 이어받기 위해 내린 결정이었지.

아버지의 일을 이어받아 사기를 완성하다

사마천의 아버지는 역사를 기록하는 부서의 장관으로, 삼황오제에서 한나라에 이르는 중국의 역사를 정리하는 것이 꿈이었어. 하지만 사마천의 아버지는 자신의 꿈을 이루지 못한 채 아들 사마천에게 자신의 일을 마무리해 달라는 유언을 남기고 세상을 떠나고 말았지. 사마천은 아버지가 못다 한 일을 마무리 짓기 위해 수치를 무릅쓰고 궁형을 택했던 거야. 궁형을 받고 풀려난 지 15년쯤 후 사마천은 마침내 삼황오제에서 한나라 무제까지의 수천 년에 걸친 중국의 역사를 담은 130권의 역사서 《사기》를 완성했어.

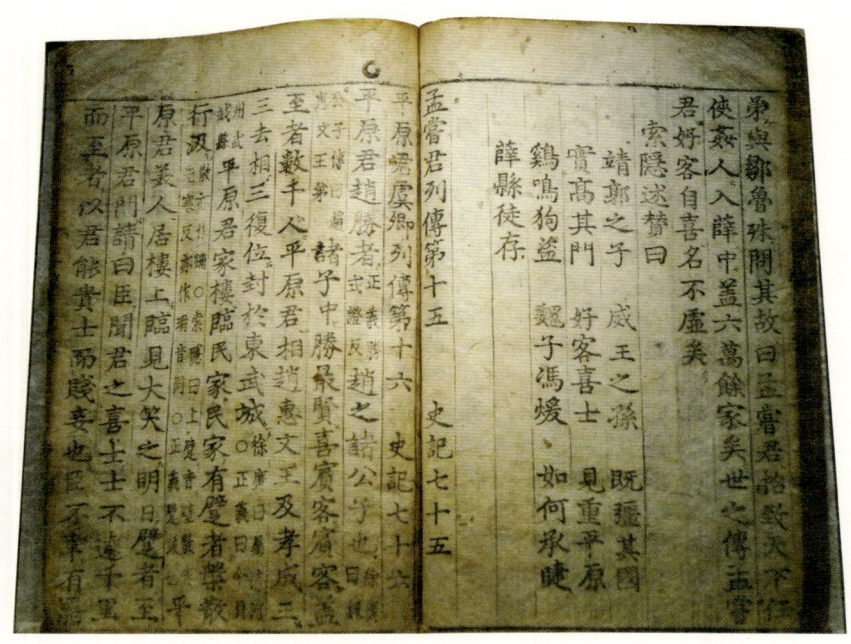

↑ 《사기》 우리나라 국립중앙박물관에 있는 《사기》 필사본이야.

《사기》의 독특한 구성

오랜 세월에 걸친 역사를 꼼꼼하게 기록하기 위해서는 매우 체계적인 방법이 필요해. 사마천이 선택한 것은 기전체라는 방법이었어. 기전체는 황제와 관련한 내용을 기록한 〈본기〉와 그 외 주요 인물들에 대한 기록인 〈열전〉으로 역사를 나누어 기술하는 방법이야. 이렇게 하면 사건의 큰 흐름은 물론이고 등장인물까지 파악할 수 있다는 장점이 있지. 그래서 사마천의 《사기》 이후로 중국과 주변 나라의 공식 역사책은 모두 기전체를 따랐단다. 그 밖에 《사기》에는 주요 사건들을 연표로 정리한 〈표〉, 여러 제도에 관해 설명해 놓은 〈서〉가 있어서 역사를 더 깊이 볼 수 있어.

《사기》가 위대한 역사책인 까닭은?

첫째, 앞에서 말했듯이 《사기》는 동양에서 모든 공식 역사서의 모범이 되었어. 중국뿐 아니라 우리나라의 《삼국사기》와 《고려사》 역시 《사기》의 방법을 따르고 있거든.

둘째, 역사가로서 사마천의 강직함이야. 옛날 황제들은 자신이 어떤 모습으로 기록되어 후세에 전해질지에 매우 관심이 많았어. 혹시 역사가가 권력자에 대해 나쁜 기록을 남겼다가는 목숨을 빼앗길 수도 있었지. 그런데도 사마천은 권력자의 눈치를 보지 않고 당당한 태도를 유지하며 공정한 평가를 남겼어.

세 번째는 등장인물에 대한 생동감 넘치는 묘사야. 특히 황제나 제후 이외의 주요 인물을 다룬 〈열전〉은 그 자체를 하나의 문학 작품으로 봐도 될 만큼 인물의 개성을 뚜렷하게 보여 주지.

마지막으로, 《사기》에는 중국 외에 우리나라를 비롯한 중국 주변의 여러 민족에 대한 기록이 적잖이 담겨 있어. 그래서 중국 주변 나라의 역사를 연구할 때도 《사기》는 매우 귀중한 자료가 되어 준단다.

4교시

유라시아 최초의 유목 국가 스키타이와 흉노

유라시아 대륙 북위 45도에서 55도 사이에는
키 큰 나무가 거의 없는 초원이 동서로 긴 띠처럼 펼쳐져 있어.
이곳은 바로 소, 말, 양, 염소 같은 가축을 기르며
풀과 물을 찾아 이동 생활을 하는 유목민의 터전이야.
이번 시간에는 최초의 유목 국가로 알려진 스키타이와 대제국을 건설해
중국과 대결한 흉노의 역사에 대해 공부해 보자.

기원전 1000년 무렵	기원전 750년 무렵	기원전 513년	기원전 339년	기원전 210년 무렵	기원전 60년
중앙아시아에 최초의 유목민 등장	스키타이, 흑해 북부 초원으로 이동	페르시아, 스키타이 원정	마케도니아, 스키타이 원정	묵특 선우, 흉노 제국 건설	흉노의 분열

역사의 현장 지금은?

스키타이의 본거지 우크라이나를 가다

흑해 북쪽, 드네프르강 하류의 드넓은 평야를 따라 자리 잡은 우크라이나는 유럽에서 러시아 다음으로 큰 나라야. 면적은 한반도의 2.7배쯤 되지만 인구는 4,200만 명에 불과하지. 역사적으로 러시아와 밀접한 관련이 있으며, 현재 러시아계 주민이 인구의 17퍼센트를 차지하고 있지. 오랫동안 소련에 속해 있었으나 1991년 독립했어.

세계 4위의 곡물 수출국

우크라이나는 강우량이 적어 나무는 별로 없고 풀이 무성하게 자라. 이 풀이 썩어 두툼하게 쌓이면 검은빛을 띠는 흑토가 돼. 흑토 지대는 매우 기름져서 특히 밀농사가 아주 잘돼. 우크라이나에서 생산되는 대부분의 밀과 옥수수는 가까운 유럽으로 수출되는데, 그 규모가 세계 4위에 이를 정도로 어마어마하단다.

↑ 비옥한 흑토 지대

→ 우크라이나의 밀밭

우크라이나의 수도 키예프

키이우(키예프)는 동유럽에서 손꼽히는 유서 깊은 도시야. 러시아 최초의 국가인 키이우(키예프) 공국이 바로 이곳에서 탄생했지. 전설에 따르면 네 명의 오누이가 키이우(키예프)를 건설했다고 해. 현재 키이우(키예프)는 인구 260만 명이 모여 사는 우크라이나 최대 도시야.

↑ 키이우를 건설한 네 오누이 동상

↓ 키예프의 전경

풍부한 지하자원

우크라이나는 철광석, 석탄, 천연가스 등 지하자원이 매우 풍부한 나라야. 그 때문에 옛 소련 시절부터 중공업이 크게 발달했지. 지금도 우크라이나는 동유럽 최대의 금속 가공품 생산국으로, 자동차 공업과 항공기 산업도 매우 발달해 있어.

← 우크라이나의 제철소

정교회를 믿는 나라

우크라이나는 국민의 75퍼센트가 그리스 정교회를 믿는 국가야. 1039년 건설된 키이우(키예프)의 성 소피아 대성당은 대표적인 정교회 성당으로 꼽혀.

↓ 신도들과 예배를 드리는 정교회 사제들

↓ 키예프의 성 소피아 대성당

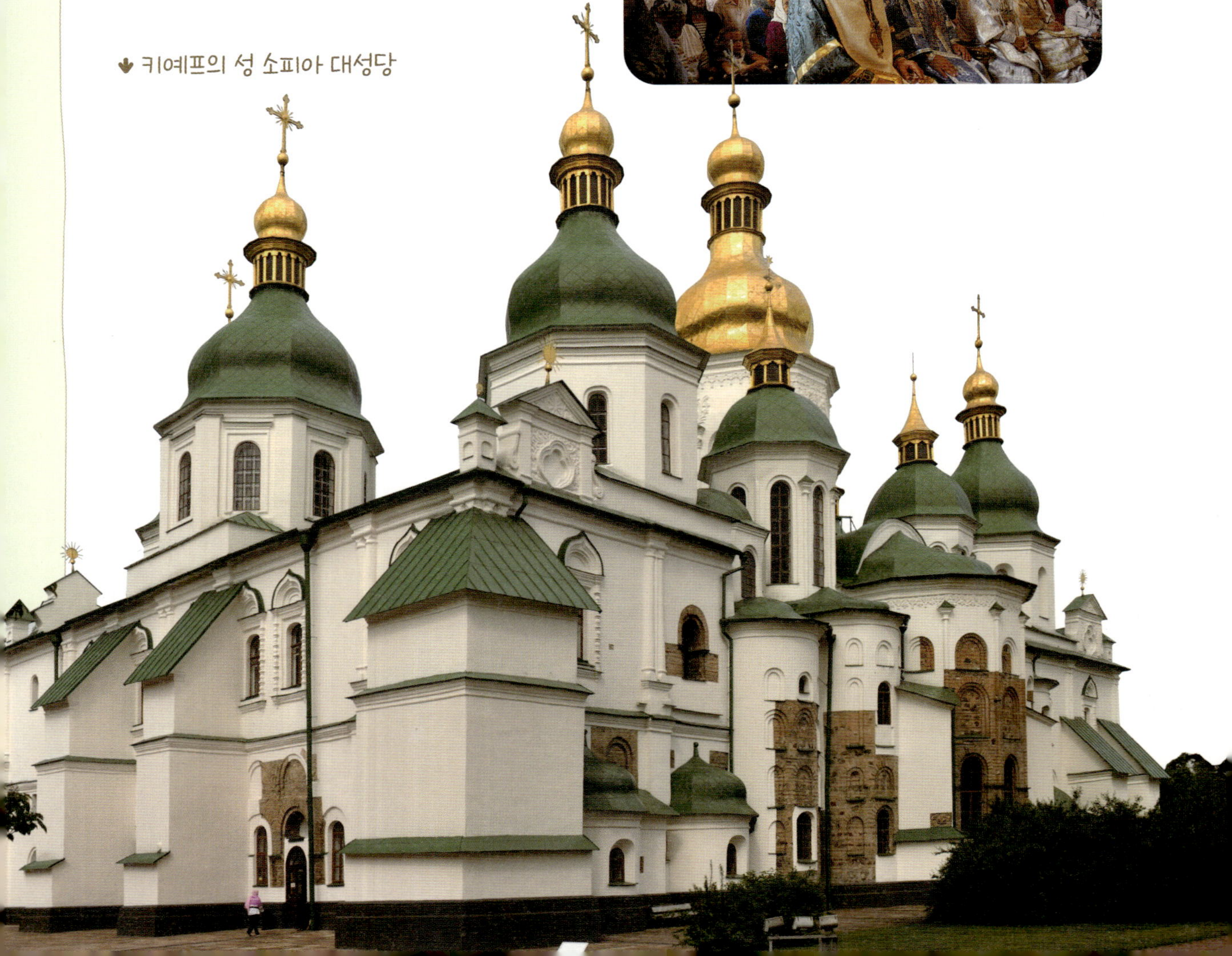

체르노빌 원자력 발전소 사고

1986년 4월 26일, 우크라이나의 수도 키이우(키예프)에서 130킬로미터 정도 떨어진 체르노빌 원자력 발전소에서 폭발 사고가 일어났어. 이 사고로 무려 500만 명이 넘는 사람이 방사능에 노출돼 죽거나 다쳤으며, 아직도 우크라이나와 인근 벨라루스는 국가 예산의 5~6퍼센트를 복구 작업에 쏟아붓고 있어. 지금도 발전소 인근 30킬로미터는 여전히 방사능 오염으로 접근이 금지되어 있고, 인간을 포함한 어떤 생물도 살 수 없는 죽음의 땅이 되어 버렸어.

▲ 체르노빌 인근의 도시 프리피야트 입구

러시아·우크라이나 전쟁

▲ 국경을 순찰하는 우크라이나 군인들

우크라이나는 2014년부터 극심한 민족 갈등을 겪었어. 서방과 친하게 지내려고 하는 우크라이나계 주민과 러시아와 친하게 지내려고 하는 러시아계 주민의 갈등이었지. 러시아가 러시아계 주민을 부추기다 결국 2022년부터 전면전을 벌이게 되었어. 전쟁이 장기화되면서 우크라이나는 심각한 타격을 입었지. 이 전쟁에는 러시아와 미국, 유럽 국가들의 이해관계가 얽혀 있어 좀처럼 해결의 실마리를 찾지 못하고 있단다.

▲ 공습으로 폐허가 된 공장 시설

▲ 러시아에 항의하는 우크라이나인들

유목민들은 어떻게 살았을까?

용선생은 스크린에 지도를 띄우며 설명을 시작했다.

"자~, 오늘 수업의 무대가 될 곳을 지도에서 한번 확인해 볼까? 지도에 진한 초록색으로 표시된 부분이 오늘 공부하게 될 유목민들의 터전인 유라시아 대초원 또는 유라시아 스텝이라고 부르는 곳이야. 오늘날의 만주 서부에서 시작해 유럽의 헝가리까지 이어지는 거대한 초원으로, 면적이 한반도의 40배 가까이 된단다."

"한반도의 40배? 그렇게 넓은 땅이 어디에 숨어 있었던 거예요?"

지도를 본 나선애가 깜짝 놀라자 용선생은 싱긋 웃음을 지었다.

"여태까지 우리는 주로 농경을 바탕으로 문명을 일군 지역을 살펴보았거든. 그러다 보니 수업에 등장하지 못했던 거지. 유라시아 대초

왕수재의 지리 사전

유라시아 유럽과 아시아를 합쳐서 부르는 말이야.

스텝 연간 강수량이 250에서 500밀리미터인 평원을 말해. 농사를 짓기엔 건조한 기후지. 보통 온대 기후와 냉대 기후 지역 중간에 있어.

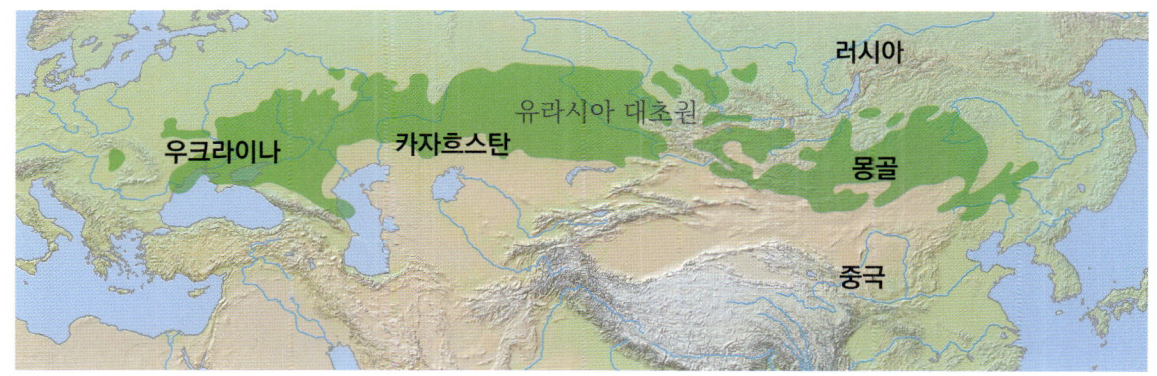

▲ 유라시아 대초원

원은 겨울 기온이 영하 30도 아래로 떨어지고, 여름엔 40도를 넘는 게 예사인 데다가 강우량도 250에서 500밀리미터에 불과해서 살기가 몹시 어려운 곳이거든. 페르시아나 한나라 같은 거대 제국들도 유라시아 초원 지대는 힘들여 정복하지 않았어."

"그런 땅에 누가 살아요?"

허영심이 두 팔로 몸을 감싸며 부르르 떠는 시늉을 했다.

"인류에게는 어떤 환경에서도 적응해서 살아가는 능력이 있잖아. 유라시아 대초원에서는 농사를 짓는 대신 소, 말, 양, 염소 같은 가축을 기르며 물과 풀을 찾아 계절에 따라 이동 생활을 하는 유목민이 살았단다."

"왜 한곳에 가만있지 않고 이동하면서 살아요?"

"그것도 기후 때문이야. 이렇게 춥고 건조한 곳에서는 풀이 빨리 자라지 못해. 그래서 한곳에서 가축들이 풀을 다 뜯어 먹으면 다른 곳으로 이동해야 한단다. 초원에 집 대신 천막을 치고 가축을 먹이다가, 풀이 없어지면 천막과 살림살이들을 거

▲ 게르 유목을 하는 몽골인들은 지금도 게르라는 천막을 짓고 이동 생활을 하며 살아가고 있어.

유라시아 최초의 유목 국가 스키타이와 흉노

유목민의 기원

인간이 처음 양과 염소를 길들여 가축으로 키우기 시작한 것은 기원전 8000년 무렵이야. 또 말을 길들여 타기 시작한 것은 기원전 3500년 무렵이지. 유목민이 출현한 것은 이 두 가지 사건이 모두 일어난 뒤의 일이야. 하지만 계절에 따라 먼 곳을 옮겨 다니며 이동 생활을 하는 유목민들이 유라시아 대륙에 본격적으로 출현한 것은 기원전 1000년 전후의 일이야. 이 무렵 유라시아 대륙 전역에 걸쳐 기후가 건조해졌고, 그 결과 변경 지대를 중심으로 더 이상 농사를 짓기가 어려워진 사람들이 농경을 포기하고 유목 생활을 시작했다고 해. 혹은 인구가 크게 증가하며 더 이상 농사를 짓기 어려워진 사람들이 초원에서 유목으로 생계를 꾸리기 시작했다는 주장도 있단다.

➜ **사슴돌** 이 석비는 기원전 1300년에서 기원전 600년 무렵 초기 유목민들의 흔적이야. 사슴이 새겨져 있어서 사슴돌이라고 불러.

두어 수레에 싣고 다시 풀을 찾아 이동하는 거지."

"자주 이사 다니는 셈이네요. 가축들과 풀을 찾아서 여기저기 떠돌아다닌 건가요?"

"이동한 건 맞지만 무작정 여기저기 떠돌아다닌 건 아냐. 풀과 물을 확보할 수 있는 곳을 따라 이동 경로가 거의 정해져 있기 때문이지."

"어디로 가는데요?"

"우선 겨울에는 너무 춥고 먹을 것도 없는 북쪽을 피해 남쪽으로 내려와. 남쪽에서 겨울을 난 뒤 봄이 오면 북쪽으로 이동해. 이런 식으로 1년에 1,500킬로미터나 되는 먼 길을 이동하며 사는 유목민도 있었단다. 같은 원리로 겨울이 되면 산 아래로 내려왔다가 봄이 오면 산 위로 이동하는 유목민도 있어."

"으흠, 아무튼 무작정 돌아다닌 게 아니라 계절에 따라 규칙적으로 왔다 갔다 한 거군요."

나선애가 알겠다는 듯 중얼거렸다.

"또 한 가지, 유목민은 대가족을 이루지 않는다는 점에서 농경민과 달라. 식구가 너무 많으면 길러야 하는 가축 수가 늘어나고, 그러면 가축이 먹을 풀이 금방 바닥날 뿐만 아니라 이동하기도 부담스럽기 때문이지. 그래서 유목민은 보통 우리처럼 부모와 자식으로 이루어진 핵가족 단위로 살지. 이런 핵가족 5가구 정도가 집단을 이루어 함께 이동했어. 한 가족이 양 100마리 정도를 기르니까 한 집단의 가

농사에는 일손이 많이 필요하니까 모여 살아야~

가축이 너무 많으면 이동하기 힘드니까 따로따로~

유라시아 최초의 유목 국가 스키타이와 흉노 173

▲ **가축을 몰고 이동하는 몽골인** 오늘날 유라시아 대초원에는 아주 소수의 사람들만이 유목 생활을 하고 있단다.

축 수는 대략 500마리쯤 되지. 한 집단이 풀을 먹이고 나면 다시 풀이 자라기까지 시간이 걸리기 때문에 뒤에 오는 집단은 수십 킬로미터씩 거리를 두고 이동했어. 그래서 유라시아 대초원은 어마어마하게 넓은 면적에도 불구하고 인구가 적단다. 예컨대 몽골 초원의 면적은 한반도의 3배가 넘지만 인구는 겨우 300만 명 정도에 불과하지."

"애걔? 그렇게 인구가 적으면 나라도 못 세우는 거 아니에요?"

왕수재가 안경을 올리며 물었다.

"맞아. 사람이 모여 살지 않으니 나라가 만들어지기 어려웠지. 유목민은 그래서 농경민에 비해 비교적 늦은 시기까지 도시나 나라를 만들지 못했어. 최초의 유목 국가인 스키타이나 흉노가 등장하는 건 기원전 700년 이후의 일이란다."

"그 정도면 많이 늦는 것도 아니네요, 뭐."

노트를 뒤져 보던 나선애가 고개를 끄덕였다.

"또 다른 점이 있어. 유목민은 한군데에 모여 사는 게 아니라, 자식들에게 가축과 재산을 골고루 나누어 주고 뿔뿔이 흩어져서 살도록 했어. 가까이 살면 오히려 불편한 점이 많았기 때문이지. 이런 전통은 나라를 세운 뒤에도 고스란히 이어져서, 유목민은 보통 나라를 쪼개 자식들에게 하나씩 물려주었단다. 그러다 보니 중국이나 우리나라처럼 통일된 하나의 왕조가 같은 지역에서 오랜 역사를 유지하기가 어려웠지."

"농사 대신 가축을 기르는 것뿐인데 다른 점이 엄청 많네요."

"그렇지? 마지막 차이점은 유목민은 이렇다 할 역사 기록을 남기지 못했다는 점이야. 이것도 유목민의 삶과 연관이 있어. 안정된 국가의 등장이 어렵다 보니 역사 기록이 대대손손 전해지기도 어려웠고, 중국의 《사기》처럼 앞선 시대의 역사를 체계적으로 정리하는 역사서를 만들려는 시도도 드물었거든."

"흠……. 기록이 없으면 유목민의 역사는 어떻게 알 수 있는데요?"

곽두기가 물었다.

"유물과 농경민이 남긴 기록을 통해 간접적으로 알아볼 수밖에 없지. 문제는 농경민의 눈에 유목민은 무서운 약탈자이거나, 집도 없이 떠돌아다니며 사는 야단인으로 보였다는 거야. 그러니 기본적으로 농경민은 유목민에 대해서 나쁘게 기록해 놓은 경우가 많아."

"진짜 그랬던 거 아니에요? 흉노는 만리장성을 넘어와 약탈을 일삼았다면서요."

"과연 그런지 유목민 입장에서도 한번 생각해 보자. 사실 유목민에게 농경민은 꼭 필요한 존재였어."

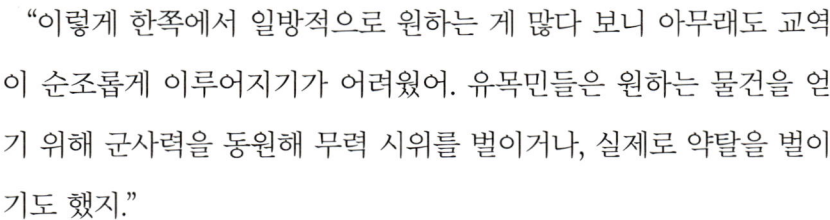

용선생의 핵심 정리

유목민은 가축을 몰고 풀과 물을 찾아 계절에 따라 이동 생활. 인구 밀도가 낮아 비교적 늦은 시기에 유목 국가를 형성. 이동 생활로 인해 역사 기록이 부족함.

왜 유목민은 약탈자로 기록되었을까?

용선생의 말에 아이들이 고개를 갸웃거렸다.

"유목민한테 농경민이 반드시 필요하다고요?"

"그렇단다. 유목민은 농경민으로부터 가축의 고기와 젖 이외의 다른 식량과 온갖 생필품을 구했거든. 보통은 평화로운 왕래와 교역이 이루어졌지. 그런데 농경민은 유목민에게는 없는 값비싼 물건들을 많이 갖고 있었어. 비단이나 무명 같은 옷감, 도시의 장인이 만드는 질 좋은 도자기, 곡물이나 과일로 담근 맛 좋은 술······."

"유목민이 원하는 게 훨씬 많았던 거네요."

"이렇게 한쪽에서 일방적으로 원하는 게 많다 보니 아무래도 교역이 순조롭게 이루어지기가 어려웠어. 유목민들은 원하는 물건을 얻기 위해 군사력을 동원해 무력 시위를 벌이거나, 실제로 약탈을 벌이기도 했지."

"에이, 그러니까 유목민이 잘못한 거죠."

↑ **유목민의 치즈** 몽골의 한 유목민이 발효시킨 치즈를 게르 지붕에 널어 말리고 있어. 유목민들은 치즈와 요구르트 같은 음식을 만들어 농경민에게 전파했어.

장하다가 인상을 찌푸리며 말했지만 용선생은 어깨를 으쓱했다.

"그렇다고 해서 유목민이 전쟁이나 약탈을 즐겼던 건 아니야. 유목민의 약탈은 농경민에게서 값진 물건을 얻어 내고자 동원된 일종의 압박에 가까웠지. 그러니 농경민은 선택을 해야 했어. 유목민이 원하는 값진 물건을 적당히 내주면서 평화를 유지하거나, 아니면 아예 군대를 동원해서 유목민을 먼 곳으로 몰아내고 높은 벽을 쌓아 교류를 완전히 끊는 거야. 대표적인 예가 바로 만리장성을 세워서 흉노를 몰아낸 중국의 진나라였지."

"아하, 만리장성을 세운 게 그런 의미였군요."

나선애의 맞장구에 용선생은 기분 좋게 손가락을 튕겼다.

"그래. 그런데 이렇게 교역이 막히면 어떻게 되겠니? 유목민이 순순히 고개를 숙이고 항복할까? 그렇지 않아. 유목민은 유목민대로 더욱 똘똘 뭉쳐 농경민을 압박하려 했어. 그러다 보면 드넓은 초원에 흩어져 살던 유목민이 거대한 제국을 만들고 농경민을 더 강하게 밀어붙이는 상황이 발생하게 되는 거야. 그러다가 농경민도 한나라나 페르시아처럼 강력한 제국을 만들게 되면, 이제 지긋지긋한 유목민을 뿌리 뽑기 위한 정면 대결에 나서는 거지. 너희들 한 무제가 흉노랑 얼마나 치열하게 싸웠는지 기억하지?"

"결국 양쪽에서 양보 없이 무력 대결을 벌이다 보면 전쟁이 점점 커진다, 이 말씀이시네요."

나선애의 말에 용선생은 고개를 끄덕였다.

유목민 전사

활 유목민은 물소 뿔, 나무, 동물의 힘줄 등 여러 재료를 골고루 섞어서 작고 가벼운 활을 만들어 사용했지. 이렇게 만든 활은 사정거리가 길고 파괴력도 강력했어.

등자 등자는 안장 아래에 매달린 발받침을 부르는 말이야. 등자를 이용하면 말에 올라타기도 훨씬 쉬워지고, 말 고삐를 잡은 두 손을 놓고 활이나 창 같은 무기를 다루면서도 말 위에서 떨어지지 않을 수 있었어. 등자는 중국과 유럽 같은 농경 사회로 전해져 기마술 발전에 큰 영향을 끼쳤지.

안장 말 등에 안장을 얹으면 사람이 말 위에서 자세를 고정하기도 좋고, 사람의 무게가 말의 등뼈에 골고루 분산되어 말도 훨씬 편하게 사람을 태울 수 있지.

"그런데 유목민들은 일단 하나로 뭉치기만 하면 한나라나 페르시아 같은 대제국도 벌벌 떨 만큼 무시무시하게 기세를 올렸어."

"인구도 적은데 어떻게요?"

"유목민의 무기는 말이었어. 유목민들은 워낙 어릴 때부터 말 위에서 살다 보니 말타기에는 귀신이었거든. 게다가 초원에서 가축 떼를 몰거나 사냥을 하는 것 자체가 전투와 비슷하기 때문에 유목민은 실

전 경험도 아주 풍부했어. 이러니 유목민 한 명 한 명이 거의 일당백의 전사들이었지. 전투가 시작되면 유목민 기병은 엄청난 속도로 들이닥쳐 적군을 혼비백산하게 만들고, 적이 추격하면 재빨리 뒤돌아서 달아나며 화살을 날려 댔단다. 농경민 병사들은 유목민의 공격에 정신을 차릴 수가 없었지."

"우아, 그거 생각만 해도 진짜 약 오르겠는데요."

장하다가 감탄을 내뱉자 용선생은 팔짱을 낀 채 짐짓 심각한 표정을 지었다.

"약 오르는 수준이 아니야. 공포 그 자체였지. 그래서 처음에는 어떻게든 유목민을 몰아내려고 하던 제국들도 나중에는 생각을 고쳐먹을 수밖에 없었단다. 어차피 유목민이 바라는 건 교역을 통해 값비싼 물건들을 얻는 것이지 한나라나 페르시아 같은 거대한 제국을 무너뜨리고 자기가 주인 노릇을 하겠다는 게 아니었거든. 구태여 목숨 걸고 싸울 필요는 없었던 거야. 그래서 결국엔 유목민이 원하는 대로 잔뜩 선물을 주어 물러가게 하고, 자유로운 교역을 보장해서 평화를 유지하는 경우가 많았지."

"그래도 농경민 입장에서는 좀 억울할 것 같아요."

곰곰이 생각에 잠겼던 허영심이 조심스럽게 입을 열었다.

"당장 꼭 필요하지는 않을지 몰라도, 유목민과

↑ **반은 말, 반은 사람의 모습을 한 괴물**
농경민에게 유목민 기병은 그야말로 두려움의 대상이었어. 농경민의 여러 고대 신화에 이런 괴물이 등장하는 것만 봐도 알 수 있지.

유라시아 대초원 지대와 주요 도시 문명 지역과의 접점

도나우강 하류 강을 넘어 남쪽으로 가면 그리스의 도시로 향하고, 강을 따라 상류로 올라가면 로마나 켈트와 같은 서유럽의 여러 민족과 만날 수 있는 지점이었지.

캅카스산맥 흑해와 카스피해의 해안 평야를 이용하면 메소포타미아 지역으로 이동할 수 있었어.

소그디아나 여기서 남서쪽으로 이란고원을 지나면 메소포타미아 지역에 이르게 돼. 그리고 남동쪽으로 힌두쿠시산맥을 넘으면 인도에 도착할 수 있었지.

오르도스 이곳은 중국과 유라시아 대초원의 경계였어.

의 교류로 농경민도 많은 이익을 얻었어. 유목민은 머나먼 길을 옮겨 다니며 자연스럽게 새로운 문물을 받아들이고 전달하는 역할을 했거든. 이들 덕분에 인도의 불교, 중국의 비단과 도자기가 전 세계로 퍼져 나갈 수 있었지."

"흠, 이제 보니 유목민이 중요한 역할을 했네요."

고개를 끄덕이는 아이들을 글끄러미 바라보던 용선생은 책을 한 장 넘기며 말을 이어 나갔다.

"자, 그럼 지금부터는 유목민의 역사에 대해 본격적으로 알아볼까? 시간을 거슬러 기원전 1000년의 메소포타미아로 돌아가 보자."

용선생의 핵심 정리

유목민은 생필품을 얻기 위해 농경민과 교역하거나 약탈. 유목민 기병이 강력한 군사력의 바탕. 유목민의 이동 덕분에 각 지역의 문물이 다른 지역으로 퍼짐.

최초의 유목 국가 스키타이

용선생의 세계사 돋보기

스키타이는 최초의 유목 국가야. 중앙아시아 초원에서 흑해 북쪽으로 이동해 왔으며, 서아시아로 쳐들어와 메소포타미아를 비롯한 서아시아 일대를 공포로 몰아넣었어.

"기원전 1000년? 그때 무슨 일이 있었어요?"

"기원전 1000년 무렵 중앙아시아에 많은 가축을 이끌고 계절에 따라 이동 생활을 하는 전형적인 유목민이 등장했거든. 그리고 바로 최초의 유목 국가 스키타이가 건설되었지."

"스키타이요?"

노트에 빠르게 이름을 받아 적으며 나선애가 되물었다.

"응. 중앙아시아에 등장한 스키타이인은 기원전 750년 무렵부터 서쪽과 남쪽으로 이동하기 시작해 카스피해 동쪽에서 흑해 북쪽에 걸친 초원에 자리 잡았어. 그때 흑해 북쪽에는 킴메르라는

◀ **맹수 얼굴을 한 말 장신구** 시베리아 남부 파지리크 고분에서 발견된 기원전 400년 무렵의 유물이야. 여기서 발견된 말 장신구와 말의 뼈, 두개골, 재갈 등의 유물을 통해 이 무렵 중앙아시아에 전문적으로 가축을 기르는 유목민들이 등장했음을 짐작할 수 있단다.

또 다른 유목 국가가 있었는데, 킴메르는 스키타이에게 밀려나 메소포타미아 지방으로 남하하다가 거기서 서아시아의 강자 아시리아와 맞닥뜨렸지."

"그 무시무시한 아시리아 말씀인가요? 킴메르, 단단히 잘못 걸렸네요."

왕수재가 팔짱을 낀 채 혀를 찼지만 용선생은 빙긋 웃기만 했다.

"비록 스키타이에게 밀려나긴 했지만 킴메르 역시 만만찮은 상대였단다. 물론 아시리아도 강력한 기병을 가진 나라였지만, 진짜 유목민을 상대하기엔 버거웠지. 그래서 아시리아는 스키타이에게 킴메르를 물리쳐 달라고 부탁했어. 스키타이는 아시리아의 요청을 흔쾌히 받아들여 킴메르인들을 깨끗이 몰아냈단다."

"오, 아시리아가 스키타이를 이용해 부담스러운 킴메르를 몰아낸 거군요?"

"그렇단다. 그런데 아시리아는 스키타이인을 용병으로 이용할 생각이었나 봐. 얼마 후 동쪽에서 메디아가 세력을 키우자, 아시리아는 이번에도 스키타이에게 거금을 주면서 메디아를 격파해 달라고 부탁했거든. 스키타이는 부탁받은 대로 메디아를 박살 내 버렸지. 그런데 스키타이는 부탁받은 일이 끝났는데도 물러가지 않고 서아시아에 눌러앉아 30년 가까이 서아시아 곳곳을 약탈했어. 그러

▲ 산양 청동 조각상
시베리아 남부 미누신스크 근처에서 발견된 청동 조각상이란다.

▲ 파지리크 고분 그림 오른쪽의 말을 탄 사람은 아랍기나 서아시아인, 왼쪽에 앉아 있는 사람은 동양계 인종으로 보여. 다양한 인종이 함께하던 유라시아 대초원의 사회상을 잘 보여 주는 그림이야.

자 서아시아의 여러 나라들은 스키타이인의 말발굽 소리만 들어도 경기를 일으켰단다. 멀리 떨어진 이집트의 파라오가 잔뜩 선물을 안기며 제발 이집트로는 오지 말라고 사정사정했다니 스키타이에 대한 두려움이 어땠는지 짐작할 만하지?"

"쩝. 아시리아가 완전 긁어 부스럼을 만들었네요."

"그래, 그 와중에 아시리아는 여러 민족들의 반란으로 멸망하고, 서아시아에는 페르시아 제국이 들어섰어. 페르시아에게도 스키타이는 몹시 골치 아픈 존재였지. 그래서 페르시아를 건국한 키루스 대왕이나 페르시아의 전성기를 이끌었던 다리우스 대왕도 스키타이를 몰아내는 데 온 힘을 기울였어. 스키타이는 페르시아의 압박을 피해 조금 더 서쪽으로 이동했어. 이때부터 그리스 상인들과 활발하게 교역을 펼치며 스키타이라는 이름을 역사에 널리 알리게 된단다."

"그리스랑 교역을 해요? 스키타이한테 그다지 매력적인 물건이 없

➡ 스키타이의 이동

▲ **페르세폴리스에 표현된 스키타이인 부조** 페르시아의 수도 페르세폴리스 유적에 그려진 스키타이 사절의 모습이야. 페르시아 제국과 스키타이 사이에 교류가 있었음을 알 수 있어.

지 않나요?"

왕수재의 말에 용선생이 손가락 두 개를 세워 보였다.

"스키타이의 중요한 수출품은 두 가지였어. 첫 번째는 곡물이야. 흑해 북쪽에 있는 오늘날의 우크라이나 지역은 밀농사가 잘되는 곡창 지대거든. 스키타이인은 이 지역 농경민을 지배하며 수확한 곡물을 그리스로 수출했지. 늘 식량이 부족했던 그리스인에게 스키타이의 곡물은 중요한 수입품이었어."

손가락 하나를 접은 용선생은 아이들을 바라보며 설명을 이어 나갔다.

"두 번째는 노예야. 스키타이는 슬라브인을 비롯한 인근 부족들을 급습해 사람들을 잡아 와 그리스 상인들에게 노예로 팔아넘겼어. 그리스 상인들은 이 노예들을 다시 여러 도시 국가들에 팔아넘겼지.

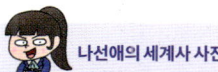

나선애의 세계사 사전

슬라브인 유럽에서 가장 많은 인구를 차지하는 민족으로, 유럽 전체 인구의 3분의 1을 차지하고 있어. 주로 러시아와 발칸반도, 폴란드, 체코, 불가리아 등 동유럽 지역에 살고 있어.

유라시아 최초의 유목 국가 스키타이와 흉노 **185**

▲ 스키타이의 황금 항아리
상처를 치료하는 스키타이인의 모습이 생생하게 표현되어 있어.

아테네 인구의 절반 가까이가 노예였다고 했던 거, 기억나니? 그중에는 이처럼 스키타이인들한테서 사들인 노예도 많았단다."

"어머나……. 그런 사정이 있는 줄은 몰랐네요."

허영심이 눈살을 찌푸린 채 중얼거렸다.

"스키타이는 그리스의 토기와 장신구들을 구입했어. 스키타이 사람들이 특별히 좋아했던 것은 동물의 모습을 표현한 황금 장식이었단다. 스키타이의 유적에서는 어마어마한 양의 동물 문양 황금 장식이 발견되었는데, 대부분 그리스 장인이 제작한 거였어. 스키타이인들이 그리스 장인에게 자신들이 좋아하는 동물 문양 황금 장식물을 주문 제작했던 거지. 그런데 스키타이의 동물 문양 황금 장식과 비슷한 유물들은 유라시아 대초원 전역에서 발견되고 있어. 시베리아와 유라시아, 심지어 중국과 우리나라의 고대 유물에도 흔적이 남아 있단다."

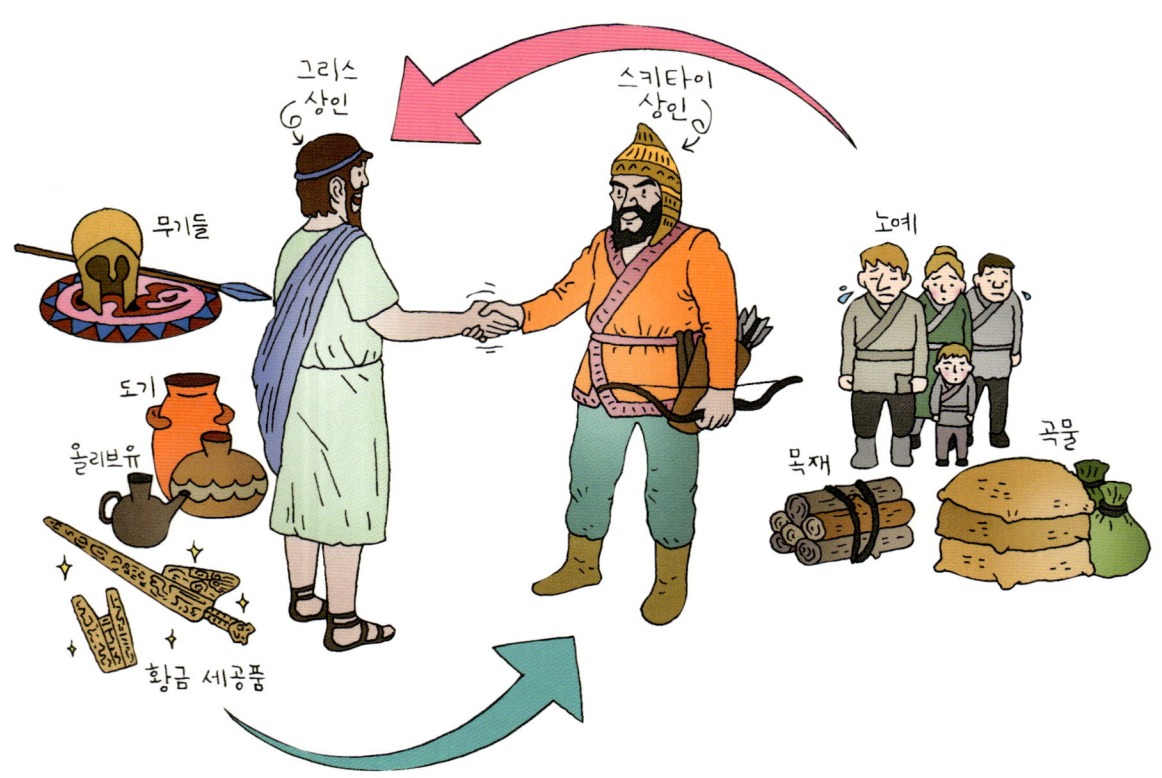

황금의 나라 스키타이

먼 길을 여행하는 유목민들은 부피가 작으면서 가치가 높고 쉽게 변하지 않는 물건을 좋아했어. 바로 황금이지. 특히 스키타이의 땅에서 어찌나 많은 황금 유물들이 발견되었는지 스키타이는 황금의 나라로 불리기도 한단다. 스키타이인들은 자신들에게 익숙한 동물 문양을 주된 소재로 삼았어. 동물을 사냥하는 장면, 동물끼리 싸우는 장면, 동물의 인상적인 동작이 단순하면서도 역동적으로 표현되어 있지. 그 외에 가축의 젖을 짜거나 털을 깎는 등 유목민의 일상을 섬세하게 표현한 작품들도 많이 남아 있어.

→ 황금 빗
손잡이 부분에 말을 탄 스키타이 전사의 모습이 새겨진 빗이야.

← 황금 단검
손잡이가 사자 얼굴 모양으로 장식된 황금 단검이야.

→ 황금으로 만든 화살통
정교한 동물과 식물 문양으로 장식된 황금 화살통이야.

↑ 양젖을 짜는 소년

↑ 양가죽을 손질하는 스키타이인

"그럼 스키타이가 그리스랑 꽤 친하게 지낸 거네요?"

"그건 그리스 폴리스의 사정에 따라 약간씩 달랐어. 아테네를 비롯한 그리스 남부 지역의 폴리스들은 스키타이와 직접 국경을 맞대고 있지 않았으니 구태여 목숨 걸고 싸울 필요가 없었지만, 직접 국경을 맞대고 있는 북쪽의 마케도니아 왕국은 스키타이와 그다지 사이가 좋지 않았거든."

"아하, 그럼 알렉산드로스 대왕과도 싸웠겠네요?"

"히야, 눈치 한번 빠르군. 정확히 말하면 알렉산드로스 대왕의 아버지 필리포스 2세가 스키타이를 몰락시켰어. 필리포스 2세의 공격을 받은 스키타이인들은 뿔뿔이 흩어져 자취를 감추고 말았지. 하지만 흑해 북쪽 초원에 스키타이 대신 또 다른 유목 국가가 금세 나타나 자리를 잡고 살아가기 시작했어. 이 나라의 이름은 사르마티아야. 근데 새롭게 나타난 사르마티아의 생활 모습은 스키타이와 그다지 다르지 않았단다. 황금을 좋아하고, 동물 문양 장식품을 애용한 것까지도 똑같았지."

"이야, 정말요? 스키타이가 주변 유목민에게 영향을 많이 끼치긴 했나 봐요?"

곽두기가 신기하다는 듯 눈을 반짝였다.

"응. 심지어 유라시아 대초원의 동쪽 끝에도 스키타이와 거의 비슷한 방식으로 살아가는 유목 국가가 있었어."

"엥? 그게 누군데요?"

"바로 흉노야."

"아하, 한나라랑 싸웠던 흉노요?"

↑ **사르마티아의 황금 왕관**
스키타이의 뒤를 이어 흑해 연안을 차지한 사르마티아의 황금 왕관. 사슴과 나무 같은 자연물의 모습을 섬세하게 표현한 것이 스키타이와 흡사해.

"응, 흉노는 계절에 따라 가축 떼를 몰고 이동하는 생활 방식, 기병을 이용해 기습하고 적이 공격할 땐 뒤돌아서 화살을 날리며 재빨리 달아나는 전투 방식까지도 스키타이를 빼다 박았어. 사실 스키타이는 흉노뿐 아니라 그 뒤 초원에 등장한 모든 유목 국가의 교과서였다고 할 수 있단다. 흉노보다 나중에 등장하는 튀르크, 몽골에게도 큰 영향을 미쳤거든."

 **용선생의 핵심 정리**

기원전 750년 무렵, 중앙아시아 초원의 스키타이가 흑해 북쪽에 자리 잡고 서아시아를 약탈함. 스키타이는 그리스와 활발한 교역 활동을 펼치지만 마케도니아에 패배한 이후 급격히 쇠퇴함.

동북아시아의 원조 유목 국가 흉노

"그럼, 혹시 스키타이가 동쪽으로 이동해서 흉노가 된 건 아닌가요?"

나선애의 말에 용선생은 손가락으로 턱을 만지며 설명을 이어 나갔다.

"글쎄다. 아직 흉노의 뿌리에 대해서는 학자들도 잘 몰라. 다만 흉노가 처음 중국 기록에 등장한 건 전국 시대가 한창이었던 기원전 400년 무렵이었어. 이때부터 연나라, 조나라 등 중국 북부의 제후국들이 유목민의 침략을 막기 위해 성벽을 쌓기 시작

↑ **흉노의 모습** 흉노를 그린 것으로 추정되는 그림이야. 서양인처럼 코가 크고 눈이 부리부리하게 그렸지.

했지. 또 기원전 318년에는 흉노가 한나라, 조나라 등과 연합해 진나라를 공격하기도 했어. 그리고 진나라가 중국을 통일하는 동안 흉노 역시 초원을 통일했지. 중국을 통일한 진나라에도 흉노는 영 껄끄럽고 만만찮은 적수였단다."

"그래서 만리장성을 쌓았던 거군요."

나선애가 얼른 끼어들었다.

"그래, 흉노는 진나라에 오르도스를 빼앗기고 만리장성 북쪽으로 쫓겨났어. 하지만 이것이 오히려 전화위복이 되었지. 위기감을 느낀 흉노가 두만 선우를 중심으로 똘똘 뭉치기 시작해서 아들인 묵특 선우 시대에 흉노 제국을 건설하고 전성기를 맞았거든. 이때 서쪽의 또 다른 유목 국가인 월지를 몰아내고, 동쪽으로는 바이칼호 주변의 모든 유목민을 통합했지. 심지어 한나라 고조를 굴복시켜 해마다 엄청난 양의 비단과 은을 공물로 바치도록 했을 뿐 아니라 중국과의 자

왕수재의 지리 사전

오르도스 황투고원 북부의 건조한 초원 지대.

장하다의 인물 사전

두만 선우 (?~기원전 209년?) 흉노의 지도자. 진나라 몽염 장군에게 오르도스를 빼앗겼으나 진나라가 혼란한 틈을 타 되찾았어.

↑ 흉노 제국의 영역

▲ 몽골 우표 속의 묵특 선우

▲ 투르크메니스탄 100마나트 도안 묵특 선우는 중국에서는 흉악무도한 야만족으로 묘사하지만 유목민에게는 위대한 영웅이야. 지금도 유목민에 뿌리를 둔 몇몇 국가에서는 이렇게 묵특 선우를 지폐와 우표의 모델로 쓰고 있단다.

유로운 교역까지 보장받았어."

"어, 이 말씀은 지난 시간에 하셨던 것 같아요."

"흐흐. 흉노에 대해선 이미 여러 번 들어 봤을 거야. 갈 나온 김에 흉노가 세계사에 어떤 영향을 미쳤는지 한번 정리해 볼까? 첫 번째는 한나라를 굴복시키고 공물을 받아 낸 거야. 한 무제는 흉노를 굴복시키기 위해 국력을 쏟아부었지만 결국 실패했지."

"기억나요. 한 고조 유방이 흉노한테 포위당했다가 겨우 탈출했다고 했어요."

"두 번째는 월지를 서쪽으로 쫓아낸 거야. 사실 두만 선우 때까지만 해도 흉노는 월지의 지배를 받았어. 하지만 묵특 선우는 오히려 월지를 몰아내고 그 땅을 차지했지. 이때 서쪽으로 이동한 월지는 인도에서 쿠샨 왕조를 세우게 된단다."

▲ 유니콘이 새겨진 말 가슴걸이 장식 말의 가슴에 둘러 안장을 고정하는 끈에 매다는 장식이야. 이마에 뿔이 달린 전설 속의 말 유니콘이 그려져 있어.

➡ 황금 관 오르도스에서 출토된 기원전 300년대 유목민의 금관. 금관 꼭대기에는 매 한 마리가, 몸체에는 호랑이오·산양, 말과 같은 동물 문양이 새겨져 있지.

유라시아 최초의 유목 국가 스키타이와 흉노 **191**

"그래서 한나라는 월지랑 동맹을 맺으려고 장건을 서역으로 파견했어요."

나선애가 잇따라 고개를 끄덕였다.

"세 번째로 로마 멸망의 계기가 된 게르만의 이동을 촉발시킨 훈 제국 역시 흉노의 일파라고 주장하는 학자들도 많아."

"훈 제국이 흉노라고요?"

"그렇단다. 남흉노와 한나라 연합군에 패한 북흉노가 서쪽으로 이동하는데, 이들이 바로 200년 뒤 훈이라는 이름으로 역사에 등장했다는 거야."

"중국에, 인도에, 로마 제국까지……. 우아, 흉노가 그렇게 대단한 줄은 몰랐어요."

곽두기가 눈을 동그랗게 떴다.

"사실 흉노 제국은 초원의 여러 유목민들이 힘을 합쳐 건설한 제국이었어. 이때는 서로 생김새도 다르고 언어도 다른 수많은 유목민들이 전부 흉노 제국의 깃발 아래 뭉쳐 있었다는 말씀!"

"두 민족이 합치기도 어려운데, 어떻게 그렇게 여러 민족이 힘을 합친 거죠?"

"초원의 유목민들은 대부분 서로 비슷한 문화를 가지고 있었거든. 그래서 필요할 때는 하나의 깃발 아래 뭉칠 수 있었던 거야. 훗날 등장하는 돌궐 제국과 몽골 제국도 비슷하지. 여러 유목민들이 힘을 합쳐 건설한 제국이었거든."

"그럼 뭐 해요? 결국 자기들끼리 싸우다가 한나라한테 항복하고 만걸요."

허영심이 입을 쑥 내밀었다.

잠시 말을 멈추었던 용선생이 손가락 하나를 들어 보였다.

"하지만 흉노 제국이 사라졌다고 해서 유목민이 다 사라져 버린 건 아니니 너무 아쉬워하지 마. 유라시아 대초원 대부분은 늘 농경민의 지배를 받지 않는 유목민의 세상이었어. 거기서 조용히 살던 유목민들은 때가 되면 또 힘을 모아 거대한 파도처럼 세상을 휩쓸곤 했지. 심지어 중국의 신하가 된 것처럼 보였던 남흉노조차 한나라가 혼란에 빠졌을 때 중국 땅에 자신들의 나라를 세우기도 했어. 그래서 앞으로 펼쳐질 중국사에서는 흉노와 같은 유목민이 중국 국경 밖의 이민족이 아닌, 중국사의 당당한 일원으로 활동하는 모습을 볼 수 있을 거야."

↑ 한나라 황제가 흉노 족장에게 준 인장 한나라는 흉노 중 일부를 회유해 신하로 삼고 국경을 지키게 했어. 이 인장은 그 징표로 내려 준 물건이란다.

"그럼 흉노가 한나라에 항복했다고 해서 그게 끝이 아니었다는 말씀이시네요."

"응. 앞으로 세계사 공부를 하다 보면 흉노나 스키타이 못지않은 유목 제국들이 속속 등장해 세계 역사에 막대한 영향을 끼치는 모습을 보게 될 거야. 그때마다 오늘 배운 스키타이와 흉노의 모습을 떠올리면 많은 도움이 되겠지?"

"네~!"

아이들이 명랑하게 목소리를 높였다.

"좋아, 그럼 오늘 수업 여기서 끝!"

용선생의 핵심 정리

기원전 400년 무렵부터 흉노가 중국 역사에 등장. 기원전 210년 무렵, 묵특 선우가 유라시아 대초원을 통일하고 흉노 제국을 건설함. 흉노 제국은 한나라를 굴복시키고 월지를 서쪽으로 몰아냄.

나선애의 정리노트

1. ### 유목민의 생활
   - 유라시아 대초원 지대
     → 계절에 따라 목초지를 찾아 이동하며 가축을 키우고 살아가는 유목민의 터전
   - 한데 모여 살지 않아서 도시나 국가 건설이 어려우며, 남아 있는 기록도 많지 않음.
   - 유목민은 뛰어난 기마술로 대제국의 군대도 쉽게 물리침!

2. ### 최초의 유목 국가 스키타이
   - 말의 가축화가 시작된 이후 유목민이 본격적으로 등장
     → 기원전 1000년 무렵 중앙아시아 초원에 유목민이 등장
   - 스키타이: 최초의 유목 국가. 중앙아시아에서 흑해 북부 초원 지대로 이동
     → 서아시아 곳곳을 약탈하고 그리스와 활발한 교역 활동을 이어 나감.
     * 동물 문양이 있는 황금 유물이 특징!

3. ### 동북아시아 원조 유목 국가 흉노
   - 흉노: 전국 시대에 등장. 묵특 선우가 초원을 통일 → 흉노 제국
   - 흉노 제국은 한나라를 굴복시키고 전성기를 맞이함.
     * 흉노 제국은 대초원의 수많은 유목민들이 힘을 합쳐 만든 통일 제국!
   - 흉노 제국이 세계사에 끼친 영향
     ① 한나라를 물리치고 공물을 받음.
     ② 중앙아시아의 월지를 공격해 서쪽으로 밀어냄.
        → 월지는 인도에서 쿠샨 왕조 건국

세계사 퀴즈 달인을 찾아라!

1 지도 위 빈칸에 들어갈 알맞은 말을 써 보자.

( )

2 스키타이는 그리스와 활발한 교역을 벌였어. 주로 어떤 것들을 주고받았는지 빈칸에 알맞은 기호를 적어 보자.

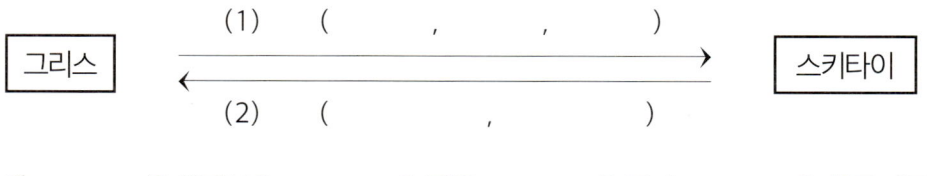

㉠ 노예　　㉡ 올리브유　　㉢ 곡물　　㉣ 무기　　㉤ 황금 세공품

3 유목민의 생활에 대한 설명으로 알맞은 것에 ○표, 알맞지 않은 것에 X표 해 보자.

○ 유목민은 계절에 따라 목초지를 이동하여 가축을 키우고 살아가는 사람들이다. ( )

○ 기마술이 뛰어나 대제국의 군대도 쉽게 물리쳤다. ( )

○ 한 데 모여 살아서 도시나 국가가 빠르게 발전했다. ( )

4 흉노 제국에 대해 잘못 설명한 친구는? ( )

 ① 묵특 선우가 유라시아 대초원을 통일해 세운 제국이지.

 ② 흉노 제국은 동북아시아의 흉노 혼자서 세운 제국이야.

 ③ 중앙아시아의 월지를 공격해 서쪽으로 몰아내기도 했어.

 ④ 한나라는 흉노와 싸우느라 나라 재정이 휘청거릴 정도였대.

정답은 328쪽에서 확인하세요!

5 빈칸에 들어갈 알맞은 말을 써 보자.

○○○○는 최초의 유목 국가이다. 중앙아시아 초원에서 흑해 북쪽으로 이동해 왔으며, 서아시아로 쳐들어와 메소포타미아를 비롯한 서아시아 일대를 공포로 몰아넣었다.

( )

6 아래 보기 중 서로 관련 있는 것들을 바르게 연결해 보자.

① 스키타이 •
② 흉노 •

• ㉠ 중국의 전국 시대 때 등장했다.
• ㉡ 그리스와 활발히 교류했다.
• ㉢ 한나라를 물리치고 공물을 받았다.
• ㉣ 마케도니아에 패배한 이후 급격히 쇠퇴했다.

| 용선생 세계사 카페 |

유목민의 생활

오늘날에도 유라시아 대초원에는 가축 떼를 이끌고 이동 생활을 하는 유목민들이 살아가고 있단다. 요즘의 유목민들은 어떻게 살고 있는지 살짝 들여다보도록 할까?

게르를 설치하는 몽골인
몽골의 유목민들이 이동식 가옥인 게르를 설치하고 있어. 뼈대를 세운 뒤 양가죽으로 된 덮개를 덮고 끈으로 고정하면 작업 끝!

게르 내부
천막이라고 무시하면 안 돼. 침대, 식탁, 옷장 등의 가구는 물론 냉장고와 텔레비전 같은 가전제품까지 갖춰진 게르도 있어. 전기가 어디 있냐고? 그야 태양열 발전기를 이용하면 되지. 알고 보면 최신 과학이 동원된 첨단 가옥이야.

가축 젖 짜기

유목민들이 아침에 눈을 뜨면 제일 먼저 하는 일이 가축 젖을 짜는 거야. 이렇게 짜낸 젖은 유목민의 가장 중요한 식량으로, 요구르트, 치즈, 버터를 만들기도 하고, 술을 빚기도 해.

우유 통을 든 아이

우유가 든 양철통을 들고 가던 아이가 잠시 쉬고 있어.

물을 길어 오는 아이들

몽골에서는 아이들도 당당한 집안의 일꾼이야. 강에서 물을 길어 오거나 가축의 젖을 짜는 일이 아이들의 할 일이지. 간혹 수십 분씩 걸리는 먼 곳까지 가서 물을 길어 와야 하는 경우도 있어.

가축 몰기
젖을 다 짰고, 아침도 먹었으니 슬슬 가축을 몰고 나가 볼까? 유목민은 이렇게 말을 타고 주변을 살피며 가축이 무리에서 너무 멀리 벗어나지는 않는지, 멀리서 늑대 같은 맹수가 나타나지는 않는지 감시해.

양털 깎기
가축의 털과 고기는 유목민들에게 정기적으로 수입을 올릴 수 있는 가장 소중한 자원이야.

새끼 양을 옮기는 아이
아이들도 힘이 닿는 대로 어른들을 돕는단다. 새끼 양을 양팔에 끼고 우리로 옮기고 있어.

마유주
유목민들은 곡물 대신 말이나 양의 젖을 발효시켜 술을 만들었어. 이걸 마유주-고 하는데, 유목민들의 대표 음식 중 하나야.

몽골 치즈
게르 지붕에 치즈를 널어 말리고 있어. 가축의 젖을 발효시켜 만든 치즈는 유목민들에게 식량이 부족해지는 겨울을 대비한 대표적인 저장 식품이야.

말 타는 아이
유목민 아이들은 걸음마를 뗄 때부터 자연스럽게 말 타는 법을 배운대. 오늘날에는 아이들이 참가하는 경마 대회도 열린다고 하는구나.

아메리카 대륙의 고대 제국들

아메리카 대륙에서도 해안가의 따뜻한 저지대와
서늘한 고원 지대를 중심으로 여러 도시 문명이 등장했어.
이들은 서로 치열하게 경쟁한 끝에 마침내 거대한 제국을 이룩했지.
바로 멕시코고원의 아스테카 제국과 안데스고원의 잉카 제국이야.
이번 시간에는 아메리카 대륙에서 여러 문명이
어떻게 발전해 갔는지 함께 살펴보도록 하자.

기원전 1200년 무렵	기원전 100년 무렵	기원후 700년 무렵	기원후 700년 무렵	기원후 900년 무렵	기원후 1400년 무렵
마야 문명 탄생	테오티우아칸 번영	티와나쿠 번영	테오티우아칸, 마야 문명 쇠퇴	치무 건설	아스테카, 잉카 제국 건설

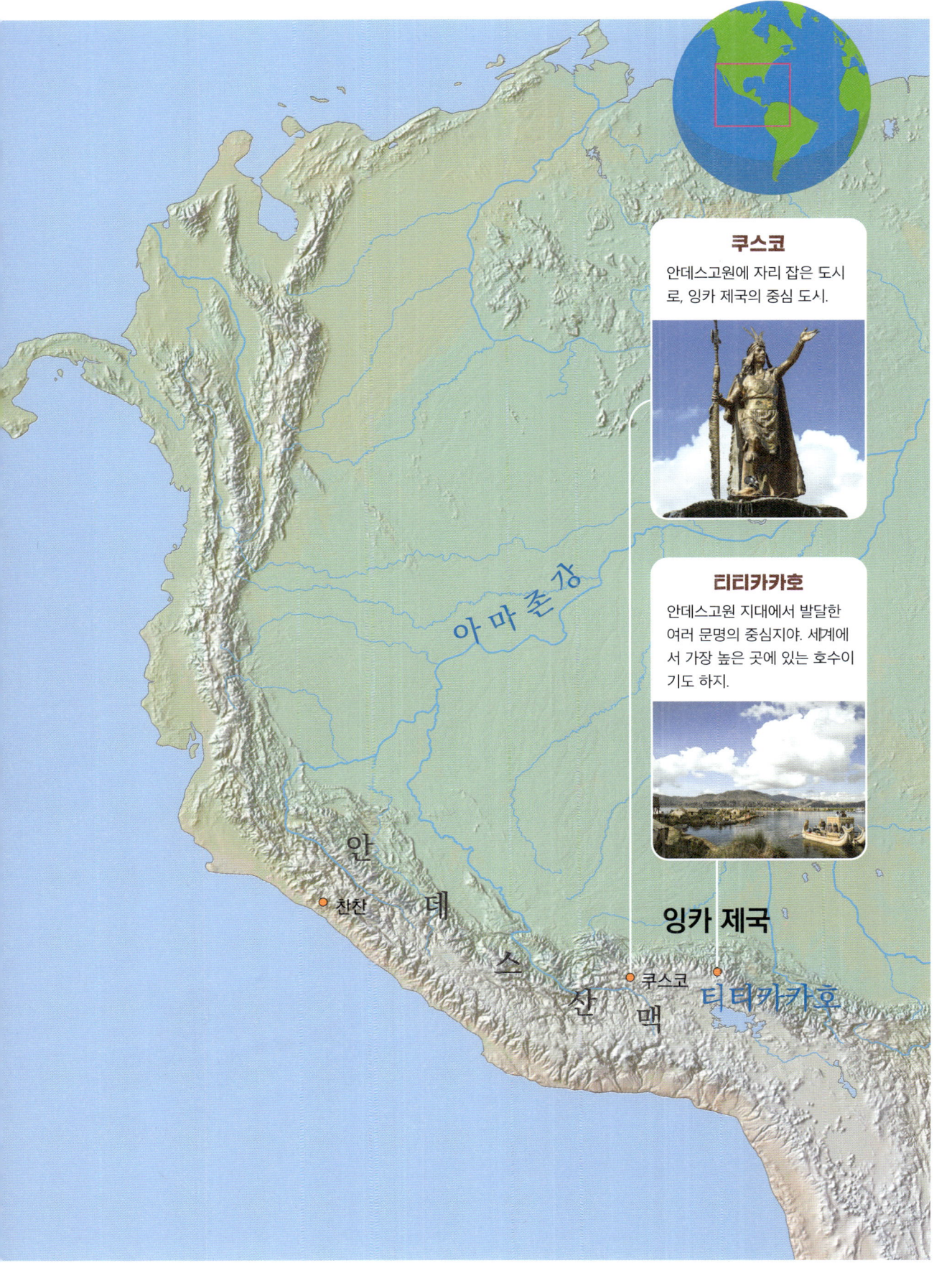

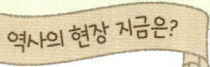

잉카 제국의 후예가 사는 나라 페루의 오늘날

페루의 면적은 한반도의 6배나 되지만 인구는 3,300만 명밖에 안 돼. 그중에 잉카 제국의 후예인 원주민이 전체 인구의 45퍼센트, 원주민과 백인의 혼혈이 37퍼센트, 백인이 15퍼센트, 그 밖의 여러 종족이 3퍼센트를 차지하고 있지. 그래서 페루는 원주민도 많이 살고, 잉카 제국의 유적도 많이 남아 있는 나라란다.

또한 안데스산맥과 아마존 밀림, 태평양 해안에 걸쳐 있어서 다양한 생태계를 보유한 나라이기도 해. 1824년에 에스파냐로부터 독립한 페루는 에스파냐어와 함께 원주민 언어인 케추아어를 공용어로 사용해.

페루의 수도 리마

페루의 수도 리마는 태평양 해안가에 자리 잡은 페루 최대의 도시로, 약 800만 명이 살고 있어. 적도에서 가까운 곳이지만 남쪽에서 올라오는 차가운 해류의 영향으로 일 년 내내 춥지도 덥지도 않은 기후가 나타난단다.

↑ 태평양 해안에 자리 잡은 리마의 시가지

남아메리카의 등뼈 안데스산맥

페루 국토의 대부분은 안데스산맥이 차지하고 있어. 안데스산맥은 태평양 연안의 북쪽 끝에서 남쪽 끝까지 무려 7000킬로미터나 되는 길이를 자랑하지. 높이도 어마어마해서 해발 6,000미터가 넘는 봉우리들이 100개도 더 된대.

↑ 험준한 안데스산맥

어머니 품속 같은 안데스 고원의 넉넉함

안데스산맥이 마냥 험하기만 한 것은 아니야. 안데스산맥에는 계곡물이 흐르는 고원들이 곳곳에 널려 있거든. 이런 고원 지대는 워낙 고도가 높아서 적도 근방인데도 날씨가 쌀쌀하고 추워. 하지만 물이 풍족하고 들도 제법 널찍해서 사람들이 모여 살기에 안성맞춤이었어. 원주민들은 주로 감자 농사를 지었는데, 감자는 추위에 강해서 고원 지대에서도 잘 자란단다.

↑ 잉카 문명의 요람인 쿠스코의 계곡

↑ 옛 방식대로 감자를 냉동 건조시키는 사람들

↑ 신성한 새 콘도르
몸길이 1.3미터, 날개 길이 3미터. 콘도르는 세계에서 가장 크고, 가장 높이 나는 새야. 잉카 사람들은 콘도르가 신의 뜻을 전하는 전령이라고 생각했어.

심금을 울리는 케나 소리

케나는 우리 전통 악기인 퉁소와 유사한 원주민들의 전통 악기야. 예전에는 동물의 뼈로 만들기도 했어. 케나로 연주하는 페루의 민요는 심금을 울리기로 유명해. 안데스를 배경으로 한 영화 음악에서 흔히 들을 수 있는 맑고 구슬픈 소리가 바로 케나 소리지. 요즘 우리나라에서도 흔히 볼 수 있는 오카리나 역시 페루의 전통 악기야.

페루의 전통 악기

↑ 케나를 부는 원주민 여인

신의 섬유 비쿠냐의 털

세계에서 가장 비싼 털이 뭘지 아니? 바로 사진에서 보이는 이 동물의 털이란다. 이 동물의 이름은 비쿠냐. 페루를 상징하는 동물이지. 페루의 고산 지대에 사는 비쿠냐는 좁은 공간에 갇혀 사는 걸 견디지 못해 가축으로 기를 수가 없대. 비쿠냐의 털은 너무나 가늘고 섬세해서 '신의 섬유'로 불려. 전 세계에서 1년에 딱 6톤밖에 생산되지 않아 부르는 게 값이지. 비쿠냐의 털로 만든 코트 한 벌이 4,000만 원이나 한대.

↑ 페루의 상징 비쿠냐

유카탄반도에서 꽃 피운 마야 문명

"마야, 아스테카, 잉카……. 오늘은 아메리카 나라들을 공부하는 거죠?"

나선애가 칠판을 보며 묻자, 용선생이 고개를 끄덕였다.

"그래. 그 셋 중 가장 먼저 등장하는 것이 오늘날의 과테말라, 멕시코의 유카탄반도에서 발생한 마야 문명이야. 너희들 혹시 올메카 문명 기억하니?"

"네, 알아요. 거대한 인두상이 인상적이었어요."

"마야인은 올메카 문명의 영향을 많이 받았어. 올메카 사람들처럼 물고기 잡이, 사냥, 화전 농업으로 살아갔을 뿐 아니라 올메카 사람들로부터 달력과 셈법, 공놀이, 재규어 숭배 등의 관습을 배웠거든.

왕수재의 지리 사전

유카탄반도 멕시코 동부에서 카리브해를 향해 불쑥 튀어나와 있는 반도야.

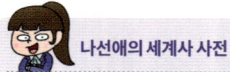

나선애의 세계사 사전

화전 농업 숲에 불을 질러 나무나 식물이 타서 생긴 재를 거름으로 삼아 농사를 짓는 방법이야. 인구 밀도가 낮고 숲이 울창한 열대 우림 지역에서 흔히 실시되었어.

← **유카탄반도의 마야 문명**
마야 지역은 저지대 북부, 저지대 남부, 고지대로 구분해. 오늘날 멕시코의 유카탄반도를 저지대 마야, 해발 고도 800미터가 넘는 산맥이 있는 태평양 연안 쪽을 고지대 마야라고 불러.

마야인은 기원전 1200년 무렵부터 저지대에 피라미드를 세우고 광장을 건설했지만 인구 밀도가 낮아 크게 발전하지는 못했어."

"왜 인구 밀도가 낮아요?"

"많은 사람이 먹고살 만큼 농경지를 확보하기가 어려웠기 때문이야. 마야 지역에서 처음 문명이 꽃핀 곳은 저지대 남부 지역이었어. 이곳의 호수 주변 습지가 개간되면서 인구가 급격히 불어났고, 마침내 250년 무렵이 되면 곳곳에 큰 도시들이 건설되거든."

"그럼 도시를 건설하기까지 1,500년이나 걸렸네요?"

"흐흐, 그래. 오랜 시간이 흘렀지만 마침내 해냈지. 마야인은 도시마다 거대한 신전, 왕궁, 광장을 건설했는데, 한창때는 이런 도시들이 50여 개나 있었대. 여러 도시들 중에서도 대표적인 것이 서쪽에서는 팔렝케, 동쪽에서는 코판, 중앙에서는 티칼, 이렇게 세 도시였지. 그

왕수재의 지리 사전

습지 강이나 호수, 늪 주변의 물이 고인 축축한 땅이야. 워낙 영양분이 많아 물만 빼내면 비옥한 농지로 만들 수 있지.

왕수재의 지리 사전

티칼 현재의 과테말라에 있는 고대 마야 도시. 기원전 300년 무렵부터 사람이 살기 시작했으며, 기원후 200년에서 900년 사이에 번영을 누렸어.

아메리카 대륙의 고대 제국들 **211**

▲ **티칼의 재규어 신전과 중앙 광장** 재규어 신전은 높이 47미터의 9층짜리 계단식 피라미드야. 신전 앞에는 사방 100미터 정도 되는 중앙 광장이 있어. 재규어 신전 이외에 아직도 3,000여 개나 되는 건물이 숲속에 숨어 있대.

중에서도 티칼은 전성기에는 왕궁과 신전이 있는 중심 도시에만 1만 명이 살았다고 해."

사진을 본 장하다가 감탄사를 내뱉었다.

"여기가 티칼이에요? 우아, 어마어마한데요."

"이건 일부일 뿐이야. 대부분의 건물은 아직 밀림에 묻혀 있거든. 사진 오른쪽에 있는 높은 건물이 재규어 신전이야. 티칼에는 이런 신전이 여럿 들어서 있지."

"아휴, 뭘 하러 고생스럽게 밀림 한복판에 저런 신전을 짓는담."

↑ **세노테** 석회암 지대에 형성된 천연 연못. 물이 귀한 마야 사람들에게 생명줄이나 다름없었기 때문에 매우 신성하게 여겼어.

"신전은 신정 정치를 펴기 위해서는 꼭 있어야 하는 무대이기 때문이지. 마야의 지도자들은 신의 대리자로서 자신의 위엄을 높이기 위해 모든 자원을 쏟아부어 거대한 신전을 지었어. 그래서 신전 규모를 보면 한 명의 지도자가 다스리는 집단의 크기가 어땠는지를 짐작할 수 있지. 그러니까 티칼에 이렇게 크고 화려한 신전이 지어진 것은 그만큼 티칼의 규모가 컸다는 뜻이기도 해."

"이집트랑 비슷하네요? 혹시 마야인도 파라오처럼 굳 예측하는 능력을 가지고 있었던 건가요?"

나선애의 세계사 사전

신정 정치 신기 다스리는 정치라는 뜻이야. 실제로는 왕, 제사장 같은 신의 대리자가 신의 뜻을 내세워 절대적인 권력을 행사하는 정치 체제를 가리키지.

아메리카 대륙의 고대 제국들 **213**

↑ **팔렝케 피라미드의 석관 뚜껑** 신이 되어 하늘로 올라가는 왕의 모습이 새겨져 있어.

→ **코판의 비석** 코판은 온두라스에 있는 마야의 도시 국가로 400년에서 800년까지 전성기를 누렸고, 이웃 도시 국가 티칼과 경쟁 관계에 있었어. 코판에는 이렇게 왕의 업적을 기록한 비석이 많이 남아 있어.

> **허영심의 상식 사전**
>
> **일식** 달이 태양의 일부나 전부를 가리는 현상이야.
>
> **월식** 지구의 그림자가 달의 일부나 전부를 가리는 현상이야.

"오호, 그걸 어떻게 알았지? 마야인은 일식과 월식이 일어나는 시점까지 정확히 알아맞혔대."

"헉, 그걸 어떻게 알아맞혀요?"

장하다의 말에 용선생은 너털웃음을 터뜨렸다.

"흐흐, 그건 마야인에게 뛰어난 천문학 지식이 있었기 때문이지."

"에이, 설마요."

"허허, 진짜라니까. 아주 먼 옛날부터 마야인은 천체의 움직임을 관찰하고 기록해 왔어. 그러다 보니 천체가 일정한 규칙에 따라 움직인다는 것을 알게 되었지. 말하자면 언제 지구와 태양 사이에 달이 있게 되는지, 언제 태양과 달 사이에 지구가 있게 되는지 정확히 알 수 있게 된 거야. 이렇게 하늘에서 벌어질 일을 미리 알아맞히니 마야인은 자기네 지도자를 신이나 다름없는 존재로 여기지 않았을까?"

"흠, 정말 파라오와 수법이 똑같은걸."

"마야인은 이런 예측을 좀 더 효율적으로 하기 위해 달력을 만들기도 했어."

"달력? 마야에서 달력도 만들었어요?"

곽두기의 국어 사전

천체 하늘 천(天) 몸 체(體). 하늘의 물체. 즉 해, 별, 달 등을 모두 천체라고 해.

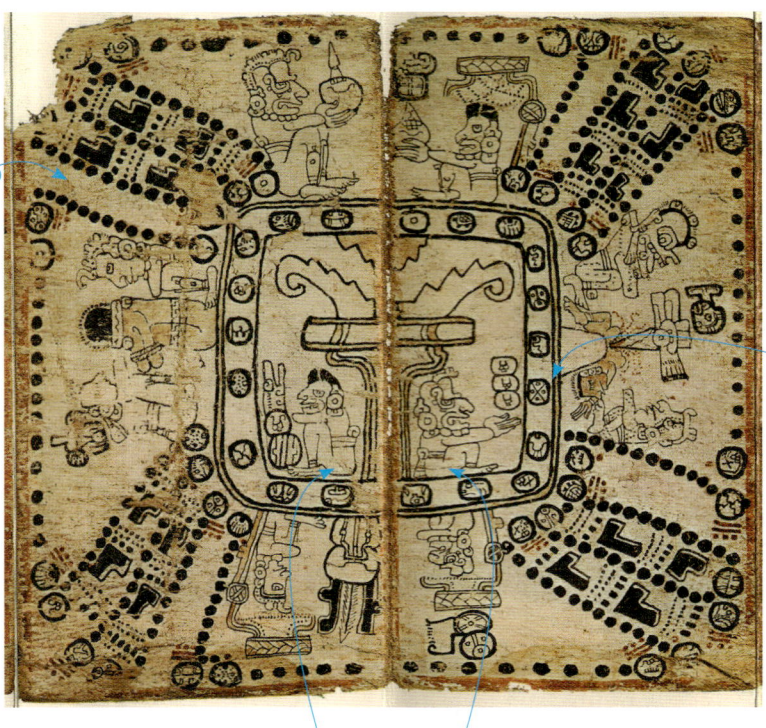

한 줄에 13개씩 페이지를 빙 둘러 모두 20줄이 찍혀 있는 점. 모두 260개야. 마야의 종교 달력에서 1달은 20일이고, 1년은 13달이거든.

1달 20일을 의미하는 20개의 상형 문자. 그날의 수호신을 의미하기도 해.

세상을 창조한 두 명의 신

↑ 마야인의 종교 달력

곽두기의 국어 사전

오차 틀릴 오(誤) 차이 차(差). 계산한 값과 실제 값과의 차이.

"그럼. 그것도 아주 놀랍도록 정확한 달력을 만들었지. 마야인은 1년을 365일로 하는 태양력을 사용했는데, 그 오차가 오늘날 우리가 사용하는 달력보다 더 작대. 재미있는 건 1년이 260일인 또 다른 달력이 있었다는 거야. 바로 이렇게 생겼단다."

용선생이 보여준 사진에는 알 수 없는 그림이 그려져 있었다.

"이 달력은 종교 행사를 치르고, 점을 치기 위한 달력이었어. 그래서 종교 달력이라고 불러. 가운데에 빙 둘러 그려진 둥근 그림 같은 게 보이니? 이게 바로 각각의 날을 의미하는 마야인의 상형 문자란다."

"저게 글자라고요?"

"응. 하나하나가 어떤 특정한 날짜를 뜻한다고 할 뿐 정확한 뜻은 알지 못한단다. 마야 사람들도 마야 문자를 읽고 쓰는 방법을 잊어버렸거든. 최근에야 마야 문자의 원리가 다시 밝혀지면서 비로소 마야 문명의 비밀도 풀리기 시작했어. 아마 얼마 후면 마야 문명에 대해서 지금보다 훨씬 더 많은 사실을 알 수 있게 될 거야."

"쓰고 읽는 방법을 왜 잊어먹어요?"

나선애가 고개를 갸웃하며 물었다.

"문자를 쓸 일이 사라져 버렸기 때문이지. 마야 문명을 이끌었던 도시들이 갑자기 몰락하고 사람들이 밀림 속으로 흩어져 버렸거든."

"잘나가다가 갑자기 왜요?"

"정확한 이유는 아직 몰라. 잦은 전쟁과 화전으로 인한 환경 파괴

마야 문자로 '재규어'를 쓰는 두 가지 방법

마야 문자에서는 네모 모양의 그림 하나가 한 단어야. 단어마다 글자가 있어야 하니 글자의 수도 무척 많지. 지금까지 뜻을 알아낸 마야 글자만 해도 800개가 넘는대. 마야 문자를 만드는 원리는 두 가지인데, 하나는 사물의 모양을 단순화한 상형 문자야. 다른 한 가지는 한글의 원리와 흡사하게 소리를 나타내는 기호를 조합해 글자를 만드는 방법이지.

1. 재규어 머리를 상형 문자로 쓰기	2. 소리 기호를 결합해 만들기
Bahlam (재규어)	bah + la + ma = Bahlam (재규어)

에다, 가뭄까지 겹쳤을 것으로 추측해. 700년대부터 도시들이 쇠퇴하기 시작하더니 900년 무렵이 되면 인구가 전성기의 3분의 1 수준으로 뚝 떨어지며 완전히 몰락해 버렸지. 하지만 티칼과 코판을 비롯한 저지대 남부의 도시가 몰락한 뒤 저지대 북부에서는 치첸이트사와 마야판이라는 도시가 차례로 번영을 누렸어. 마지막으로 주도권을 쥐었던 마야판은 유럽인이 아메리카로 건너오기 직전인 1400년대 중반쯤 몰락했어."

"마야에서 처음 문명이 싹트기 시작한 게 기원전 1200년쯤이라고 하셨으니까 거의 2,600년 동안이나 이어진 거네요. 와!"

곽두기가 놀란 듯 말하자 용선생은 어깨를 으쓱했다.

"마야 문명은 넓은 지역에 걸쳐서 발달해서 한 도시가 외적의 침략을 받아서 점령당하거나 갑작스러운 자연재해 때문에 무너지더라도 다른 도시가 바통을 넘겨받아 문명의 맥을 이어 갈 수 있었지. 이와

▲ 치첸이트사의 쿠쿨칸 신전 저지대 북부 마야의 대표 도시 치첸이트사에 있는 높이 25미터의 신전이야. 춘분과 추분이 되면 이 사진에서 보이듯 피라미드 모서리가 그림자를 드리워서, 빛을 받은 계단 모서리가 마치 깃털 달린 뱀이 꼭대기에서 내려오는 듯한 모습으로 보인대.

는 달리 거대 도시를 중심으로 발전한 문명도 있었단다. 자, 이번에는 멕시코고원으로 가 보자."

용선생의 핵심 정리

유카탄반도 남부 밀림에 왕궁과 신전을 갖춘 50여 개의 도시가 건설됨. 일식과 월식을 정확히 예측하는 등 천문 관측이 발달했고, 마야 문자 사용. 700년 무렵부터 급격히 쇠퇴.

멕시코고원 여기저기에 큰 도시가 나타나다

"어? 멕시코고원? 어디선가 들어 본 이름인데?"

허영심이 눈을 깜박이자 용선생은 스크린에 지도 한 장을 띄웠다.

초콜릿을 마신 아메리카 사람들

혹시 남녀노소 누구나 좋아하는 달콤한 초콜릿이 마야에서 유래됐다는 거 알고 있니? 초콜릿의 원료는 아메리카에서 자라는 카카오 열매야. 마야인들은 기원전부터 카카오 열매를 갈아 뜨거운 물에 타서 마셨지. 이 음료는 피로 회복 효과가 탁월해서 약용으로 쓰였어. 마야인들은 카카오를 매우 귀하고 신성하게 여겨 화폐로도 사용했대. 마야의 뒤를 이은 아스테카도 마찬가지였지.

그런데 사실 마야인들이 마시던 초콜릿은 맛이 몹시 썼어. '초콜릿'이라는 말부터가 원주민들의 말로 '쓴 물'을 의미하는 '쇼콜라틀'에서 유래했지. 오늘날의 달콤하고 부드러운 초콜릿은 쓰디쓴 카카오를 설탕, 버터, 우유 같은 첨가물과 함께 가공해서 만들어 낸 거란다.

← **카카오 열매** 길이 30센티미터쯤 되는 열매 안에 20~50개의 씨앗이 들어 있어. 이 씨앗을 가공해서 초콜릿을 만든단다.

→ **테오티우아칸의 흑요석 단도** 흑요석은 화산 폭발 때 생겨난 유리질의 돌이야. 칼로 쓸 수 있을 만큼 날이 몹시 날카로워.

> **왕수재의 지리 사전**
> **고산 기후** 적도에서 가까운 열대 지방의 고산 지대에서는 사계절 내내 섭씨 10도에서 20도 정도의 선선한 봄 날씨가 나타나는데, 이것을 고산 기후라고 해. 고산 기후가 나타나는 원인은 고도가 100미터 올라갈 때마다 기온이 0.5도가량 떨어지기 때문이야.

"오늘날 멕시코의 수도 멕시코시티가 자리 잡고 있는 곳이야. 해발 2,250미터나 되는 높다란 곳에 있는 드넓은 평지지."

"헉! 그렇게 높은 곳에 수도가 있다고요?"

용선생의 말에 아이들이 깜짝 놀랐다.

"그렇단다. 한라산이 1,950미터니까 그보다 더 높은 곳이지. 하지만 멕시코고원은 땅이 넓고 한편에 호수가 있어서 농사를 지을 수 있는 데다가, 고산 기후가 나타나 날씨가 선선하기 때문에 살기가 좋단다."

"신기해요. 그렇게 높은 곳에 넓은 땅과 호수가 있고 날씨까지 좋다니……."

"흐흐. 바로 이 멕시코고원이 멀리 안데스산맥의 잉카와 더불어 아메리카의 대표 제국인 아스테카 제국의 본거지란다."

"정말요? 어떻게 저런 높은 고원 지대에서 제국이 등장할 수 있어요?"

"하하, 지금부터 바로 그 이야기를 할 참이야. 사실 아스테카 제국이 등장하기 전에도 멕

↑ **멕시코 중앙 고원의 테스코코호**
기원전부터 호수 주변에 많은 도시 국가가 생겨났어.

시코고원에는 테스코크호를 중심으로 여러 도시 국가가 있었어. 처음에 고원으로 올라온 사람들은 호수로 흘러드는 계곡물을 끌어와 농사를 짓고, 흑요석을 비롯한 귀중한 자원들을 교역하며 살았지. 그러다가 차츰 인구가 늘어나 곳곳에 도시 국가가 생기더니 기원전 100년 무렵이 되자 테오티우아칸이라는 거대한 도시 국가가 탄생했지. 보렴. 이게 바로 테오티우아칸 유적이야."

용선생이 사진을 띄우자 아이들이 감탄사를 터트렸다.

"우아, 생각보다 엄청 크다! 티칼보다 훨씬 더 큰 거 같아요."

"멕시코고원에서도 가장 오래된 도시 국가답게 테오티우아칸에는 태양 피라미드, 달 피라미드를 비롯해 바람의 신, 비의 신 등 수많은 신들에게 제사 지내던 신전이 많았어. 물론 관청도 있고, 상가도 있고, 주택도 있었지. 전성기 인구는 10만 명이나 됐대."

왕수재의 지리 사전

테스코코호 멕시코고원 해발 2,250미터 높이에 있는 얕은 호수야. 원래 서울 면적만큼 큰 호수였지만 오래전부터 사람들이 조금씩 메워서 지금은 사라졌어. 멕시코의 수도인 멕시코시티는 그렇게 메워진 호수 위에 자리 잡고 있어.

▼ **테오티우아칸 전경**
멀리 보이는 것은 태양 피라미드, 가까이 보이는 것은 달 피라미드, 가운데 쭉 뻗은 길은 '죽은 자의 길'이야.

"진짜 어마어마하네요."

"또 테오티우아칸은 교역의 중심지로도 번영을 누렸지. 근처의 멕시코고원은 물론 멀리 마야 사람들까지 이곳으로 와서 물건을 교환했거든."

"한마디로 멕시코고원의 중심 도시였던 거네요."

"응. 테오티우아칸은 철저한 계획도시였단다. 도시 한가운데 '죽은 자의 길'이 쭉 뻗어 있고, 그 길 한편에 산 자의 세계를 다스리는 태양 피라미드가 떡하니 버티고 있어. 그리고 죽은 자의 길 끄트머리에는 달 피라미드가 있지. 길 양쪽으로는 수많은 피라미드와 신전, 광장, 관공서, 귀족의 저택을 배치했어."

"히야, 멋지다! 근데 어쩌다 저렇게 무너진 유적만 남게 된 거죠?"

"정확한 이유는 모르지만, 650년 무렵부터 갑작스럽게 쇠퇴했어. 외부의 침입을 받았거나 가뭄이 들어 배고픈 사람들이 폭동을 일으켰을 것으로 추정해. 이때 사람들은 테오티우아칸을 버리고 멕시코고원 사방으로 뿔뿔이 흩어지기 시작했지. 그런데 놀라운 건 테오티우아칸이 쇠락한 후에도 멕시코고원에 사는 사람들은 이곳을 여전히 종교적 성지로 여겼다는 거야. 꼭 떠나온 고향처럼 여겼던 거지."

"먼 옛날 번영을 누렸던 우리 모두의 고향, 이런 느낌인 건가요?"

허영심의 물음에 용선생은 미소를 띠었다.

"그렇지. 그래서 테오티우아칸은 그 뒤를 이어 멕시코고원에 자리를 잡은 문명들에게 큰 영향을 끼쳤어. 테오티우아칸을 이어 멕시코고원의 주도권을 쥔 도시는 테스코코호 북쪽에 자리 잡은 툴라였단다. 툴라는 삼면이 강으로 둘러싸여 외적을 방어하기에 유리한 곳이

↑ **테오티우아칸의 신년 축제** 지금도 새해가 시작되거나 봄이 시작될 때면 많은 사람들이 테오티우아칸을 찾아 축제를 벌인대. 뒤에 보이는 것은 태양 피라미드야. 이곳 피라미드는 잔해만 남았는데, 1900년 초에 복원한 거야.

었지. 툴라를 건설한 사람들은 멕시코고원 북쪽에서 목축과 수렵을 하며 살아가던 톨테카 사람들이었어. 톨테카는 테오티우아칸이 몰락한 뒤 남쪽으로 내려와 툴라에 자리 잡고 900년에서 1150년 무렵까지 약 250년 동안 번영했어. 이들이 멕시코고원을 중심으로 이룩한 문명을 톨테카 문명이라고 해. 재미있는 건 톨테카가 무너진 뒤에도 멕시코고원의 주도권을 놓고 경쟁하던 도시들은 하나같이 자신들이야말로 톨테카의 후예라고 주장했다는 거야."

"네? 그건 왜요?"

"톨테카가 정치적으로나 종교적으로 엄청난 영향을 미쳤기 때문에, 멕시코고원 일대의 사람들은 톨테카만이 지배자가 될 수 있다고 생각했거든. 그래서 저마다 자신들이 톨테카 왕족의 후손이라는 둥,

→ 툴라 피라미드의 전사 기둥
피라미드 위의 신전 기둥이야. 전사의 모습을 새겨 놓았어.

톨테카가 믿었던 태양신이 이번에는 자신들을 지배자로 선택했다는 둥, 어떻게든 톨테카와 연결해 자신들의 정당성을 인정받으려고 했지. 톨테카의 뒤를 이어 멕시코고원의 주도권을 쥔 아스테카인들도 자신들이 톨테카의 후예라고 주장했어."

용선생의 핵심 정리

해발 2,250미터에 달하는 멕시코고원의 테스코코호를 중심으로 테오티우아칸, 톨테카, 아스테카가 차례로 주변을 지배함.

아스테카, 이웃 도시와 동맹을 맺고 거대한 제국을 건설하다

"우아~, 이게 뭐지?"

용선생이 스크린에 사진을 띄우자 아이들은 그만 입을 쩍 벌렸다.

"자, 이 도시가 바로 아스테카인이 건설한 테노치티틀란이야. 테노치티틀란은 테스코코호 남쪽에 있는 조그마한 섬에 세워진 도시란다. 원래는 주변이 온통 호수이고, 땅은 척박해서 아무도 살지 않던 섬이었지만, 아스테카인이 차지한 뒤 이렇게 거대한 도시로 키워 낸 거지."

호수 위 도시 테노치티틀란의 독특한 농사법, 치남파

▶ **테노치티틀란 상상도** 우리가 흔히 아스테카라고 부르는 도시야. 호수 가운데 있는 섬이어서 도시 곳곳에 수로를 만들고 카누를 타고 다녔어. 왼쪽의 큰 건물은 대신전이라고 부르는데, 피라미드 꼭대기에 신전이 두 개 있었지.

"에구, 왜 하필 그런 섬을……?"

"전설에 따르면 '뱀을 입에 문 독수리가 선인장 위에 앉는 땅'에 정착하라는 신의 계시를 받고 멕시코고원 일대를 헤매다가 정착하게 되었대. 그러니까 신이 정해 준 땅이라는 거야."

↑ **멕시코 국기** 가운데에 아스테카 전설에 등장하는 '뱀을 입에 문 독수리'가 그려져 있어.

"그럼 정말로 신이 정해 줄 정도로 좋은 땅이었던 건가요?"

"그건 아닐 거야. 테스코코호 주변에는 이미 여러 도시 국가가 자리 잡고 있었어. 뒤늦게 온 아스테카인은 마땅히 정착할 땅이 없었지. 그래서 아스테카인은 어쩔 수 없이 별 볼 일 없던 곳에 자리 잡고 가장 강력한 도시 국가의 용병 노릇을 하며 살았대. 그런데 웬걸, 1400년대 초가 되자 이렇게 간신히 비집고 들어왔던 아스테카인이 멕시코고원은 물론 그 주변까지 포함하는 거대한 아스테카 제국을 건설하게 된단다. 조그만 마을이었던 테노치티틀란은 인구 20만 명이나 되는 큰 도시로 성장했지. 화려하게 장식된 높다란 벽으로 둘러싸인 넓은 신전 구역에는 왕궁과 관공서, 신전과 제단, 구기장들이 들어섰어. 피라미드처럼 생긴 대신전에 두 개의 신전을 나란히 세워 각각 비의 신과 전쟁의 신을 모셨고, 신전 앞 제단에서는 산 사람의 심장을 꺼내 신

↑ **아스테카 제국의 영역과 주요 도시들**

↑ **치남파** 아스테카 사람들은 호수 얕은 곳에 사각형의 목책을 세우고 바닥에 나뭇가지와 진흙을 채워 치남파라는 밭을 만들었어. 치남파는 워낙 기름져 보통의 경작지보다 몇 배나 생산성이 높았대.

에게 바치는 인신 공양이 행해졌지. 인구가 늘어나면서 섬과 육지를 잇는 3개의 둑길을 만들어 사람들이 오갈 수 있게 했어."

"어떻게 굴러온 돌이 주인 자리를 차지한 거죠?"

장하다가 신기하다는 듯이 물었다.

"사실 아스테카 혼자 힘으로 제국을 건설한 건 아니야. 아스테카는 틀라코판과 테스코코라는 두 도시와 동맹을 맺고, 힘을 합해 다른 도시들을 정복했거든. 그리고 내친김에 태평양 연안부터 멕시코만 연안까지 아우르는 제국을 건설했던 거지. 이렇게 세 동맹 국가가 함께 만든 제국이 바로 아스테카 제국이야. 하지만 아스테카가 동맹의 대

나선애의 세계사 사전

인신 공양 사람을 제물로 바치는 것. 아스테카에서는 살아 있는 사람의 심장을 꺼내 태양신에게 바쳤대. 인신공희라고도 해.

◆ **재규어 전사와 독수리 전사**
아스테카 전사들은 재규어와 독수리 같은 맹수들의 모습을 본떠 만든 복장을 입고, 화려한 깃털로 만든 머리 장식과 망토를 둘렀어. 또 적을 죽이기보다 포로로 잡아 제물로 쓰려 했지.

장 노릇을 했기 때문에 간단히 아스테카 제국이라고 부른단다."

"그래도 아스테카가 대장 노릇을 한 거네요."

"아마도 용병으로 활약하면서 키운 막강한 군사력 덕분이었겠지. 아스테카는 이렇게 멕시코고원을 장악하고 정복한 도시에서 그 지역의 특산품과 사치품을 꼬박꼬박 공물로 받았어. 혹시라도 정해진 공물을 제때 보내지 않거나 반란을 일으킬 기미가 있으면 즉시 군대를 보내 철저히 응징했어. 그리고 사람을 잡아 와 제물로 바쳤지."

"사람을 제물로 바쳤다고요?"

"응. 아스테카인은 산 사람의 심장을 꺼내 태양신에게 바쳤어. 그래서 태양신 신전은 그야말로 피로 물든 신전이었지."

"꺅~! 그만해요!"

허영심이 비명을 질렀다.

"도대체 왜 그런 짓을 한 거죠? 노예로 삼은 것도 아니고……."

"아스테카인은 전쟁의 신이 곧 태양신이라고 여겼어. 태양은 매일 어둠과 싸워 이겨야 아침에 떠오를 수 있는데, 인간의 피를 먹고 힘을 얻는다고 믿었지. 그래서 매일 태양이 뜨게 하려면 끊임없이 인간의 피를 바쳐야 한다고 생각했어. 그런데 이런 종교적인 이유와 별도로 좀 더 현실적인 이유도 생각해 볼 수 있어. 너희들, 신아시리아 제국에서 공포 정치를 펼쳤던 거 기억하니?"

"네, 공포심을 이용해서 반란을 일으키지 못하게 했습니다."

왕수재가 기억을 떠올리며 재빨리 대답했다.

"아스테카도 마찬가지였어. 아스테카 역시 태양을 떠오르게 해 세상의 멸망을 막는다는 명분을 내세우며 인신 공양을 이용한 공포 정치를 했던 거야. '반란을 일으키면 모조리 산 채로 심장을 뽑아 인신 공양의 제물로 삼겠다.' 이거였지. 아스테카의 지배를 받는 다른 도시 사람들은 그게 무서워서라도 어지간해서는 반란을 일으킬 엄두를 낼 수 없었단다."

"핏, 그렇게 해서 얼마나 가나 보자고."

↑ **아스테카 전사와 포로들** 아스테카 전사는 포로를 많이 잡을수록 계급도 높아졌어. 그리고 이렇게 포로의 머리 꼭대기를 잡으면 포로의 기운을 자기 것으로 만들 수 있다고 생각했지.

↑ **아스테카의 토기** 아스테카의 귀족이나 사제가 사용한 토기야.

아메리카 대륙의 고대 지국들 **229**

허영심이 입술을 비죽거렸다.

"사실 아스테카의 지배를 받는 많은 도시 사람들은 이를 뿌드득뿌드득 갈았어. 워낙 아스테카의 군사력이 강하다 보니 참고 있을 뿐, 기회만 있으면 언제든지 들고일어날 판이었지. 이런 불만은 훗날 유럽인의 등장과 맞물려 아스테카 제국에 엄청난 소용돌이를 불러오게 되지. 그 이야기는 나중으로 미루고, 먼저 남쪽의 잉카 제국에 대해 살펴보기로 하자."

용선생의 핵심 정리

1400년대 초, 아스테카가 틀라코판, 테스코코와 손잡고 아스테카 제국을 건설함. 아스테카인은 태양신을 섬기고 인신 공양을 함.

남아메리카에서 여러 문명이 발달하다

"남아메리카의 문명 중심지는 대략 세 군데였어. 첫 번째는 오늘날 페루 북부의 해안 지역이야. 이곳은 예전에 배웠던 모체 문명이 탄생한 지역이기도 하지. 이 외에도 차빈, 치무 같은 도시 문명이 발달한 곳이었어. 두 번째는 약간 남쪽에 있는 안데스산맥 중부 고원 지대야. 해발 2,700미터 남짓 되는 고원에 자리 잡은 와리라는 도시가 중심지였단다. 마지막으로 세 번째는 남쪽의 안데스산맥 높은 곳에 있는 티티카카호 주변이야. 이곳에는 티와나쿠라는 도시가 있었단다. 잉카 제국은 바로 이 세 지역을 통합한 나라지. 그래서 잉카 제국을

알려면 먼저 이 세 곳을 좀 더 자세히 살펴볼 필요가 있어. 자, 시작해 볼까?"

용선생의 말에 곽두기가 밝게 호응했다.

"좋아요, 헤헤."

"먼저 페루 북부의 해안 지역. 사실 이곳은 세계에서 손꼽히는 황금 어장이야. 또 가까운 계곡에서 물을 끌어와 농사도 어느 정도 지을 수 있었지. 이런 자연환경을 바탕으로 100년 무렵부터 700년까지 약 600년 동안 모체 문명이 번성하다가 사라졌단다. 혹시 기억하니?"

"그 예쁜 토기를 만든 문명 말씀하시는 거죠?"

"흐흐. 맞아. 모체 문명이 무너지고 약 200년이 흐른 900년쯤에는 치무라는 나라가 나타나 이 지역을 장악했어. 1400년 무렵에 치무는 페루 해안을 따라 1,000킬로미터가 넘는 넓은 지역을 차지하며 안데스산맥 북부의 강대국으로 성장했단다."

"어, 그럼 다른 나라들은요?"

허영심의 질문에 용선생이 싱긋 웃어 보였다.

"그럼 다음은 와리를 살펴보자. 와리는 남북으로 길게 뻗은 안데스산맥 가운데쯤에 있는 넓은 고원에 자리 잡은 도시야. 500년 무렵에 등장해 세력을 계속 넓히다가 900년쯤에 안데스 지역에서 가장 강력한 티와나쿠와 맞먹을 정도의 큰 세력으로 발전했지. 와리는 여러가지 방법으로 세력을 키워 나갔어. 전쟁을 벌였다는 얘기도 있고, 황

↑ 잉카 등장 이전의 남아메리카 주요 문명

아메리카 대륙의 고대 제국들 **231**

▲ **찬찬 유적지** 찬찬에서는 햇볕에 말린 진흙으로 건물을 지었어. 비가 거의 오지 않는 지역이라 무너질 염려는 없었대.

무지를 개간하거나 종교 전파를 통해 평화적으로 영향력을 넓혔다는 얘기도 있지."

"티와나쿠? 그럼 티와나쿠도 그렇게 컸어요?"

"그렇단다. 티와나쿠는 높이가 무려 해발 3,810미터나 되는 티티카카호 인근에 자리 잡은 도시야."

"해발 3,810미터라고요? 그게 정말이에요?"

아이들은 깜짝 놀라 입을 쫙 벌렸다.

"그럼, 정말이고말고. 티티카카호는 세계에서 가장 높은 곳에 있는 호수야. 수심이 280미터, 면적은 서울의 14배나 되지. 또, 테스코코호와 달리 민물 호수여서 마실 수도 있고 농사에 이용할 수도 있었어. 사람들은 호수 주변에서 농사를 짓고, 구릉지의 풀밭에서 야마나 알파카 같은 가축을 기르며 살았단다. 티와나쿠 인근에는 큰 계곡이 있어서 농사를 짓기에 좋을 뿐 아니라, 근처에 흑요석 산지가 있어서 교역의 중심지로 성장할 수 있었지."

"히야, 남아 있는 유적만 봐도 규모가 장난 아닌걸요."

사진을 보며 왕수재가 말했다.

"그럼. 티와나쿠는 기원전 300년대에 만들어졌고, 기원후 700년 무렵에서 900년 무렵에 주변 지역을 지

↑ 야마와 알파카
둘 다 안데스산맥의 고산 지대에 살아. 알파카는 주로 털을 이용하고, 야마는 힘이 좋아 운송용으로 이용해.

↑ 티와나쿠의 칼라사사야 신전 반지하에 있는 신전이야. 훗날 유럽 사람들이 건물을 짓느라 돌을 떼어 가는 바람에 심하게 훼손되었어.

배하며 전성기를 누렸어. 그때 티와나쿠의 인구가 3만 명 정도였어. 자, 이렇게 안데스산맥에서 문명이 발달했던 세 지역을 차례로 살펴보았어."

"그럼 이제 잉카 제국을 배울 차례인가요?"

용선생의 핵심 정리

남아메리카에서는 페루 북부 해안 지역, 안데스고원 지역, 안데스산맥 높은 곳에 있는 해발 3,810미터의 티티카카호 주변에서 여러 문명이 발달함.

↓ **티티카카호의 우로스 마을** 티티카카호는 남아메리카에서 제일 크고 제일 높은 곳에 있는 민물 호수야. 이곳 사람들은 고기잡이와 농사로 삶을 꾸려 가고 있어.

남아메리카 최강의 제국 잉카

"와리에서 안데스산맥을 따라 남쪽으로 한참 내려가면 해발 3,400미터쯤 되는 고원이 있어. 이곳에 바로 잉카 제국의 수도인 쿠스코가 세워졌지. 잉카 사람들은 여기에 정착해 세력을 기른 뒤 남쪽의 티티카카호 주변과 북쪽의 와리, 더 멀리로는 지금의 에콰도르까지 정복해 무려 4,000킬로미터에 이르는 안데스고원 전체를 지배하는 거대한 제국을 건설하게 된단다."

"잉카인은 어쩌다가 거기에 살게 된 거예요?"

"잉카인을 이곳으로 이끈 사람은 망코 카팍이라는 지도자였어. 건국 신화에 따르면 우라코차 신이 망코 카팍에게 '황금 지팡이가 가장 깊이 박히는 곳에 도시를 세워라!'라고 명령했대. 망코 카팍은 부족과 함께 곳곳을 돌아다니다가 쿠스코에 도착했는데, 지팡이를 꽂아 봤더니 지팡이가 쑥 들어가더래. 그래서 이곳에 도시를 짓고 정착하게 되었다, 이런 얘기지."

"그럼 잉카인도 신의 명령에 따른 거네요?"

"쿠스코에는 두 개의 강 사이에 자리 잡은 습지가 있어서 좁다랗지만 비옥했지. 말하자면 농사짓기 좋은 땅이었어. 망코 카팍이 자리를 잡은 이후 쿠스코는 잉카인

▶ **망코 카팍의 등상** 쿠스코에 서 있는 망코 카팍의 동상이야. 손에 황금 지팡이를 들고 있어.

의 고향이 되었어."

"아스테카인은 '뱀을 문 독수리가 선인장에 내려앉는 곳', 잉카인은 '황금 지팡이가 가장 깊이 박히는 곳'에 정착했다? 어째 내용이 비슷하지 않아요?"

나선애의 말에 다른 아이들도 덩달아 고개를 끄덕였다.

"맞아, 왠지 비슷해."

용선생이 아이들의 말을 받았다.

"두 이야기 사이에는 공통점이 있어. 신의 명령으로 정착할 곳을 정했다는 거야. 그 땅들은 주인이 없었지만, 땀을 흘려 개간하면 농사를 지을 수 있는 비옥한 땅이었어. 덕분에 훗날 제국의 수도로 환골탈태할 수 있었지. 아스테카인과 잉카인은 아마 자신들의 고향에

곽두기의 국어 사전

환골탈태 바꿀 환(換) 뼈 골(骨) 빼앗을 탈(奪) 탯줄 태(胎). 뼈를 바꾸고 탯줄을 빼앗는다는 뜻으로, 좋은 방향으로 완전히 다르게 변했을 때 쓰는 말이야.

대한 자부심을 그렇게 전설로 구며 냈을 거야."

"잉카인을 인도해 준 위라코차는 어떤 신이에요?"

"위라코차는 티티카카호 지역에 살던 사람들이 섬기던 창조신이었어. 티와나쿠에도 위라코차를 섬기는 신전이 여럿 있었지."

"어? 근데 왜 자기네 신도 아닌 신이 건국 신화에 등장해요?"

"사실 잉카인들은 스스로를 태양신의 후예로 여겼어. 당연히 태양신을 더 중요하게 여겼지. 하지만 티티카카호 지역으로 팽창하면서 그 지역 사람들을 포용하려고 위라코차 신 역시 받아들여 중요한 신으로 섬기기 시작했대. 잉카 제국이 팽창할수록 창조신 위라코차의 위상도 함께 올라갔고, 마침내 건국 신화에도 등장하게 된 거지."

"아하, 그러니까 주변 부족들이 복종하도록 하기 위한 고도의 전략이었던 거군요."

왕수재가 이제야 알겠다는 듯 고개를 끄덕였다.

"그런 셈이지. 잉카 제국이 남아메리카 최강국으로 우뚝 선 건 파차쿠티왕이 다스리던 1400년대 중반이었어. 안데스산맥에 자리 잡

장하다의 인물 사전

파차쿠티왕 잉카 제국 제9대 왕으로 영토를 넓히고 각종 제도를 정비해 잉카 제국의 기틀을 닦았어.

◀ **칼라사사야 신전의 위라코차 석상**
'태양의 문'에 새겨 놓은 위라코차. 티와나쿠의 칼라사사야 신전에 있어.

은 여러 나라 중에 하나였던 잉카는 파차쿠티왕 때 급격하게 팽창하기 시작한단다. 급기야 또 다른 강국이었던 안데스산맥 북부의 치무 왕국을 정복하고, 남쪽으로도 계속 정복 전쟁을 펼쳐 인구가 1,600만 명이 넘는 거대한 제국을 건설했지. 파차쿠티는 정복한 지역에 총독을 보내고, 제국의 곳곳을 잇는 길을 닦았어. 또 정복지의 주민들을 <u>분산</u>시켜 반란을 막는 등 제국의 기틀을 다졌지. 파차쿠티의 뛰어난 업적 덕분에 잉카는 남아메리카의 독보적인 강국으로 안정을 누리게 돼. 잉카인들은 자신들의 나라를 '타완틴수유'라고 불렀지."

곽두기의 국어 사전

분산 나눌 분(分) 흩을 산(散). 즉 나누어 여기저기 흩어 놓는다는 뜻이야.

"타완틴…… 뭐요? 그럼 잉카는 뭔데요?"

"잉카는 나라 이름이 아니라 잉카 제국의 지배자를 부르는 호칭이야. 우리말로 황제나 왕쯤 되지. 훗날 이곳에 온 유럽 사람들은 원주민들이 잉카, 잉카 하는 소리를 듣고 이 나라를 '잉카 제국'이라고 불렀는데, 그게 그대로 굳어진 거야."

"그래도 전 잉카 제국이라고 부를래요. 타완틴…… 어쩌고 하는 이름은 너무 어려워요."

"어차피 그렇게 굳어졌으니까 잉카 제국이라고 부르렴. 하지만 타완틴수유가 무슨 뜻인지는 궁금하지 않니?"

"거기에도 무슨 뜻이 있어요?"

"그럼, 있지. 잉카 제국은 크게 4개의 구역으로 나뉘어 있었는데, 그렇게 나누어진 각 구역을 수유라고 해. 타완틴수유는 '4개의 수유'라는 뜻이란다."

"복잡해 보이는 말인데 의외로 쉽네요."

"그렇지? 그럼 우리 잉카 제국 사람들이 어떻게 살았는지도 좀 알아볼까?"

"네, 좋아요."

"잉카 사람들은 같은 조상을 둔 후손이 한곳에 모여 마을을 이루고 살았어. 이걸 '아이유'라고 부르지. 아이유에서는 농사짓는 땅도 공동으로 소유하고 세금도 공동으로 냈어. 경작할 토지를 나눠 준다든지 노역을 나누어 시키는 일은 각 아이유의 지도자가 모두 알아서 처리했어. 지도자는 아이유 사람들이 회의를 열어서 뽑았지. 그런데 잉카 제국은 땅이 넓고 사람도 많이 살았으니까, 아이유도 많았겠지? 그래서 각 아이유의 지도자가 모여서 더 높은 수장을 선출했단다. 더 높은 수장은 황제가 임명한 관리의 통제를 받았지. 이렇게 잘 조직된 잉카 제국의 제일 꼭대기에 잉카, 즉 황제가 있었어."

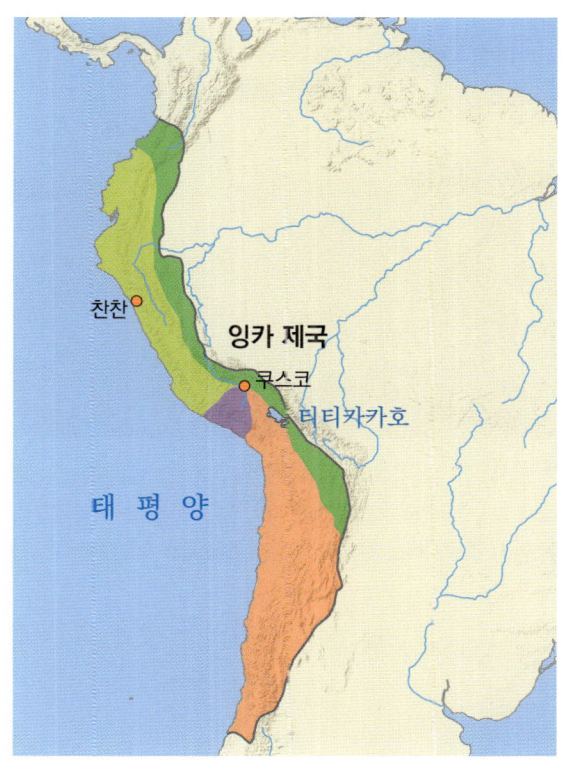

↑ 잉카 제국과 4개의 수유 잉카는 넓은 영토를 통치하기 쉽게 4개로 나누었어.

"우아, 의외로 조직이 탄탄한 나라였네요."

"그렇단다. 잉카는 철저하게 통제된 사회였어. 심지어 누구도 다른 사람들보다 땅이나 재산을 더 많이 가질 수 없을 정도였어. 아이유의 우두머리가 모든 재산을 관리하여 아이유 단위로 생활했기 때문이지. 그래서 잉카에서는 황족과 귀족들 말고는 모든 백성이 완전히 평등했대. 또 한 가지 특이한 건 늙거나 병들어서 일을 못 하는 사람도 끝까지 보호해 줬다는 거야. 아이유에서 공동으로 이런 사람을 돌보

아메리카 대륙의 고대 제국들

▲ **쿠스코의 12각석** 가운데에 있는 큰 돌은 모서리가 12개나 된다고 해서 12각석이라는 이름이 붙었어. 잉카 사람들은 이렇게 거대한 바위를 마치 가위질하듯 정교하게 잘라 건축물을 지었단다.

앉기 때문이란다."

"아까 아이유의 지도자가 노역을 나눠서 시킨다고 했잖아요. 노역에 나가면 무슨 일을 하는 거예요?"

"황제 소유의 땅에서 농사를 짓거나 황제에게 바칠 물건을 만들었어. 또 결혼한 남자는 새로 길을 내거나 보수하는 일, 건물을 짓는 일에 의무적으로 참여해야 했지."

"아휴, 힘들겠다. 자기 농사 지으랴, 아이유 공동 소유지에서 일하랴, 황제 땅에서 일하랴, 거기다 공사까지, 쩝."

"응. 그래서 잉카에서는 도둑질, 거짓말과 함께 게으름을 가장 큰 죄로 취급했대. 게으른 사람은 도저히 살아남을 수 없었지."

"그런데 이 큰 나라를 어떻게 다스린 거죠? 정복당한 부족이 반란을 일으키려고 할 텐데?"

"흐흐, 맞아. 잉카 제국 안에는 언어와 풍습이 다른 수많은 부족이 살고 있었어. 잉카 황제들은 이 수많은 부족을 통합하기 위해 많은 고심을 했단다. 그래서 내놓은 해결책이 교육이었어. 잉카 제국은 일단 새로 땅을 정복하면 관리를 보내 잉카인의 언어와 종교, 풍습을 가르쳤어. 또 각 부족 지배자의 자식을 쿠스코로 데려와 공부하게 했지. 이렇게 하면 정복지 지배자의 자식을 볼모로 잡은 셈이어서 반란을 예방할 수 있었단다. 그런데 이보다 더 중요한 건 바로 길이었어. 잉카 제국은 쿠스코와 제국 전역을 촘촘하게 연결하는 길을 만들었어. 왕명을 비롯해 중요한 소식을 전하고, 여차하면 빠르게 군대를 보내기 위해서였지."

"길이라고요? 길이라면 다른 제국도 다 건설했잖아요."

"그런데 말이다. 잉카 제국이 있는 안데스산맥은 평균 해발 4,000미터가 넘는 험준한 산지야. 그래서 절벽 옆으로 길을 내는 것은 물론, 계곡 사이에는 아슬아슬한 구름다리를 놓아야 했어. 이런 악조건 속에서도 잉카인은 악착같이 길을 만들었어. 그 결과 쿠스코에서 2,000킬로미터나 떨어진 제국의 북쪽 끝까지 딱 열흘이면 황제의 명령이 전달될 수 있었대."

↓ **잉카의 구름다리** 계곡에는 이렇게 새끼줄을 꼬아서 구름다리를 놓았는데, 구름다리는 해마다 새끼줄을 교체하며 철저히 관리했지.

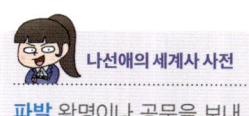

나선애의 세계사 사전

파발 왕명이나 공문을 보내기 위해 나라 곳곳에 마련한 역참을 말해.

"가만, 열흘에 2,000킬로미터면 하루에 200킬로미터! 어떻게 하루에 200킬로미터를 갈 수가 있지?"

장하다가 도저히 못 믿겠다는 듯이 되물었다.

"호호. 그건 잉카 제국의 독특한 파발 제도 덕분이었단다. 잉카 제국에서는 모든 도로에 1~2킬로미터마다 역참을 설치해 파발꾼들을 대기시켰어. 왕명이 바통이라고 하자. 출발지는 쿠스코의 왕궁이야. 여기서부터 역참과 역참 사이에 계속 바통을 넘기는 이어달리기를 하는 거지. 파발꾼은 100미터 달리기를 하듯이 뛰어 다음 파발꾼에게 바통을 넘기고, 그 사람은 다시 그다음 사람에게 바통을 넘기고, 이렇게 릴레이 방식으로 하루에 200킬로미터 이상씩 바통을 전달한 거야."

"아휴, 파발꾼은 정말 힘들었겠다. 보나 마나 하층민이 그 생고생을 도맡았겠죠?"

허영심이 입술을 비죽이며 말하자 용선생은 강하게 도리질을 했다.

"천만에. 오히려 귀족 자제가 도맡았는걸."

"귀족 자제들이 뭣 하러 그렇게 힘든 일을 해요?"

"황제의 명령을 전하는 중요한 역할을 하는 거잖아. 그러니까 아무나 할 수가 없는 일이지. 황제가 믿을 만한 집안의 사람이어야 하니까. 또 체력도 뛰어나야

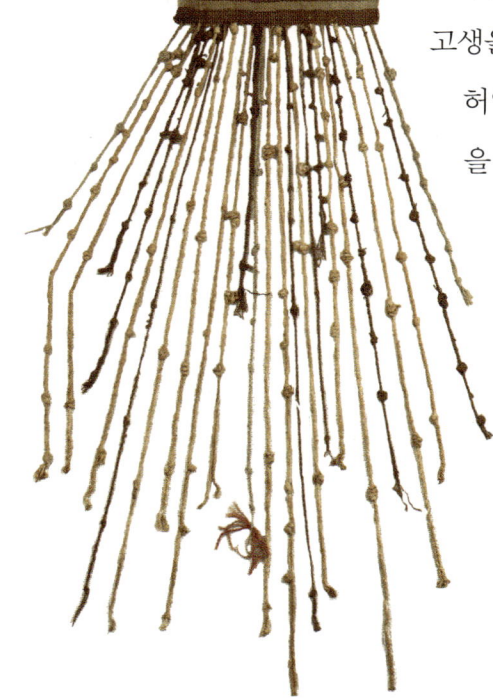

← **잉카인이 사용했던 매듭 문자 키푸**
매듭의 크기, 수, 색깔 등으로 여러 가지 정보를 표현할 수 있었단다.

해서 귀족 자제 중에서도 어릴 때 선발해서 훈련시켰어."

"이야. 잉카 제국, 생각할수록 진짜 치밀했군요."

나선애가 고개를 절레절레 흔들었다.

"이렇게 치밀한 제도 덕택에 잉카는 1500년대에 이르러 사실상 안데스산맥 전역을 통일했어. 그런데 바로 이때, 잉카 제국에 뜻밖의 파란을 몰고 오는 사건이 터지고 말았어."

"뜻밖의 파란? 그게 뭔데요?"

파란 물결 파(波) 물결 란(瀾). 일을 순탄하지 못하게 만드는 큰 어려움이나 시련을 말해.

아메리카 대륙의 고대 제국들 **243**

장하다가 눈을 반짝였다.

"원정을 떠나 있던 왕이 그만 그곳에서 전염병에 걸려 죽은 거야. 아직 후계자도 정하기 전에 갑작스레 벌어진 일이었지. 그러다 보니 두 아들 사이에 왕위 계승 전쟁이 벌어졌어."

"뭐, 왕자들 간에 왕위 계승 전쟁이야 흔한 일이잖아요."

왕수재가 팔짱을 낀 채 가볍게 툭 내뱉었다. 하지만 용선생의 표정은 자못 무겁기만 했다.

"문제는 그때, 하필 그때 바다 건너에서 무서운 적들이 나타났다는 거지."

"하필 그때라뇨? 그때 무슨 일이 있었는데요?"

"대서양 저편의 에스파냐 정복자들이 잉카 제국의 턱밑까지 와 있었거든. 자, 얘들아. 오늘은 여기까지만 하자꾸나. 다음에 무슨 일이 벌어지는지는 에스파냐가 어쩌다가 아메리카 대륙으로 향했는지를 공부한 뒤에 알아봐야 하거든."

잔뜩 겁을 먹었던 아이들이 용선생의 말에 고개를 끄덕였다.

"네에~ 알겠습니다!"

 **용선생의 핵심 정리**

1400년대 초, 해발 3,400미터나 되는 안데스고원의 쿠스코를 중심으로 잉카 제국이 건설됨. 1500년대에는 안데스고원 전역을 통일함.

나선애의 **정리노트**

1. ### 마야 문명
   - 기원전 1200년 무렵부터 소규모 도시들이 생성
   - 기원후 250년 무렵부터 티칼, 코판 등 융성 → 고도로 발달한 천문학, 정교한 달력, 고유의 문자 등을 토대로 신정 정치를 펼침. → 700년 무렵 갑자기 쇠퇴

2. ### 멕시코고원의 문명
   - 테오티우아칸: 기원전 100년 무렵에 테스코코호 인근에 건설됨.
     → 멕시코고원의 중심지이자 교역 중심지로 번성함.
   - 톨테카: 900년에서 1150년 무렵. 테오티우아칸에 이어 번영을 누림.
     → 이후 많은 도시 문명에 영향을 줌.
   - 아스테카: 테스코코호에 테노치티틀란을 건설하고, 인근 도시와 동맹을 맺음.
     → 정복 전쟁으로 드넓은 제국 건설 → 테노치티틀란은 제국의 물산이 모여드는 큰 도시로 성장하여 번영을 이루어냄.

3. ### 남아메리카의 문명
   - 페루 북부 해안 지역, 안데스고원 지역, 안데스산맥 높은 곳에 위치한 티티카카호 주변에서 여러 문명이 발달함.
   - 잉카 제국: 안데스고원 지대의 쿠스코를 중심으로 등장 → 파차쿠티왕이 다스리던 1400년대 중반에 광대한 제국으로 발전 → 태양신 숭배, 건축 기술과 도로 건설 기술 발달

세계사 퀴즈 달인을 찾아라!

1 빈칸에 들어갈 알맞은 말을 써 보자.

마야의 왕들은 신과 소통하는 사제였기 때문에 왕의 뜻은 곧 신의 뜻이었다. 이렇게 신의 대리인으로서의 지위를 내세워 다스리는 것을 ○○ 정치라고 한다.

(   )

2 다음 중 서로 관련 있는 것들을 바르게 연결해 보자.

① 마야 ・　　　　・ ㉠ 쿠스코
② 아스테카 ・　　・ ㉡ 종교 달력
③ 잉카 ・　　　　・ ㉢ 테노치티틀란

3 다음 그림과 설명을 보고 빈칸에 들어갈 알맞은 말을 써 보자.

아스테카 사람들은 호수 얕은 곳에 사각형의 목책을 세우고 바닥에 나뭇가지와 진흙을 채워 ○○○라는 밭을 만들었어. 이 밭은 워낙 기름져 보통의 경작지보다 몇 배나 생산성이 높았대.

(   )

4 잉카 제국에 대한 설명으로 알맞은 단어를 골라 보자.

o 잉카 제국의 수도는 (쿠스코 / 툴라)야.

o 잉카 제국은 해발 4,000미터의 (안데스산맥 / 히말라야산맥)의 험한 산지에 자리 잡고 있었어.

o (키푸 / 팔렝케)는 잉카인들이 매듭의 수나 모양으로 숫자와 문자를 나타낸 것이다.

5 아스테카 제국에 대한 설명으로 알맞은 것에 ○표, 알맞지 않은 것에 X표 해 보자.

o 테노치티틀란을 건설하고 드넓은 제국을 세웠어. ( )

o 공포 정치 대신 정복 지역을 포용하는 정책을 펼쳤어. ( )

o 톨테카의 뒤를 이어 멕시코고원 지역의 주도권을 차지했어. ( )

 정답은 328쪽에서 확인하세요!

달인 트로피

용선생 세계사 카페

《포폴 부》와 마야인의 세계 창조 설화

《포폴 부》는 오늘날의 과테말라 지역에서 전해 내려오던 마야의 세계 창조 설화를 기록한 책이야. 1550년대에 마야어로 기록된 작품이지만 원문은 없어졌어. 지금 전하는 책은 1700년대에 옮겨 적은 필사본이야.

신이 세상을 창조하다

땅이 만들어지기 전, 세상에는 광활한 하늘과 바다만 있었어. 그 깊은 고요함 속에서 깃털 달린 뱀인 쿠쿠마츠와 하늘의 심장인 우라칸이라는 두 창조신이 앞으로 세상을 어떻게 만들지 의논했지. 두 신이 의논을 나누고 나자 세상은 하나둘씩 모습을 갖춰 가기 시작했어. 신들이 '땅'이라고 하자 물속에서 땅이 솟구쳐 올랐고, 재규어, 뱀, 새, 사슴 등 짐승의 이름을 말하자 그 짐승들이 뛰어다니기 시작했지. 그런데 짐승들은 말을 할 줄 몰랐기 때문에 세상을 창조한 신들에게 기도를 올릴 수도 없고, 신들의 이름을 부르며 섬길 수도 없었어. 그래서 신들은 자신들을 섬길 인간을 만들기로 했어. 신들은 진흙과 나무를 재료로 삼아 인간들을 만들었어. 하지만 진흙과 나무로 만든 인간은 너무 나약했지. 게다가 감정을 가지고 있지 않아 신들을 섬기지 못했단다. 그래서

▼ 인간을 창조하는 신들

▲ 세상의 창조를 의논하는 두 신

신들은 대홍수를 일으켜 이들을 세상에서 쓸어버렸어. 신들은 새로운 인간을 만들기 위해 짐승들을 시켜 산에서 노란 옥수수와 하얀 옥수수를 가져오게 해, 이 옥수수를 갈아 가루로 만든 뒤 반죽해서 4명의 인간을 빚었지. 이게 바로 인간의 탄생이었단다.

옥수수 인간이 번성하다

옥수수로 만든 인간들은 진흙과 나무로 만든 인간들보다 재주가 뛰어나고 총명했어. 게다가 신들을 섬길 줄도 알았지. 신들은 크게 기뻐하며 이들에게 짝을 지어 주었어. 이후 세상에는 인간들이 번성하게 되었다고 하는구나.

마야인은 대부분 이 이야기와 엇비슷한 창조 설화를 가지고 있단다. 이 이야기를 통해 마야 사람들에게 옥수수가 얼마나 중요한 작물이었는지 알 수 있어. 마야인은 옥수수를 경작함으로써 농경 사회를 이루었고, 정치와 문화를 발달시켰지. 그래서 마야 문명을 가리켜 '옥수수 문명'이라고 부르기도 해.

| 용선생 세계사 카페 |

세상을 창조한 깃털 달린 뱀

마야와 아스테카 사람들은 셀 수 없이 많은 신들을 모셨어. 하늘의 신, 비의 신, 옥수수의 신, 전쟁의 신 등등 성격이나 모습도 매우 다양했지.

하지만 수많은 신들 중에서도 단연코 가장 중요한 신은 '깃털 달린 뱀'이었단다. 깃털 달린 뱀은 세상을 창조한 신이자 생명의 신, 지혜의 신, 바람의 신으로 숭배되었어.

지역과 시대에 따라 깃털 달린 뱀을 부르는 이름은 조금씩 달라. 오늘날의 과테말라에 살던 마야인은 쿠쿠마츠, 유카탄반도에 살던 마야인은 쿠쿨칸이라고 불렀어. 또 이후에 등장한 톨테카와 아스테카인은 케찰코아틀이라고 불렀지. 오늘날 마야와 아스테카, 톨테카 유적에서는 깃털 달린 뱀의 모습을 쉽게 찾아볼 수 있단다.

◀ **케찰코아틀** 세상을 창조한 신이자 생명의 신, 지혜의 신, 바람의 신이기도 했어.

▲ **치첸이트사의 깃털 달린 뱀** 쿠쿨칸이라고 불렀어.

▲ **소치칼코 신전에 새겨진 깃털 달린 뱀**

↑ 테오티우아칸의 깃털 달린 뱀 양옆은 비의 신 틀랄록이야.

케찰코아틀의 전설과 유럽인

톨테카에 토필친이라는 위대한 왕이 있었다. 토필친은 케찰코아틀을 숭배하는 왕으로 선정을 베풀었고, 백성들은 '토필친 케찰코아틀'이라 부르며 이 왕을 따랐다. 그런데 토필친왕이 인신 공양을 금지하려고 하자 전쟁의 신을 숭배하는 사람들이 반발해서 싸우게 되었다. 불행히도 이 전쟁에서 토필친은 패했고, 언젠가 돌아오겠다는 말을 남긴 채 동쪽으로 사라졌다.

아스테카 제국이 들어서기 오래전부터 멕시코에는 이런 전설이 전해 내려왔어. 그래서 훗날 에스파냐 정복자 코르테스가 아메리카에 왔을 때 아스테카의 목테수마왕은 토필친왕이 돌아온 것은 아닐까 의심했어. 전설에서 케찰코아틀의 상징 색이 하얀색이었는데, 코르테스도 피부가 하얀 백인이었거든. 물론 이내 코르테스가 낯선 사람이고, 침략자라는 사실을 알았지만 말이야. 이렇게 전설은 현실을 잘못 해석하게 만들기도 했단다.

6교시

유목민과 한족이 융합되는 위진 남북조 시대

한나라가 무너진 뒤 중국에는 또다시
분열과 혼란의 시대가 찾아왔어.
그리고 그 혼란이 수습되자 자욱한 먼지 속에서
새로운 모습의 중국이 나타났지.
도대체 중국이 어떻게 달라졌는지 한번 들여다볼까?

184년	220년	304년	439년	493년	523년	534년
황건적의 난	후한 멸망, 삼국 시대 시작	5호 16국 시대 시작	북위, 화베이 지역 통일. 남북조 시대 시작	효문제, 뤄양으로 천도	육진의 난	북위가 동위와 서위로 분열됨

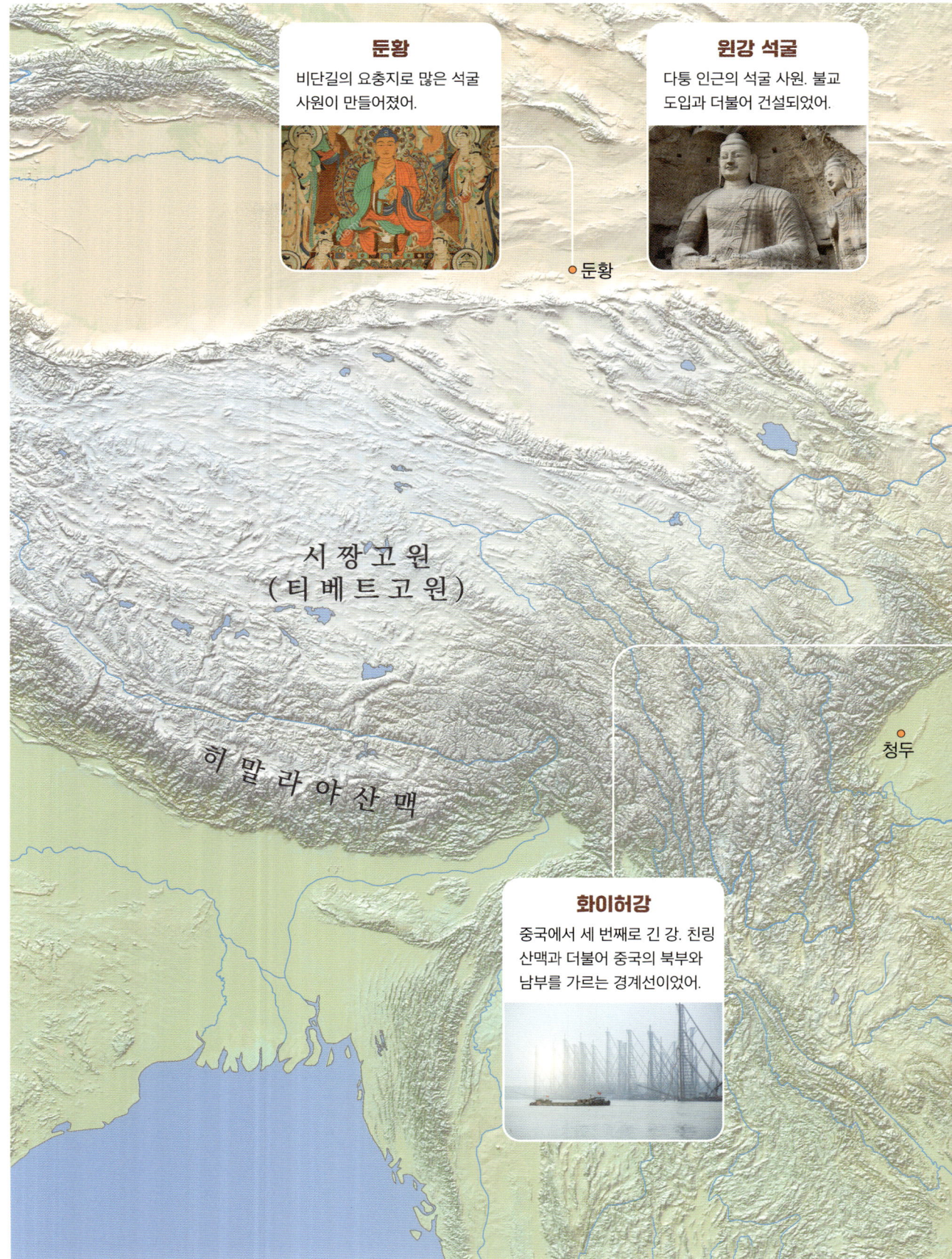

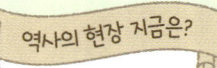

북조의 중심지였던 산시성(산서성)의 오늘

산시성은 인구 3,500만에 면적은 우리나라의 1.5배쯤 되는 거대한 지역이야. 북에서 남으로 흐르는 황허강, 최고 높이 3,000미터에 이르는 타이항산맥을 각각 서쪽과 동쪽의 경계로 삼고 있지. 산시성은 예로부터 북방 유목민과 한족 사이의 경계 지대 역할을 해 왔어.

↑ 오늘날 타이위안의 모습

산시성의 중심지 타이위안

산시성의 중심지인 타이위안은 산시성의 정중앙, 드넓은 고원 지대에 자리 잡고 있어. 타이위안은 '매우 넓은 들판'이라는 뜻이지. 오늘날 타이위안은 인구 320만의 대도시이자, 수도 베이징과 중국의 내륙을 잇는 교통 요충지이기도 해.

오랜 역사를 가진 도시 다퉁

산시성 제2의 도시인 다퉁은 산시성 북쪽 끝자락에 자리 잡고 있어 수천 년 동안 농경민과 유목민 사이에 쟁탈전이 벌어졌던 곳이야. 북조를 통일한 북위의 수도였고, 오늘날에는 중국 석탄 산업의 중심지로 이름을 날리고 있단다. 전 세계 화엄종의 본산으로 일컬어지는 화엄사 너머로 멀리 다퉁의 신시가지가 보여.

▲ 세계 화엄종의 본산인 다퉁의 화엄사

중국의 그랜드캐니언 타이항산맥

산시성의 동쪽 경계를 이루는 최고 3,000미터 높이의 험준한 산맥이야. '산시'란 이름은 산의 서쪽이라는 뜻인데, 그 산이 바로 타이항산맥이지. 남북으로 길이가 2,600킬로미터에 이르는 산맥을 따라 장대한 협곡들이 즐비해 중국의 그랜드캐니언으로 불리기도 해.

➡ 중국 3대 폭포 중 하나인 후커우 폭포
거대한 물줄기를 이룬 황허강이 50미터의 벼랑 아래로 쏟아져 내리는 모습이 장관을 연출하지.

산시성의 이모저모

산시성은 동아시아 최초로 면 요리를 만든 곳이기도 해. 특히 밀가루 반죽을 얇은 철판으로 잘라 끓는 물에 바로 넣어 익혀 먹는 도삭면은 산시성의 별미이지. 또 건강에 좋은 식초를 만드는 곳이기도 해. 산시성 사람들은 식사 전에 식초 한 잔을 꼭 마실 정도로 식초를 사랑한다는구나. 산시성은 풍부한 석탄 자원을 바탕으로 중국 중공업 발전에 앞장섰지만, 최근에는 환경 오염 때문에 골머리를 앓고 있대.

▲ **전통 방식으로 만드는 식초** 과일, 옥수수 등 다양한 재료를 숙성시켜 만든 산시성의 식초는 중국 최고의 명품으로 꼽혀.

◀ **도삭면을 만드는 모습**
요즘에는 귀엽게 생긴 로봇이 만든 도삭면을 팔기도 해.

◀ **연기를 내뿜는 공장들**
낡은 공장에서 뿜어내는 시커먼 연기는 환경 오염의 주범으로 큰 사회 문제가 되고 있어.

259

황건적의 난을 계기로 삼국 시대가 펼쳐지다

푸른 하늘이 죽었으니 누런 하늘이 일어서리라.

용선생은 다짜고짜 칠판에 커다랗게 수수께끼 같은 문장을 적었다.
"저게 무슨 뜻이지? 푸른 하늘은 뭐고 누런 하늘은 뭐야?"
아이들은 서로 얼굴을 쳐다보며 고개를 갸웃거렸다.
"흐흐. 이건 후한 말에 일어난 황건적의 난의 구호란다. 푸른 하늘은 후한, 누런 하늘은 자신들이 세울 새로운 세상을 뜻해. 그러니까 이 말은 곧 후한이 망하고 새로운 세상이 올 거라는 뜻이지."
"오, 왠지 좀 으스스한걸요."
"180년 무렵 후한은 탐관오리들의 수탈과 지방 호족들의 횡포, 여

황건적의 난 후한 말기에 일어난 중국 역사상 최대의 농민 반란이야. 반란군이 머리에 누런 수건을 둘렀다고 해서 황건적의 난이라고 불러.

곽두기의 국어사전

탐관오리 탐할 탐(貪) 관리 관(官) 더러울 오(汚) 아전 리(吏). 탐욕스럽고 부정을 일삼는 벼슬아치란 뜻이야.

기에 기근까지 겹쳐 백성들이 도저히 살아갈 수가 없었어. 이런 상황에서 태평도라는 민간 신앙이 빠르게 퍼져 나갔는데, 황건적의 난은 바로 태평도의 교주 장각이 일으킨 농민 반란이었어."

"에구, 얼마나 살기가 힘들었으면, 쯧."

"급격히 세력을 불린 황건적은 뤄양으로 향했고, 관군들은 추풍낙엽처럼 나가떨어졌

↑ 황건적의 난 상상화

지. 그러자 다급해진 조정에서는 위험한 카드를 꺼내고 말았어. 지방 관리와 호족들에게 자체적으로 군사를 모아 황건적에 맞서도록 허락한 거야."

"그게 왜 위험하죠?"

나선애가 고개를 갸우뚱했다.

"지방 호족이 자체적으로 모집한 군대는 반란의 씨앗이 될 수 있거든. 정상적이라면 호족들이 사병을 모은다는 사실만으로도 반란군으로 몰릴 수도 있었지."

"옛날 춘추 전국 시대 제후들처럼 황제에게 반기를 들까 봐 그런 거죠?"

"그렇단다. 그런데 워낙 상황이 다급해서 어쩔 수가 없었던 거야. 지방 세력들은 기다렸다는 듯이 자기 돈으로 군사를 모아 황건적 진압에 나섰고, 마침내 황건적을 진압하는 데 성공했어. 문제는 그다음이었어. 예상대로 강한 호족 세력들이 사병을 이용해 서로 싸움을 벌이기 시작한 거야. 대표적인 인물이 조조, 유비, 원소, 손권 같은 이들이

유목민과 한족이 융합되는 위진 남북조 시대 **261**

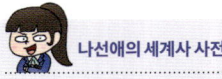

나선애의 세계사 사전

《삼국지》 지금 우리가 알고 있는 《삼국지》는 1300년대 명나라 초에 살았던 나관중이라는 사람이 쓴 《삼국지연의》라는 소설이야. 반면 진나라의 진수라는 사람이 지은 《삼국지》는 당시의 역사를 기록한 역사책이야.

용선생의 세계사 돋보기

권력을 쥐고 나라를 농락한 열 명의 환관을 십상시라고 불러. 십상시는 오늘날까지도 자기 욕심만 챙기는 탐관오리를 뜻하는 말로 사용되고 있어.

장하다의 인물 사전

동탁 (?~192년) 양주의 호족. 양주는 서역으로 가는 길목에 있는 군사 요충지여서 동탁은 정예 병력을 거느리고 있었어.

었지."

"앗, 《삼국지》에 나오는 사람들인데?"

"맞았어. 《삼국지》의 영웅들이지. 이제 중국 역사는 숱한 영웅들이 활약하는 난세로 접어들게 된단다."

"나라가 그 지경이 되도록 도대체 황제는 뭘 하고 있었던 거예요?"

"한마디로 정신을 못 차리고 있었지. 한나라 황실은 환관과 외척 사이의 권력 다툼으로 엉망이 되었단다. 더구나 이때 황제였던 영제는 열 명의 환관들에게 정치를 몽땅 내맡긴 채 매일 흥청망청 노느라 정신이 없었어. 환관들은 관직을 팔고 백성들을 쥐어짜 아귀처럼 제 욕심을 채우는 데 바빴지. 견디다 못한 백성들은 산속으로 달아나 산적이 되거나, 자진해서 호족들의 노비나 소작농이 되었어."

"저런, 쯧쯧쯧. 너무 불쌍해요."

"영제는 방탕한 생활 때문인지 서른네 살의 젊은 나이로 세상을 떠났어. 그러자 이번에는 고작 열한 살이었던 태자가 어머니인 태후와 외삼촌에 의해 새로운 황제 자리에 올랐지. 이제 환관의 세상은 가고 외척의 세상이 시작된단다."

"휴, 그럼 이제 환관들은 물러가는 건가요?"

나선애의 말에 용선생은 고개를 절레절레 저었다.

"환관들은 순순히 물러나지 않았어. 결국 외척과 환관 세력이 군대까지 동원해 싸웠는데, 그 와중에 황제의 외삼촌은 목숨을 잃었고 환관들도 떼죽음을 당했지. 그런데 이렇게 정신없는 틈을 타서 동탁이라는 호족이 어린 황제를 보호한답시고 군사를 이끌고 와 수도 뤄양을 점령해 버렸어. 모든 권력이 외척도 환관도 아닌, 뜬금없이 등장한 동탁의 손아귀에 쏙 들어가 버린 거야. 얼마 뒤 동탁은 황제를 죽이고 더 어린 아홉 살의 황제를 세운 다음 제멋대로 권력을 휘둘렀어. 그러자 전국의 수많은 호족 세력들이 동탁을 몰아내기 위해 하나로 뭉쳤지."

"힘을 합쳐서 동탁을 몰아내자, 이거죠? 그래도 정의는 살아 있네요!"

"하지만 호족 연합은 오래가지 못했어. 동탁 때문에 뭉치긴 했지만 서로 경쟁 관계에 있었기 때문이지. 연합군에게 밀린 동탁이 뤄양을 불태우고 황제와 함께 서쪽의 장안으로 달아나자 연합군은 곧바로 자기들끼리 세력 다툼을 벌이기 시작했단다."

"형…… 그럼 동탁은요?"

"그게 묘하게 됐어. 장안으로 달아난 동탁이 뜻밖에 여포라는 부하의 손에 죽임을 당한 거야. 동탁이 죽자 그 부하들 간에 권력 다툼이 벌어져 장안은 난리 통이 되어 버렸고, 후한의 황제는 이 틈을 타 장안을 탈출했어. 소식을 들은 조조는 얼른 달려가 황제를 모셔 왔지. 이때부터 조조의 세력이 급성장하게 된단다."

용선생의 말에 장하다가 두 팔을 쭉 벌렸다.

"허야, 점점 흥미진진해지는데요."

▲ 여포와 싸우는 유비 삼 형제 여포는 무예가 아주 뛰어나지만 제멋대로인 성격으로 잘 알려져 있단다.

 장하다의 인물 사전

여포 (?~199년) 《삼국지》의 등장인물 중 하나. 배신에 배신을 거듭하지만 본인도 부하의 배신으로 조조에게 붙잡혀 처형당하고 만단다.

유목민과 한족이 융합되는 위진 남북조 시대

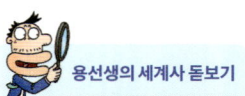

용선생의 세계사 돋보기

중국 역사에서 지역을 가리킬 때 황허강과 창장강을 기준으로 삼아. 보통 하(河)는 황허강, 강(江)은 창장강을 가리켜. 그래서 황허강의 북쪽과 남쪽은 하북과 하남, 창장강의 북쪽과 남쪽은 강북과 강남이라고 불러.

왕수재의 지리 사전

적벽 위나라와 오나라의 경계로 창장강 남안에 있어. 《삼국지》 최고의 격전으로 꼽히는 적벽 대전이 벌어진 곳이야.

"그래, 이때부터 본격적으로 조조, 유비, 손권 같은 세력들 간의 경쟁이 시작된 거야. 초기에 가장 큰 세력은 하북의 원소였어. 하지만 원소는 하남을 근거지로 한 조조를 공격하려다가 관도 대전에서 대패를 당하고 말았지. 이 전투로 조조는 화베이 평원을 손에 넣으며 여러 군벌들 가운데서 선두로 치고 나갔어."

"하지만 유비랑 손권도 만만치 않았죠?"

"그래. 조조는 금방이라도 중국을 다시 통일할 것처럼 기세를 올렸어. 하지만 조조의 꿈은 적벽 대전에서 유비와 손권 연합군에 참패를 당하면서 물거품이 되고 말았지. 조조가 통일의 꿈을 미루면서 중국은 당분간 조조의 위나라, 유비의 촉나라, 손권의 오나라로 삼분 되는데, 이 시기를 삼국 시대라고 한단다."

"그럼, 이제 후한은 없어진 거예요?"

"아직 황제는 있었지만 허수아비에 불과했고, 후한은 사실상 멸망한 거나 마찬가지였지. 그러다 220년에는 조조의 아들 조비가 후한의 마지막 황제를 끌어내리고 스스로 황제 자리에 오르며 후한을 진짜로 무너뜨렸지. 그러자 유비와 손권도 질세라 황제를 칭했어."

"황제가 셋이 되었네요."

▲ 삼국 시대

← 적벽 대전 상상화

"하지만 그중에서도 가장 강력한 건 단연 위나라였어. 위나라 황제 조비는 구품중정제를 실시해 지방의 인재들을 선발하며 관료 제도를 강화했고, 환관과 외척들을 견제하며 조정의 정치를 바로잡기 위해 애썼지. 그 보람이 있었는지, 위나라는 40여 년 만에 촉나라를 무너뜨리고 또다시 중국 통일을 눈앞에 둔단다."

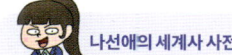
나선애의 세계사 사전

구품중정제 위나라 때부터 시행된 인재 등용 제도. 지방에 중정관을 파견해 인재를 9등급으로 나눠 황제에게 보고하면 황제가 받아들여 관리로 뽑았어. 지방의 유력한 가문들이 중정관과 짜고서 중앙의 고위 관직을 독점하며 문벌 귀족이 등장하는 계기가 됐어.

"결국 위나라가 중국을 통일하는군요?"

"아니. 중국을 통일한 건 진나라였어."

"엥? 진나라는 어디서 갑자기 나타난 거죠?"

"진나라는 위나라의 사마염이라는 귀족이 황제 자리를 빼앗아 위나라를 무너뜨리고 세운 나라야. 280년, 진나라는 마침내 오나라까지 멸망시키고 다시 중국을 통

↑ 제갈량 (181년~234년) 유비의 신하로, 신출귀몰한 작전으로 적벽에서 조조의 대군을 막아 내는 데 결정적인 공을 세웠어.

조조

소설 《삼국지연의》에서 조조는 온갖 권모술수를 부리는 간교한 인물로 묘사되지만, 실제 역사 속의 조조는 매우 합리적이고 이성적인 지도자로 평가되기도 한단다. 조조는 과연 어떤 사람이었을까?

위나라가 삼국 시대 최강국으로 우뚝 서는 데 결정적인 역할을 한 둔전제를 살펴보면 조조가 어떤 사람이었는지 어느 정도 짐작할 수 있어.

전쟁에서 제일 큰 문제는 군사들의 식량을 조달하는 거야. 둔전제가 실시되기 전에는 보통 현지 백성들한테 강제로 빼앗아 식량 문제를 해결했어. 혼란한 시대에 백성들이 고통을 겪는 가장 큰 이유가 바로 이거였지. 하지만 조조는 땅 없는 농민들을 모집해 곡식 씨앗과 농기구를 나눠 주고 농사를 짓게 했지. 이렇게 생산된 식량으로 가난한 농민들도 구제하고 군사들의 식량을 조달했던 거야. 백성들에게 피해를 끼치지 않으니 백성들은 조조의 군사를 환영했고, 덕분에 조조는 빠르게 화베이 평원을 차지할 수가 있었어.

둔전제의 성과를 보면 알 수 있듯이, 역사 인물에 대한 평가는 시대와 사람에 따라 달라지는 경우가 많아. 조금 더 깊이 알고 한 번 더 생각해 보면 역사 인물을 바라보는 자신만의 눈을 갖게 될 거야.

↑ 조조

일했어. 그러니까 위나라가 거의 통일을 이루고, 진나라가 통일을 완수한 셈이지."

용선생의 핵심 정리

184년에 일어난 황건적의 난을 계기로 위, 촉, 오, 세 나라가 경쟁하는 삼국 시대가 시작됨. 진나라가 세 나라 경쟁의 승자인 위나라를 무너뜨리고 중국을 통일함.

북방에서 유목민들이 밀고 내려오다

"중국에서 이렇게 삼국 사이의 대결이 치열하게 펼쳐지는 동안, 중국의 북부 지방에서는 여태까지 없었던 이상한 일이 벌어지고 있었단다."

"여태까지 없었던 이상한 일? 그게 뭔데요?"

"흉노, 갈, 강, 저, 선비 등 여러 유목민들이 만리장성을 넘어 남쪽으로 슬금슬금 내려오더니 자기들끼리 똘똘 뭉치기 시작한 거야."

"어머, 왜 멀쩡히 살던 곳을 버리고 내려와요?"

"정확한 이유는 모르지만 기후 변화 때문으로 여기는 학자들이 많단다. 유라시아 대초원은 몹시 춥고 건조한 곳이라, 날씨가 조금이라도 나빠지면 가축들이 떼죽음을 당하고 사람도 살기 어려워지거든. 그래서 살아남기 위해 더 따뜻한 남쪽으로 이동했다는 거야."

"중국에서는 선선히 받아 줬어요?"

허영심이 걱정스러운 눈빛으로 말했다.

"때마침 삼국을 통일한 진나라가 혼란에 빠지면서 국경 방어를 소홀히 했기 때문에 큰 어려움은 없었어. 게다가 사실 지방 호족들은 유목민들을 은근히 환영했거든."

"엥? 왜요?"

"후한 말부터 계속된 전쟁과 흉년, 전염병 때문에 인구가 줄어서 일손이 매우 부족했기 때문이지. 호족들은 유목민을 이용해 부족한 일손을 메꿨던 거야. 물론 유목민이 너무 많이 들어온다고 걱정하는 사람들도 많았지만 당장 일손이 부족하다 보니 유목민들을 고용해

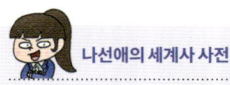

나선애의 세계사 사전

팔왕의 난 진나라의 황족 제후들이 일으킨 반란이야. 여덟 명의 제후 왕들이 차례로 반란을 일으켜 권력을 잡았다고 해서 팔왕의 난이라고 부른단다.

장하다의 인물 사전

유연 (?~310년) 남흉노 선우의 아들로 한족화된 유목민이었어. 먼 선조 할머니가 한나라 공주여서 자신의 성을 유씨로 하고, 나라 이름을 한(漢)으로 정했어.

농사를 지을 수밖에 없었지."

"그럼 서로 좋은 거 아닌가요?"

"그렇지. 그런데 문제가 생겼어. 진나라에서 일어난 팔왕의 난을 계기로 유목민들이 중국에 자신들의 나라를 세우기 시작한 거야."

"반란이 일어났는데 유목민들이 어떻게 나라를 세워요?"

이번에는 두기가 고개를 갸우뚱했다.

"유목민들은 싸움을 잘하잖아. 그래서 반란을 일으킨 제후들이 경쟁적으로 유목민들을 용병으로 고용했거든. 자기 나라 땅이 아닌 곳에 들어와서 제대로 된 대접을 못 받던 유목민들은 용병 생활을 계기로 서서히 무장을 갖추며 군사 집단으로 변해 갔지. 유목민들은 이 군사력을 바탕으로 나라를 건설했던 거야. 제일 먼저 후한 때 만리장성 안으로 내려온 남흉노의 유연이 한이라는 나라를 세웠어. 그러

한족들이 남쪽으로 피난 간 뒤, 유목민들이 들어와서 빈자리를 메웠어.

팔왕의 난에 용병으로 가담하면서 세력을 키웠어.

군사력을 갖춘 유목민들이 앞다투어 자신의 나라를 세웠어.

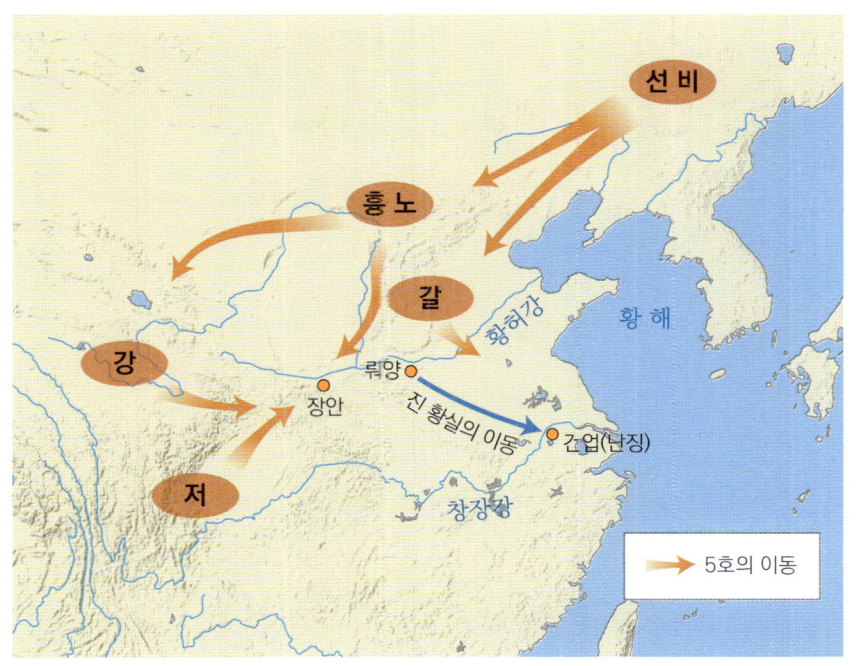

◀ 다섯 유목민 부족(5호)의 이동

자 다른 유목민들도 기다렸다는 듯이 앞서거니 뒤서거니 나라를 세웠지. 이들이 세운 나라만 자그마치 열여섯 개. 대표적인 유목민으로 다섯 부족. 그래서 이 시대를 다섯(5) 오랑캐가 열여섯(16) 개의 나라를 세운 시대라고 해서 '5호 16국' 시대라고 부른단다."

"그럼 진나라는 유목민들한테 망한 거예요?"

"응. 유연은 진의 수도 뤄양을 함락시킨 뒤 황제, 신하, 백성들까지 10만 명이 넘는 사람들을 죽였어. 겨우 살아남은 진의 황족과 귀족들은 허겁지겁 강남으로 도망가 건업을 수도로 삼고 진나라를 다시 세웠지. 이때부터의 진나라를 동진이라고 해. 동진이 세워지며 진나라 귀족들을 비롯해 약 90만 명쯤 되는 한족들이 유목민들을 피해 강남으로 피난을 갔대."

왕수재의 지리 사전

건업 지금의 난징. 삼국 시대에 오나라가 도읍지로 삼으면서 창장강 유역의 중심지로 떠오른 도시야. 동진을 비롯한 남쪽 왕조들은 모두 이곳을 수도로 삼았고, 훗날 명나라도 초기에 이곳을 수도로 삼았어.

유목민과 한족이 융합되는 위진 남북조 시대 **269**

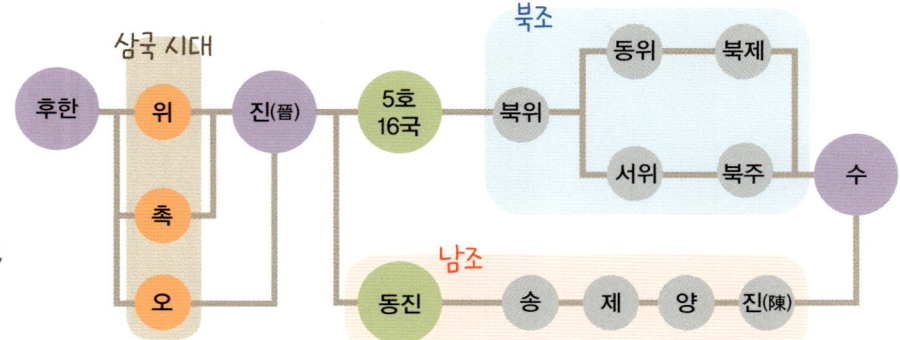

➜ **위진 남북조 시대**
삼국 시대와 5호 16국 시대, 남북조 시대를 통틀어서 위진 남북조 시대라고 해.

나선애의 세계사 사전
선비 몽골 초원 동북쪽에 있는 다싱안링산맥 언저리에 살던 유목민이야. 본래 흉노의 지배를 받았지만 흉노 제국이 무너진 뒤 차츰 남하해 만리장성 북쪽에 넓게 퍼져 살았어.

"그럼 북쪽엔 유목민 국가, 남쪽엔 한족들이 세운 나라가 들어선 거네요?"

선애가 필기를 하며 물었다.

"선애가 제대로 콕 짚었어. 439년에는 선비가 세운 북위가 중국 북부를 통일했어. 그래서 북부의 북위와 남부의 동진이 일대일로 대치하게 되었지. 이때부터 중국이 다시 통일되는 589년까지를 남북조 시대라고 한단다. 그리고 위나라가 후한을 멸망시킨 220년부터 남북조 시대가 끝나는 589년까지를 통틀어 '위진 남북조' 시대라고 해."

 **용선생의 핵심 정리**

진나라가 남흉노의 공격을 받아 강남으로 달아나 동진을 세우고, 북쪽에는 다섯 이민족이 제각기 나라를 세워 5호 16국 시대가 시작됨. 중국이 남쪽과 북쪽으로 양분돼 대립하던 시대를 남북조 시대라고 함.

강남은 언제부터 곡창 지대가 되었을까?

현재 중국 강남 지역은 세계적인 벼농사 지대야. 기후가 따뜻하고 땅이 비옥하고 물도 풍부하니 당연한 것 아니냐고? 하하, 절대 그렇지 않단다. 원래 강남 지역은 항상 물이 질퍽하게 고여 있는 습지여서 농지로 쓸 수가 없었기 때문이지.

이 습지를 농지로 개간하려면 먼저 물을 빼야 하는데, 그 방법을 처음 개발한 것이 삼국 시대 오나라였어. 국력을 키우려고 애쓰는 과정에서 습지에서 물을 빼내는 방법을 알아낸 거지.

그다음 계기는 남북조 시대였어. 90만 명이나 되는 한족들이 피난을 내려오니 식량이 매우 부족했고, 자연히 먹고살기 위해 농지 개간에 매달릴 수밖에 없었던 거야. 그런데 일단 개간이 되자 창장강 유역은 화베이 평원과는 비교할 수 없이 풍요로운 땅이라는 것이 밝혀졌어. 창장강 유역에서는 벼농사를 지을 수 있었는데, 벼농사를 지으면 수수나 기장을 기르는 것보다 같은 면적에서 3배나 많은 곡식을 생산할 수 있었거든. 창장강 유역은 곧 중국 최고의 곡창 지대로 떠올랐지.

강남의 농지 개간은 이후에도 지속적으로 이루어졌어. 특히 강남을 근거지로 했던 남송과 명나라 초기 때 강남의 농지 개간이 활발하게 이루어졌지.

↑ 창장강 유역의 논

남조는 귀족들의 천국

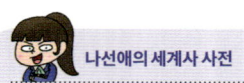

나선애의 세계사 사전

남조 동진-송-제-양-진(陳)으로 이어지는 남부의 한족 왕조들을 묶어서 남조라고 해.

"남조는 어떻게 해서든 힘을 길러서 유목민들을 몰아내고 중원을 되찾는 게 목표였겠네요?"

나선애의 말에 용선생은 고개를 끄덕였다.

"그랬을 것 같지? 근데 실은 영 딴판이었단다. 남조는 이래저래 문제가 많은 나라였어."

"무슨 문제요?"

"남조의 왕조들은 기본적으로 중원에서 피난 내려온 명문 귀족들이 세운 나라였어. 귀족들은 남조의 높은 관직을 독점하며 자식들한테까지 대대손손 물려줬어. 하지만 유목민들로부터 중원을 되찾는 일에는 별 관심이 없었지. 좀 더 정확히 말하면, 아예 정치에 관심이 없었어. 그런 거 굳이 신경 쓰지 않아도 강남 생활은 충분히 풍족하고 평화로웠거든."

"어머, 그건 좀 의외인데요?"

"사실 강남은 화베이 평원보다 이래저래 살기가 좋았단다. 우선 날씨도 훨씬 따사롭고, 삼국 시대를 지나는 동안 농지 개간도 많이 돼서 식량도 훨씬 풍부했어. 그래서 북조와 몇 번 겨뤄 본 뒤로는 아예 중원을 되찾겠다는 꿈을 접어 버린 거야. 높은 귀족들은 나중에는 도교에 푹 빠져 아예 현실을 잊고, 관직에도 나가지 않았어."

"차라리 잘됐네요. 이참에 똑똑한 인재들을 뽑아서 관직을 맡기죠, 뭐."

↑ **동진의 첫 황제 사마예**
진의 황족 출신으로 호족들의 도움으로 동진을 세우고 첫 황제가 되었어.

← **죽림칠현** 우 나라와 진나라 때, 혼란스러운 정치에 등을 돌리고 대나무 숲에 숨어 살았던 일곱 명의 선비들을 죽림칠현이라고 해. 이들은 도교의 영향을 짙게 받았지.

"그럴 수는 없었어. 나라 안의 땅과 백성들을 귀족들이 틀어쥐고 있었기 때문에 남조에서는 황제도 귀족들의 협조 없이는 나라를 다스릴 수가 없었어. 그래서 일을 하든 말든 계속 귀족들을 높은 관직에 앉힐 수밖에 없었지."

"일도 안 하는 사람들한테 높은 관직을 맡기다니, 완전 어처구니없어."

아이들이 고개를 설레설레 저었다.

"다만 실제로 나랏일을 맡아 한 것은 한인이라 불리는 실무 관리들이었어. 한인들은 대개 미천한 집안 출신이었지만 남조를 실질적으로 이끌어 갔지."

"쳇, 완전 꼴불견이야. 그럼, 도대체 귀족들은 뭘 한 거죠?"

"그냥 놀았어. 이들은 정치에도 관심이 없었지만, 유학에도 관심을 끊었어. 오히려 효성스러운 척, 청렴한 척한다며 유학자들을 비웃었지. 대신 자기들끼리 어울

> **용선생의 세계사 돋보기**
> 이 사람들을 추울 한(寒) 사람 인(人)을 써서 한인이라고 불렀어. 별 볼 일 없는 집안의 사람이라는 뜻이야.

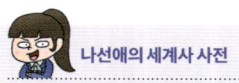

나선애의 세계사 사전

청담 맑은 이야기라는 뜻이야. 그럼 흐린 이야기는 뭘까? 바로 정치를 비롯해 세상사와 관련된 이야기야. 결국 청담은 은둔한 선비들의 뜬구름 잡는 이야기지.

려 청담을 나누거나, 불사약을 만들고 도술을 부린다며 종일 술을 마시고 호사스럽게 놀기만 했단다."

"진짜 불사약을 만들고 도술을 부렸어요?"

장하다가 눈을 휘둥그레 떴다.

"하하. 그럴 리가 있겠니? 하지만 그때 사람들은 도를 터득하면 그럴 수 있다고 믿었어. 그래서 도교는 남조뿐 아니라 북조에서도 크게 유행한단다. 남조 귀족들의 또 한 가지 관심사는 시, 글씨, 그림 같은 예술이었어. 돈 많고 시간 많은데 정치에는 별 관심이 없다 보니 예술에 관심을 쏟을 수 있었지."

"에휴, 예술도 좋지만 나라는 어떻게 되지?"

장하다가 고개를 흔들었다.

"그러게 말이다. 남조는 군사력이 약해서 북조에 밀려 조금씩 영토가 쪼그라들었어. 게다가 반란도 잦아서 나라가 항상 시끄러웠단다.

▼ **난징 쉬안우호 공원** 남조 황제들은 창장강의 물을 끌어와 호수를 만들고 이렇게 화려한 인공 섬과 정원을 가꾸었어.

결국 589년, 남조의 마지막 왕조인 진(陳)나라가 북조의 수나라에 멸망하면서 남북조 시대는 막을 내리게 돼."

용선생의 핵심 정리

남조 귀족들은 정치와 담을 쌓고 도교와 예술에 심취함

북위가 유목민과 한족의 융합을 시도하다

"선생님, 그럼 북조는 어땠는데요? 북조는 유목민들이 세운 나라니 남조와는 다르겠죠?"

장하다의 물음에 용선생이 고개를 끄덕였다.

"그럼. 하지만 북조도 사정이 복잡하기는 매한가지였어. 여기서 간단한 퀴즈 하나! 남북조 시대 중국 북부 지방에는 어떤 사람들이 살고 있었을까?"

"그야 당연히 유목민이죠. 북부에는 유목민들이 세운 나라들이 있었으니까요."

장하다가 자신 있게 대답했지만 용선생은 고개를 저었다.

"흐흐. 그렇게 생각하기 쉽지. 물론 90만 명이 넘는 한족들이 남쪽으로 피난을 떠났지만 북부 지방 인구의 대부분은 여전히 한족이었어. 이들은 유목민 왕조가 들어선 뒤에도 북부에 남아 있었단다."

"아하, 그렇군요. 한족들이 죄다 도망간 건 아니라는 말씀이시죠?"

▲ **북조의 기마 무사상**
북조는 기마술에 능한 유목민들이 세운 국가였어.

▲ 북조의 영역

"그래. 북부에 그대로 남은 한족들은 처음엔 성안에 틀어박혀 저항했지만, 언제까지나 그렇게 지낼 수는 없었어. 시간이 지나면서 한족들은 차츰 유목민들의 지배를 받아들이기 시작했고, 유목민 왕조도 자신들보다 훨씬 수가 많은 한족들을 다스리려면 영향력 있는 한족 귀족들의 도움이 필요하다는 걸 깨달았지. 결국 둘은 서로 손을 잡게 된단다."

"그럼 북조에서는 유목민과 한족이 손을 잡고 나라를 다스렸다는 말씀이신가요?"

"그렇단다. 유목민들은 농경민을 다스리는 데는 중국 제도가 유리하다는 것을 깨닫고 적극적으로 중국의 제도를 받아들였어. 대표적인 것이 균전제였어. 백성들에게 땅을 똑같이 나눠 주고 세금과 부역을 부담시키는 중국의 전통적인 세금 제도를 받아들인 거지. 균전제에서는 땅을 곡식 심을 밭, 뽕나무밭, 삼밭 등으로 꼼꼼하게 분류해서 나눠 주었어. 그리고 농부들이 열심히 일하는지 감독하고, 세금도 미리 품목별로 꼼꼼하게 정해 준 뒤 챙겨서 받았지."

"오호, 듣고 보니 꽤 합리적인 것 같은데요?"

"그래, 균전제는 나라의 땅과 백성들의 노동력을 100퍼센트 활용하기 위한 정책이었어. 당연히 나라의 세금 수입도 늘어났고, 농사 지을 땅이 생기니 백성들의 생활도 안정되었어. 그래서 북조에서는 인구가 늘고 병사의 수도 늘어났단다."

"이제 보니 북조가 강했던 이유가 있었군요."

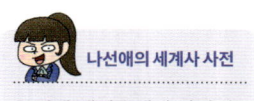

나선애의 세계사 사전

균전제 백성들에게 나라의 땅을 똑같이 나눠 주는 제도야. 북위 때 처음 시행되어 당나라 때까지 300여 년 동안이나 시행되었어.

왕수재가 고개를 끄덕였다.

"하지만 이렇게 중국식 제도를 받아들인 것만으로 유목민과 한족이 완전히 손을 잡았다고 말할 수는 없겠지? 유목민들은 한족 귀족들과 혼인을 하며 적극적인 화해 정책을 폈어. 그 가운데서도 북위의 황제들은 몇 대에 걸쳐서 한족 귀족을 황후로 맞았기 때문에 나중에는 혈통으로만 보면 유목민이 아니라 한족에 훨씬 가까운 황제도 나오게 되었지."

"엥? 그러다가 아예 한족만 남는 거 아니에요?"

나선애가 고개를 갸웃거리며 말하자 용선생은 어깨를 으쓱했다.

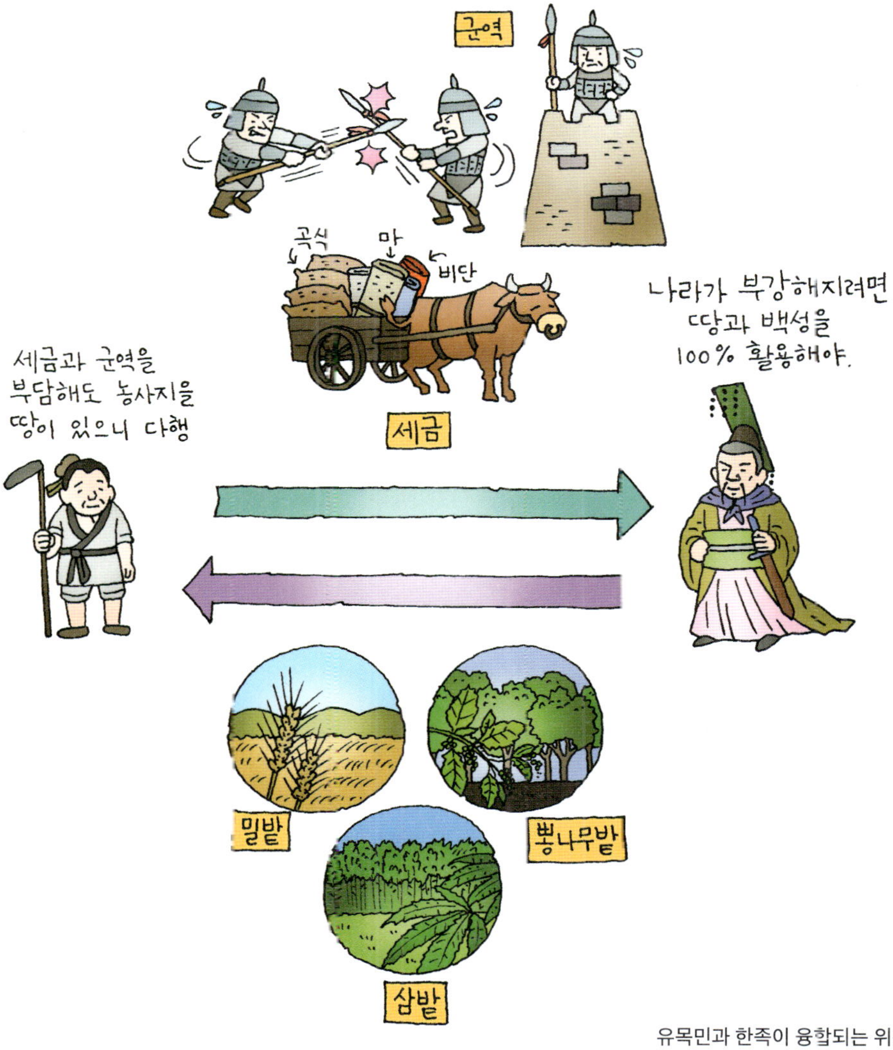

유목민과 한족이 융합되는 위진 남북조 시대 **277**

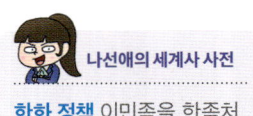

나선애의 세계사 사전

한화 정책 이민족을 한족처럼 바꾸려고 했던 정책이야.

"특히 북위의 제7대 황제였던 효문제는 한화 정책을 가장 적극적으로 밀어붙인 황제로 유명해. 효문제는 여러 수단을 동원해 선비의 부족 지도자들을 한족 귀족처럼 만들어 버리려고 했단다."

"이상하다, 자기들이 지배자이면서 왜 굳이 한족처럼 되려고 해요?"

곽두기가 이해할 수 없다는 듯 고개를 갸웃거렸다.

"어쩔 수 없는 일이었을 거야. 일단 중국 북부인 중원에는 수적으로 한족이 훨씬 많았고, 농경민들을 다스리는 데는 중국의 제도가 더 유리했기 때문이지."

"그래도 사람들이 그걸 좋아할 것 같진 않은데……."

"그래. 반발이 만만치가 않았어. 그래서 효문제는 수도를 선비의 근거지인 평성에서 한족의 중심지인 뤄양으로 옮겨 버렸단다."

"수도는 왜 옮겨요?"

"한화 정책에 반대하는 선비 부족장들의 힘을 꺾기 위해서였을 거야. 사실 선비라고 해서 다 같은 선비가 아니었거든. 특히 대초원에는 중원에 자리를 잡은 선비와는 거의 남남이나 다름없는 사람들도 많았어. 중국의 심장부인 뤄양으로 수도를 옮기면 이들의 영향력으로부터 벗어날 수 있었지. 효문제는 여기에 더해서 다른 한화 정책도 함께 실시했단다."

"무슨 정책인데요?"

"선비 부족장들을 한족의 귀족들처럼 여러 등급으로 나누어 귀족 작위를 부여하고, 거기에 맞게 관직과 땅을 내려 줬어. 그리고 관직과 땅을 받은 귀족들은 뤄양으로 와서 황제 곁에서 일하게 했지. 이러면 선비 부족장들을 곁에 두고 감시할 수 있을 뿐 아니라, 대초원

↑ **효문제** (467년~499년) 북위 제7대 황제로 한화 정책을 강력히 시행했어.

에 있는 자기 부족들로부터 떼어 놓을 수 있었거든. 만약 이 제안을 거절하면, 춥고 황량한 국경에서 고된 국경 경비나 맡아보면서 평생을 보내야 했어."

수재가 고개를 갸웃거렸다.

"그러니까 선비 부족장들을 수도로 불러서 귀족으로 대우해 주는 척하면서 실은 힘을 빼 놓으려고 했던 거군요?"

"바로 그거야. 효문제는 한발 더 나아가 성까지 중국식 성으로 바꿨어. 원래 북위 황족들의 성은 탁발씨였는데, 중국인처럼 원씨로 고쳤지. 게다가 관직 이름도 모두 한족식으로 바꾸고 유능한 한족 관리들을 적극적으로 채용했단다. 이렇게 되자 북위에서는 한족이냐 유목민이냐 구분 없이 능력을 발휘할 수 있는 분위기가 만들어졌어. 한족 귀족들도 북위에 열심히 협력했지."

"그럼 이제는 유목민들이 전부 한족 흉내를 내게 된 거잖아요? 뭔가 아쉬워요."

유목민과 한족이 융합되는 위진 남북조 시대

장하다가 뒷머리를 긁적였다.

"하하. 그런데 유목민들의 지배를 받으며 한족 중심의 중국 문화에도 큰 변화가 일어났어. 실제로 지금까지 남아 있는 중국의 풍습 중에는 이때 유목민들로부터 받아들인 것들이 많단다. 예를 들어 중국 요리에 많이 쓰이는 양고기는 원래 유목민들의 음식이야. 또 침상과 탁자, 의자를 이용하는 입식 생활도 유목민들로부터 배운 거지."

"흠, 그러니까 서로 영향을 주고받았다는 말씀이시네요."

"그렇단다. 그러니까 위진 남북조 시대는 중국 문화가 한층 더 다양한 모습으로 바뀌어 나가는 시대였다고 볼 수 있지."

"상상했던 거랑은 딴판이네요. 저는 유목민들이 한족들을 막 노예처럼 부릴 줄 알았어요."

곽두기가 팔짱을 낀 채로 고개를 끄덕이며 말했다.

"하하. 하지만 이런 식의 변화에 불만을 가진 사람들도 있었단다. 바로 한화 정책으로 인해 홀대받은 사람들이지."

"홀대요? 누가 홀대를 받았는데요?"

"뤄양으로 오지 않고 국경을 지키던 선비들이지. 이들은 고생하는 자기들은 무시하고 한화 정책을 한답시고 한족 귀족과 뤄양의 선비 귀족만 챙기는 조정에 큰 반감을 품었어."

곽두기의 국어 사전

홀대 소홀할 홀(忽) 대접할 대(待). 한마디로 푸대접한다는 뜻이야.

용선생의 핵심 정리

북부를 통일한 북위의 효문제는 적극적인 한화 정책을 폄. 북위의 지배 아래서 유목민과 농경민 사이에 융합이 이루어짐.

유목민에게서 배운 중국의 의식주

지금 중국인들이 입고, 먹고, 생활하는 방식 중 많은 것들이 유목민들에게서 유래되었단다. 그럼 구체적으로 어떤 것들이 있는지 한번 알아볼까?

입는 것 원래 중국인들은 품이 넉넉하고 소매가 넓은 윗옷과 치마를 입었어. 그러다 전국 시대에 이르러 유목민의 기마술이 도입되면서 소매가 좁은 윗옷과 바지가 전해졌어. 남북조 시대에 이르면 유목민들이 신는 가죽 장화도 중국인들에게 전해졌단다. 가죽 장화는 말을 탈 때 바짓단이 펄럭이는 걸 막아 주어서 아주 편리했거든.

먹는 것 유목민들은 초원에서 먹던 염소나 양의 젖, 양고기를 중국에 들여왔어. 볶기와 튀기기도 유목민이 전수해 준 요리법이야. 유목민들은 불에 직접 굽거나 프라이팬에 익힌 요리를 좋아했거든. 오늘날 중국 요리에는 센 불에 볶거나 튀기는 음식이 몹시 많은데, 이게 바로 유목민들의 영향인 거지.

↑ 무릎까지 올라오는 몽골식 가죽 장화를 신은 사람

↑ 침상과 탁자, 의자를 사용하는 유목민의 이동 주택 내부 모습

생활 방식
원래 중국인들은 방에 들어갈 때 신발을 벗고 바닥에 앉는 좌식 생활을 했어. 반면에 유목민들은 천막 바닥에서 올라오는 한기 때문에 침상과 의자를 이용했지. 유목민들의 영향으로 차츰 한족들도 침상과 의자를 사용하기 시작했고, 식탁과 책상을 사용하는 입식 생활을 하게 됐어.

육진의 난으로 북위가 분열되다

장하다의 인물 사전

우문태 (507년~556년) 처음에는 반란군에 가담했으나 진압군으로 돌아서 육진의 난 진압에 큰 공을 세웠어. 서위를 세우고, 아들이 북주의 황제가 돼.

고환 (496년~547년) 우문태와 마찬가지로 반란군에서 진압군으로 돌아섰어. 동위를 세웠다가 아들이 북제로 이름을 바꾸고 황제가 돼.

"그래서 반란이라도 일으킨 거예요?"

"그렇단다. 북쪽 국경 요충지인 육진을 지키던 선비 부족장들이 일제히 반란을 일으켰어. 이른바 '육진의 난'이지. 북위 황실은 육진의 난을 제대로 진압하지 못하면서 급격히 힘을 잃었고, 반란을 진압하는 과정에서 우문태와 고환이라는 두 장수가 권력을 나누어 갖게 돼. 결국 이들이 북위를 둘로 쪼개 각각 동위와 서위라는 나라를 세웠어. 나중에 동위는 북제, 서위는 북주라는 나라로 이어진단다."

"그럼 또 싸우겠네요? 누가 이겨요?"

"처음에는 화베이 평원을 차지한 북제의 국력이 훨씬 우세했어. 인구도 훨씬 많고, 농사 지을 땅도 훨씬 넓고 기름졌거든. 그런데 놀랍

➜ 북위 분열 후 북조

↑ **역대제왕도권** 오른쪽부터 북주 무제, 그 뒤를 이어 수나라를 세우고 중국을 다시 통일한 수 문제, 그 뒤를 이은 수 양제의 모습. 이들은 모두 관롱 집단 출신의 황제들이었어. 당나라 역시 관롱 집단이 만든 나라였지.

게도 최종 승자는 북주였어. 북주의 승리를 이끈 것은 관롱 집단이라 불리는 북주의 지배 집단이었지."

"관롱 집단? 그게 뭔데요?"

"관중 평원의 관, 농서 지방의 농을 합쳐서 만든 말이야. 관롱 집단은 혼인을 통해 강력한 동맹을 맺은 선비 귀족과 한족 귀족들이 주축이었어. 관롱 집단은 앞으로 수백 년 동안 중국 정치를 좌우하게 된단다."

"관롱 집단한테 특별한 힘이라도 있었나 봐요?"

"물론이야. 부병제도 북주의 승리에 큰 몫을 했지."

"부병제는 또 뭐예요?"

"농민들에게 평소엔 농사를 짓게 하다가, 한 해 수확이 끝나고 농한기가 되면 불러 모아 훈련을 시키고 군인으로 복무하게 하는 제도야. 특이한 건 이때 농민들이 각자 필요한 무기와 식량을 챙겨 가야

왕수재의 지리 사전

농서 황허강 상류와 오르도스 지역의 서쪽, 지금의 간쑤성 지역이야.

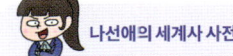

나선애의 세계사 사전

부병제 부(府)는 지역을 관할하는 행정 관청이야. 농한기에 그 지역 장정들을 부에 소집해 훈련을 시키고 군인으로 근무하게 했기 때문에 부병제라는 이름이 붙었지.

유목민과 한족이 융합되는 위진 남북조 시대 **283**

▲ 북주의 제3대 황제 우문옹
(재위 560년~578년) 부병제와 균전제를 바탕으로 군사력을 길러 북조를 통일했어.

한다는 거였지."

"군대에서 밥도 안 주고, 무기도 안 준단 말이에요?"

용선생은 조용히 고개를 끄덕였다.

"물론 무턱대고 식량과 무기를 가져오라고 한 건 아냐. 북주는 균전제를 부병제와 결합시켰단다. 그러니까 무기와 식량을 농민들이 직접 챙기는 대신, 나라는 농민들에게 땅을 나눠 준 거야. 또 군에서 복무하는 동안에는 세금을 면제해 주었지. 이렇게 하면 나라는 군사비 부담을 덜고, 백성들은 세금 부담이 줄어드니 서로 좋은 일이었지. 재밌는 건 이것도 유목민들의 전통이라는 거야. 유목민은 전쟁 때 자기가 쓸 무기와 식량을 알아서 챙겨 갔거든."

"정말 여러모로 유목민들의 영향을 많이 받았네요."

"그런데 정말 중요한 건 아직 얘기를 못 했구나. 흠흠. 인도 역사 배울 때 불교가 인도에서 서역을 거쳐서 동아시아에 전파됐다고 했던 거 기억하니? 바로 그 불교가 유행한 것도 유목민들과 관련이 깊단다."

"와, 정말요?"

 용선생의 핵심 정리

육진의 난을 계기로 북위가 서위와 동위로 분열됨. 서위는 북주, 동위는 북제가 되었다가 부병제와 균전제로 군사력을 강화한 북주가 북제를 꺾고 북부 지역을 통일.

불교가 널리 퍼지고 도교가 유행하다

◀ 대승 불교의 전파 경로

"유목민들은 비단길을 통해 인도를 드나들던 상인, 승려들을 통해서 일찍부터 불교를 받아들였어. 5호 16국 시대에 그 유목민들이 중국 북부에 자리 잡게 되자 불교도 본격적으로 중국으로 전해졌지. 즉, 유목민들은 불교를 중국에 전파하는 문화 태달부 역할을 했던 거야."

"오호, 그런 셈이네요."

"그런데 말이야, 이때 유목민들이 믿었던 불교는 원래 인도에서 탄생했던 불교하고는 좀 달랐어. 이 사진을 한번 보렴."

용선생이 이야기와 함께 모니터에 사진을 띄웠다.

"이건 북위 때 만들어진 윈강 석굴에 있는 불상들 중에 하나야. 자신만만하게 부릅뜬 눈에, 어마어마한 크기까지 예사롭지 않지?"

"네, 부처님이 아니라 덩치 큰 장군 같아요."

유목민과 한족이 융합되는 위진 남북조 시대

▲ **달마** 인도에서 온 달마 스님은 소림사에서 9년 수행 끝에 깨달음을 얻어 선종을 창시했어.

▲ **윈강 석굴의 석불** 높이 14미터의 이 거대한 불상은 북위의 창건자인 태조의 모습을 본떠서 만들었대.

중국 초기 불교 예술의 정수, 윈강 석굴

"하하, 실제로 이 불상은 북위 황제의 얼굴을 본떠서 만들었대. 황제를 부처님처럼 떠받들었던 거지. 그러니까 유목민들은 불교를 이용해서 황제의 권위를 높이려고 했던 거야."

"그럼 유목민 황제들이 한족들한테 억지로 불교를 믿게 한 거군요." 수재가 뻔하다는 듯 내뱉었다.

"불교는 굳이 강요할 필요도 없이 자연스럽게 퍼져 나갔단다. 후한 말부터 계속된 전쟁 탓에 살기가 힘들었던 백성들에게 기댈 곳이 필요했기 때문이지. 불교는 남조에서도 유행했어. 산스크리트어로 된 불교 경전들을 중국어로 번역하는 작업도 활발히 이루어졌지."

▼ **둔황 석굴의 벽화** 비단길의 출발점이었던 둔황에 남아 있는 벽화야.

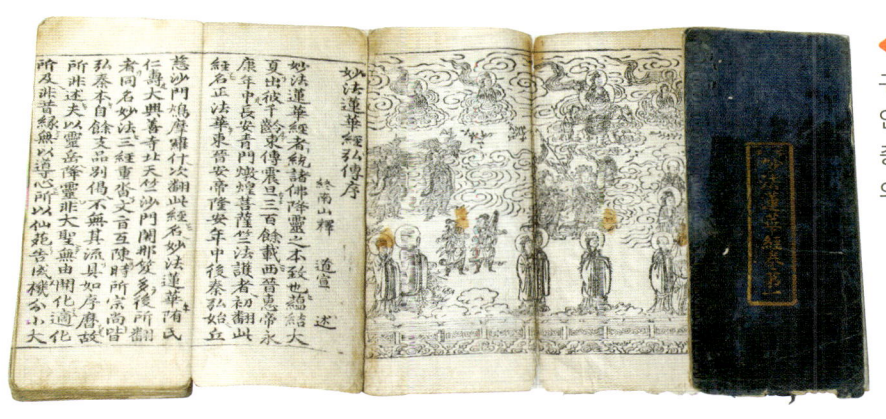

◀ 《묘법연화경》
구마라습이 번역한 불경이야. 인도의 승려 구마라습은 중국에서 활동하며 약 300여 편의 경전을 번역했어.

"중국 사람들이 산스크리트어를 배웠다는 말씀이세요?"

"그런 경우도 있었고 불교의 본고장인 인도에서 스님들이 찾아오기도 했어. 특히 인도에서 온 구마라습이라는 스님은 평생 동안 불경 번역에 힘썼지. 또 달마라는 스님은 어려운 경전을 읽고 공부하는 것보다 명상과 수행을 중요하게 여기는 선종이라는 종파를 만들기도 했어. 이런 노력 덕분에 중국인들도 부처님의 가르침을 쉽게 이해할 수 있게 된 거야."

"역시 부처님 말씀이 매력적이었나 봐요. 다들 쉽게 받아들인 걸 보면."

"사실 불교를 쉽게 받아들인 데는 불교가 중국식으로 변한 것에도 원인이 있어."

"중국식으로 변하다니요? 불교에 중국식이 따로 있어요?"

유목민과 한족이 융합되는 위진 남북조 시대 **287**

"예를 들어 볼까? 한나라 때부터 중국인들은 부모에게 효도하고 황제에게 충성하라는 유교의 가르침을 귀에 못이 박히도록 들었어. 그런데 불교에서는 속세와의 모든 인연을 끊고 오로지 수행에 힘써야 한다고 가르치잖아. 그러니 자연히 불교를 꺼릴 수밖에 없었던 거야. 그런데 남북조 시대의 불교는 좀 달랐어. 집을 나가 승려가 되더라도 부모와의 인연은 끊을 필요가 없다고 가르쳤지. 또 수행을 통해 도를 깨치면 그것이 곧 나라에도 이익이라며, 부처님을 믿는 게 곧 나라에 충성하는 길이라고 했어."

"아하, 그렇게 해서 불교에 대한 거부감을 없애려고 한 거군요."

"그렇단다. 그런데 남조와 북조는 불교를 받아들이는 데도 좀 차이가 있었어. 황제가 앞장서서 불교를 후원한 북조와 달리 남조에서는 권세 있는 귀족들이 불교를 후원하는 경우가 많았기 때문이지. 그래서 남조의 승려들은 황제 앞에서도 고개를 숙이지 않을 정도로 태

▶ 소림사
북위 효문제가 지은 절이야. 한때 7,000명이 넘는 스님이 수행하는 중국 선종의 중심지였어. 오늘날엔 무술로도 유명하지.

▶ 청양궁
중국 쓰촨성에 있는 도교 사원이야. 도교는 위진 남북조 시대부터 발달해 지금까지도 중국인들의 사고에 큰 영향을 끼치고 있어.

도가 당당했대. 또 불상의 분위기도 크게 달라서 북조의 불상이 굳센 장수 같다면, 남조의 불상은 자애로운 미소를 띠고 있는 게 특징이었단다."

"그런데 남조 귀족들은 도술을 공부했다고 하지 않으셨어요?"

곽두기가 막 생각난 듯 손가락을 튕기며 말했다.

"오, 훌륭한데? 맞아, 사실 남조의 귀족들은 불로장생이니, 도술이니 하는 민간 신앙에 푹 빠져 있었단다. 여기에 순리를 강조하는 도가의 가르침이 합쳐지면서 도교라는 종교가 만들어졌지. 도교에서는 영약을 먹거나 도를 깨치면 도술을 익힐 수 있고, 신선이 되어 불로장생할 수 있다고 가르쳤어."

 곽두기의 국어 사전

불로장생 아니 불(不) 늙을 로(老) 길 장(長) 날 생(生). 늙지 않고 오래오래 산다는 뜻이야.

"평생 놀고먹는 귀족들이 신선까지 되겠다니 참, 한심하네요."

영심이가 한심하다는 듯 말했다.

"그런데 비슷한 시기에 평범한 백성들 사이에서도 도교가 퍼지고 있었단다. 물론 백성들의 도교와 귀족의 도교는 크게 달랐어. 민중들은

유목민과 한족이 융합되는 위진 남북조 시대

나선애의 세계사 사전
미륵불 먼 훗날 세상에 나타나 혼란에 빠진 세상을 구원할 미래의 부처님이야.

곽두기의 국어 사전
도탄 진흙길 도(塗) 숯 탄(炭). 진흙탕에 빠지고 숯불에 탄다는 뜻으로 생활이 몹시 가난하고 고통스러움을 가리키는 말이야.

언젠가 혼란스러운 세상을 평정하고 백성을 구원해 줄 신이 올 것이라는 믿음 때문에 도교를 믿었거든. 여기에 불교가 합쳐지면서 미래에 세상을 구원하러 오실 부처님을 모시는 신앙이 싹텄어. 이걸 미륵불 신앙이라고 해. 미륵불은 도탄에 빠진 백성을 구할 구세주 같은 존재였지."

"푸~, 나를 이 공부의 고통에서 구원해 줄 미륵불은 언제 오시려나~."

하다가 더 이상 못 견디겠는지 앓는 소리를 내며 한숨을 쉬었다.

"하하, 오늘 하다가 공부를 너무 많이 했나? 좋아, 그럼 오늘은 여기까지만 하자꾸나. 안녕~!"

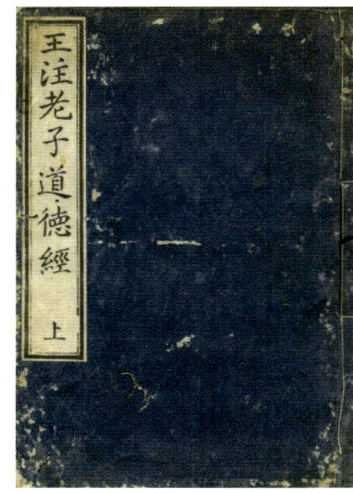
↑《도덕경》 제자백가 중 한 명인 노자가 지은 것으로 알려진 책이야. 도교의 가장 중요한 경전이라고 할 수 있지.

용선생의 핵심 정리

5호 16국 시대 유목민들의 유입과 더불어 불교가 본격적으로 전파되고, 불경 번역이 활발하게 이루어짐. 한편, 불로장생과 도술 등 민간 신앙과 도가의 가르침이 합쳐지면서 도교가 성행.

나선애의 **정리노트**

1. 삼국 시대와 5호 16국 시대

- 후한 말 황건적의 난을 계기로 삼국 시대 시작
  → 위·촉·오 세 나라 건설됨.
  → 사마염의 진나라가 중국을 통일함.
- 팔왕의 난 이후 유목 민족의 침입 → 다섯 이민족이 16개의 나라를 세운 5호 16국 시대
- 이후 선비가 세운 북위가 화베이 지방을 통일하며 남북조 시대로 진입
  * 구품중정제: 삼국 시대 위나라에서 실시된 인재 등용 제도. 문벌 귀족 등장의 계기가 됨!

2. 남북조 시대

- 귀족들의 남조: 강남의 농지 개발을 본격화함.
  → 귀족들은 도교에 빠져 정치에 무관심. 청담을 나누며 예술을 발전시킴.
- 유목민과 한족을 융합한 북조
  → 북위의 한화 정책(효문제): 선비의 언어와 복장 금지, 중국식 성 강요.
    수도를 평성에서 뤄양으로 천도. 균전제 실시.
- 북위는 동쪽의 동위와 서쪽의 서위로 분열. 다시 동위는 북제, 서위는 북주로 이어짐.
  관롱 집단이 지배하는 북주는 부병제를 실시함.

3. 불교와 도교의 유행

- 불교: 5호 16국 시대 유목민의 침입과 함께 비단길을 통해 전파됨.
  → 불경 번역 작업 활성화, 중국에 맞게끔 성격 변화
- 도교: 민간 신앙과 도가 사상이 결합하여 종교로 발전
  → 귀족들은 신선이 되어 불로장생하기 위해, 백성들은 구세주를 기다리는 마음으로 믿음.

세계사 퀴즈 달인을 찾아라!

1 빈칸에 알맞은 말을 순서대로 써 보자.

후한 → ① ○○ 시대 → 진(晉) → 5호 16국 및 동진 → ② ○○○ 시대

(① _____ , ② _____)

2 북위에 대한 설명으로 알맞은 것에 ○표, 알맞지 않은 것에 X표 해 보자.

○ 북위는 선비가 세운 나라이다. (   )

○ 북위의 효문제는 중국식 성의 사용을 금지하고, 선비의 복장을 강요했다. (   )

○ 북쪽에는 선비가 세운 북위, 남쪽에는 한족이 세운 동진이 있는 시대를 남북조 시대라고 한다. (   )

3 다음 중 서로 관련 있는 것들을 바르게 연결해 보자.

① 균전제 ・　　・㉠ 농한기에 훈련을 받고 군인으로 근무하는 제도

② 부병제 ・　　・㉡ 위나라 때부터 시행된 인재 등용 제도

③ 구품중정제 ・　　・㉢ 백성들에게 나라의 땅을 똑같이 나눠 주고 세금을 걷는 제도

4 밑줄 친 종교의 이름으로 알맞은 것은? ( )

> 위진 남북조 시대에 민간 신앙과 도가 사상이 결합하여 이 종교로 발전했다. 귀족들은 신선이 되어 불로장생하기 위해, 백성들은 더 나은 미래를 위해 믿었다.

① 도교 ② 불교 ③ 유교 ④ 마니교

5 다음 석굴 사원이 조성되었던 시기에 대한 설명으로 알맞은 것은? ( )

① 장건의 원정으로 비단길이 개척되었다.
② 유가, 도가, 법가 등 제자백가가 등장하였다.
③ 불교가 본격적으로 전파되고 불경 번역이 활발하게 이루어졌다.
④ 만리장성 등 대규모 토목 공사로 인해 농민 봉기가 자주 발생하였다.

6 위진 남북조 시대의 특징에 대한 설명으로 옳지 않은 것은? ( )

① 군현제와 봉건제를 섞은 군국제가 시행되었다.
② 유목민들의 유입으로 불교가 본격적으로 전파되었다.
③ 북위의 한화 정책으로 유목민과 한족의 문화가 융합되었다.
④ 남조에서는 귀족들을 중심으로 노장 사상과 도교가 유행하였다.

7 효문제의 정책에 대한 설명으로 알맞지 않은 것은? ( )

효문제
(467년~499년)

① 선비의 부족장들을 여러 등급으로 나눴다.
② 토지 제도와 관료 제도를 중국식으로 바꿨다.
③ 자신의 성을 탁발씨에서 중국인처럼 원씨로 바꿨다.
④ 수도를 한족의 중심지 뤄양에서 선비족의 근거지로 옮겼다.

 정답은 328쪽에서 확인하세요!

용선생 세계사 카페

중국 역사에는 왜 같은 이름을 가진 나라들이 많을까?

위나라, 제나라, 주나라, 북위, 동위, 서위, 북제, 북주…… 중국에는 같은 이름을 가진 나라들이 많지? 왜 그럴까?

그건 이 이름들이 중국의 지역 이름이기 때문이야. 중국 최초의 왕조인 주(周)는 장안을 중심으로 하는 관중 평원의 동부, 중국 최초의 통일 제국인 진(秦)은 관중 평원의 서부, 제(齊)는 산둥반도, 위(魏)는 허난성 지역, 촉(蜀)은 쓰촨성, 초(楚)는 창장강 중류의 둥팅호 주변의 분지를 가리킨단다. 이렇게 특정 지역에 뿌리를 둔 세력이 힘을 길러 나라를 세우면 그 지역 이름이 곧 그 나라의 이름이 되는 거지. 말하자면 위나라와 북위, 제나라와 북제, 주나라와 북주는 모두 크게 보아 같은 지역을 근거지로 성장한 나라라는 말씀!

게다가 새로운 나라를 세우는 사람 입장에서는 역사 속의 융성했던 나라 이름을 따서 사용하는 게 아무래도 좀 더 뼈대 있고 역사도 깊은 나라처럼 보이는 효과가 있다고 생각했을 거야. 중국 역사에서 오랜 역사를 두고 같은 나라 이름이 계속해서 반복되는 건 이 때문이야.

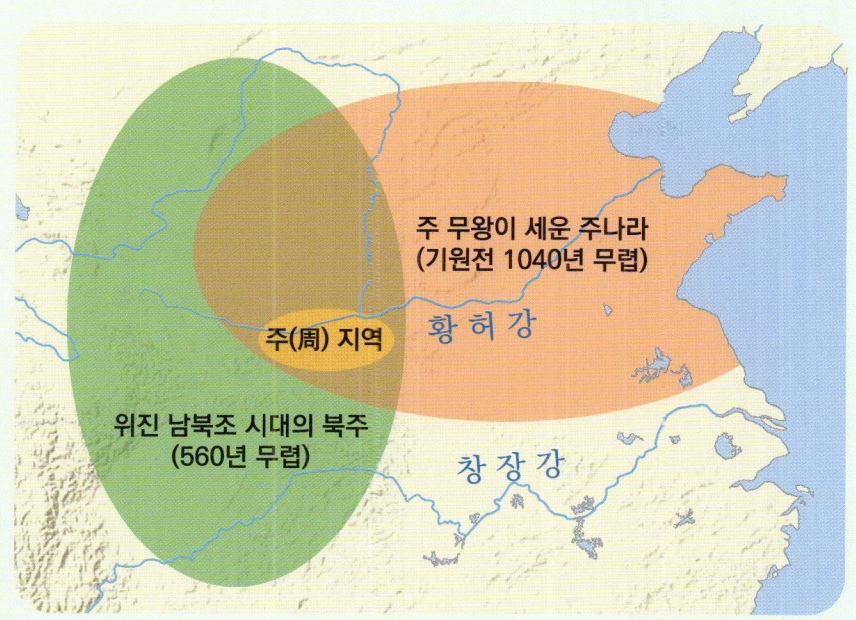

↑ 주(周) 지역과 역사에 등장한 주나라

그런데 멀게는 수백 년씩 시대 차이가 나는 나라들의 이름이 서로 똑같으면, 아무래도 나중에 역사를 공부하는 사람들 입장에서는 구분이 어려울 수 있겠지? 그래서 후대 사람들이 각각 동, 서, 남, 북, 전, 후 같은 한자를 앞에 붙여 서로 구분한 거란다.

↓ **드넓은 관중 평원의 모습** 주나라와 진나라의 근거지인 관중 평원은 웨이수이강에 접해 있어서 식량 생산이 많은 비옥한 들판이야. 그리고 저 뒤로 보이는 친링산맥 덕분에 방어에도 유리했지.

용선생 세계사 카페

남조의 화려한 귀족 문화

남조의 귀족 문화를 말할 때 빼놓을 수 없는 것이 바로 예술이야. 남조의 귀족들은 이미 후한 말부터 이어진 정치적 혼란에서 눈을 돌려 자연과 인간의 아름다움을 추구했어. '어떻게 하면 사람을 아름답게 그릴 수 있을까?', '어떻게 하면 글씨를 아름답게 쓸 수 있을까?', '어떻게 하면 자연을 아름답게 노래할 수 있을까?' 남조의 예술가들이 이런 과제를 어떻게 해결했는지 한번 알아보자.

붓 끝으로 천상의 아름다움을 그려 낸 화가 고개지

고개지는 모든 종류의 그림에 뛰어났지만 특히 인물화를 잘 그렸대. 그래서 고개지의 대표작 역시 여성의 아름다움을 아주 잘 표현한 <여사잠도>라는 그림이야. 하늘하늘한 옷의 질감, 화려한 색깔, 여인의 부드러운 몸매가 잘 드러나는 그림이지.

➡ <여사잠도>
동진의 화가 고개지가 그린 <여사잠도>는 여성의 아름다움을 잘 표현한 그림이야. 이 그림은 오늘날까지 전해 오는 중국의 가장 오래된 그림이기도 해.

서예의 끝판왕, 서예의 성인 왕희지

동진의 귀족이면서 서예가였던 왕희지는 기품 있고 유려한 글씨체인 왕희지체를 만들었어. 왕희지는 같은 글자라도 모두 조금씩 다르게 써서 단조로움을 피하고, 굵은 획으로 힘찬 느낌을, 가는 획으로 가벼움

◀ 〈난정서〉
왕희지체의 진수를 느낄 수 있는 작품이야.

을 표현하여 글씨를 예술의 경지로 끌어올린 인물로 평가받고 있지. 그래서 왕희지는 모든 서예가들이 본받아야 할 모범으로 평가받아 글씨의 성인, 즉 서성으로 불리기도 한단다.

자존심을 지키려 고고하게 자연으로 돌아간 시인 도연명

도연명은 동진의 몰락한 귀족 출신 시인이야. 가난 속에서도 언젠가 큰 포부를 펼칠 생각으로 열심히 공부해 시골 마을 수령 자리에 간신히 앉았어. 그런데 부패한 상관의 행실을 못 견디고 고향으로 돌아가 자연 속에서 농사를 짓고 시를 지으며 평생을 보냈지. 관직을 내던지고 고향으로 내려갈 때 지은 시가 그의 대표작인 〈귀거래사〉란다. '고향으로 돌아가며 부르는 노래'라는 뜻이지. '자, 돌아가자! 고향 땅이 황폐해지려는데 어찌 돌아가지 않겠는가.'로 시작하는 이 시는 입신양명에 눈이 멀었던 자신을 반성하고, 고향으로 돌아가 자연을 벗 삼으며 사는 것이 진정한 행복이라고 노래하는 작품이야.

▲ 동진의 시인 도연명

▼ 〈귀거래도〉 이 그림은 남송의 전선이라는 화가가 그린 〈귀거래도〉야. 왼쪽에 '자, 돌아가자! 고향 땅이 황폐해지려는데 어찌 돌아가지 않겠는가.'로 시작되는 〈귀거래사〉의 한 구절이 적혀 있어. 〈귀거래사〉는 수많은 화가들에 의해 그림으로 그려졌어.

보충 수업
비단길 집중 탐구

유럽과 중국을 이어주는 길, 비단길

지금까지 동서양을 잇는 육상 무역로, 비단길에 대해서 많은 이야기를 들었지? 비단길은 비단과 향신료, 유리와 청금석 같은 이국적인 특산물이 오가는 길이자, 머나먼 길을 여행하는 상인들을 따라 동서양의 문화가 서로 만나고 사방으로 퍼져 나가는 통로이기도 했단다.

비단길은 크게 세 갈래로 나뉘어. 첫 번째는 유라시아 대초원 지대를 지나는 초원의 길, 두 번째는 중앙아시아의 타림 분지를 지나는 사막의 길, 마지막은 이집트와 인도, 동남아시아를 연결하는 바다의 길이야. 그중에서도 가장 많은 상인이 애용했던 길은 단연 중앙아시아를 거쳐 가는 사막의 길이었지.

사막의 길은 중국의 심장부 장안에서 중앙아시아를 거쳐, 유럽에서 가장 번성한 도시인 콘스탄티노폴리스(오늘날의 이스탄불)에 이르기까지 장장 6,500킬로미터에 걸쳐 뻗어 있어. 한 무제 시절 장건의 원정을 통해 개척된 구역로가 바로 사막의 길이야.

사막의 길은 우리에게는 비교적 생소한 유라시아 내륙의 여러 도시들을 지나고 있어. 아마 열심히 수업을 들어도 그 모습을 파악하기가 쉽지 않았을 거야. 그래서 이 용선생이 특별 보충 수업, '비단길 집중 탐구'를 준비했단다! 세상에 둘도 없는 수업이 될 테니까 모두들 귀를 쫑긋 세우고 따라오라고!

비단길이 지나는 신장웨이 우얼 자치구 초원에서 양들이 풀을 뜯고 있어.
멀리 보이는 눈 덮인 산은 쿤룬산맥이야.

하서회랑
중국 문명의 심장부에서 서역의 입구까지

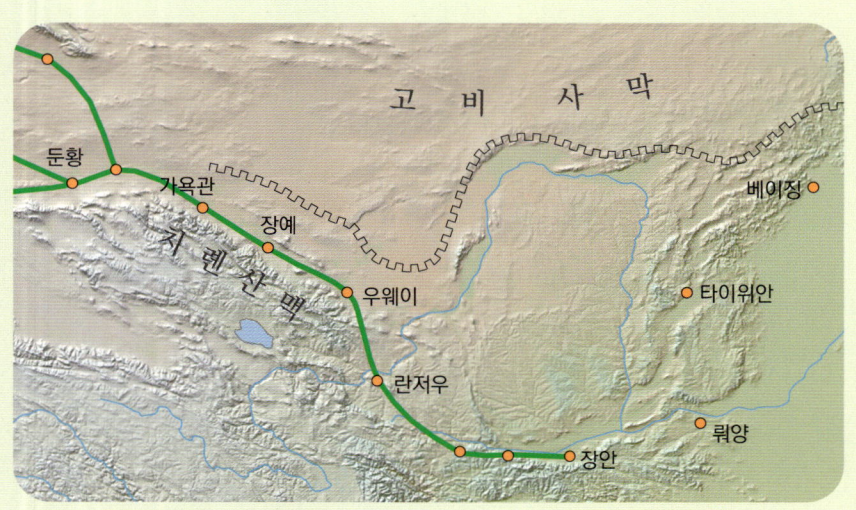

↑ **장예의 칠채산** 하서회랑의 일부이자 아름다운 경치로 명성이 높은 칠채산의 모습이야.

비단길은 중국 문명의 심장부 장안에서 출발한단다. 장안에서 서쪽으로 500킬로미터쯤 이동해 란저우에서 황허강을 건너게 되면, 그때부터는 북서쪽으로 뻗어 있는 치롄산맥의 북쪽 기슭을 따라가게 되지. 길이가 1,000킬로미터쯤 되는 이 길을 하서회랑이라고 불러. 황허강의 서쪽에 복도처럼 길쭉하게 뻗어 있는 땅이라는 뜻이야.

비단길의 첫 번째 구간인 하서회랑은 대초원의 유목민과 중국의 한족이 가장 격렬하게 충돌했던 곳이기도 해. 유목민은 북쪽의 초원에서 고비 사막을 넘어와 하서회랑을 오가는 상인들을 약탈했거든. 하지만 한 무제가 하서회랑에 하서사군이라고 불리는 네 개의 도시를 건설한 뒤로 이 땅은 중국 문명권에 들어오게 되었지. 물론 유목민의 공격은 계속되었지만 말이야.

중국인이 유목민의 공격에 얼마나 골머리를 앓았는지 잘 보여 주는 게 하서회랑의 북쪽을 따라 쌓은 만리장성이야. 지도에서 보듯이 만리장성은 하서회랑 북쪽을 가로막아 하서사군을 보호하는 역할을 하고 있어.

하서회랑의 종점은 장성의 서쪽 끝자락에 있는 둔황이라는 도시야. 중국 사람들은 둔황보다 더 서쪽에 있는 땅을 서역이라고 불렀어.

↑ **둔황의 야시장** 둔황은 하서회랑의 종점이자 중국 문명의 서쪽 끝이라고 할 수 있어.

↓ **가욕관** 만리장성의 서쪽 끝인 가욕관은 명나라 때 건설된 이후 중국의 서쪽 국경 역할을 해왔어.

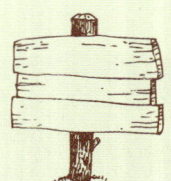

오아시스 길
험난한 사막을 넘는 본격적인 모험의 시작

▶ 타클라마칸 사막을 건너는 상인들
타클라마칸은 '들어가면 나올 수 없다'는 뜻을 가진 말이야.

둔황에 도착하면 이제 남쪽은 쿤룬산맥, 북쪽은 톈산산맥으로 둘러싸여 꼭 사발처럼 생긴 타림 분지를 지나가게 돼. 그런데 타림 분지 한복판에는 세계에서 가장 건조한 타클라마칸 사막이 펼쳐져 있어. 그러니 여기서부터 본격적인 고생길이 열린다고 볼 수 있지.

상인들은 사막을 건너는 여러 가지 길을 개척했어. 톈산산맥 북쪽을 지나는 길은 천산북로, 남쪽을 지나는 길은 천산남로, 그리고 티베트고원의 북쪽 기슭을 따라 사막의 남쪽을 빙둘러 가는 길은 사막남로라고 부른단다. 이 길목에는 각각 톈산산맥과 쿤룬산맥의 만년설이 녹아내린 물을 이용하는 오아시스들이 있었거든. 그러니 비단길의 두 번째 구간은 험난한 사막의 오아시스들을 연결하는 길인 셈이지.

오아시스라고 해서 사막 군데군데에 자리 잡은 작은 우물 정도를 생각하면 큰 오해야. 타림 분지의 오아시스들은 대규모로 농사를 지어 수만 명의 사람을 너끈히 먹여 살릴 수 있을 정도로 규모가 커. 사람들은 오아시스를 중심으로 도시를 이루어 비단길을 오가는 상인들을 대상으로 숙박업이나 중계 무역을 하기도 했고, 포도나 목화 같은 농작물을 대규모로 길러서 판매하기도 했어. 쿠차, 호탄, 야르칸드나 카슈가르 같은 도시들이 대표적이라고 할 수 있지. 동쪽의 중국이나 북쪽 대초원의 유목민들은 항상 이 도시들을 지배해서 비단길을 장악하려고 했단다.

↑ **호탄의 옥 장식품** 사막남로의 대표적인 도시인 호탄의 특산물은 질 좋은 옥이었어.

↑ **카슈가르의 시장** 일요일마다 열리는 카슈가르 시장은 비단길에서 가장 큰 시장으로 명성이 높았어.

↑ **하미과** 타림 분지의 오아시스가 원산지인 멜론의 일종이야. 몹시 달고 시원한 맛으로 유명하지.

중앙아시아 구간
사통팔달의 비단길 핵심 루트

오아시스 도시들을 거치며 험난한 사막을 헤쳐 나오면 '세계의 지붕' 파미르고원을 만나게 돼. 파미르고원 바로 인근에는 한 무제가 탐냈던 한혈마의 산지로도 유명한 페르가나라는 땅이, 그 너머에는 아무다리야강과 시르다리야강을 끼고 드넓은 초원이 펼쳐져 있지. 이곳을 소그디아나라고 해. 비단길의 핵심이라고 할 수 있지.

소그디아나는 인도와 유럽, 서아시아의 유서 깊은 도시들을 연결하는 교차로였어. 중국에서 먼 길을 온 상인들은 소그디아나의 사마르칸트, 부하라, 타슈켄트 같은 도시들에 머물며 물건을 팔 고객을 찾거나 유럽, 인도, 서아시아를 향해 새로운 여행을 떠날 준비를 하게 되지. 비단길이 거대한 기찻길이라면 소그디아나는 일종의 환승역이었던 거야. 그래서 이 지역은 세계 곳곳에서 찾아온 상인들로 언제나 붐볐단다.

오늘날 이 지역은 급속한 사막화로 인해 점점 옛 모습을 잃어 가고 있어. 사람들이 목화 농사를

↑ 우즈베키스탄의 목화밭 노동자들

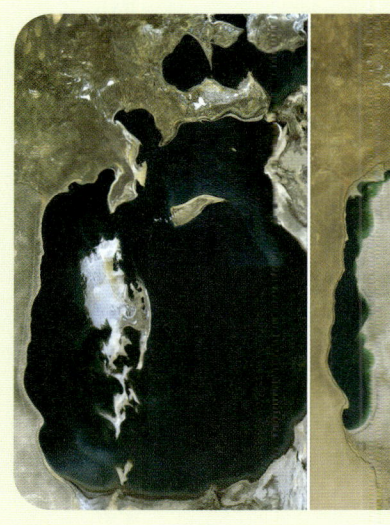

⬆ **말라붙은 아랄해** 한때 세계에서 네 번째로 넓은 호수였던 아랄해는 밑바닥을 드러낸 채 사막으로 변해 가고 있어. 왼쪽이 1989년, 오른쪽이 2014년의 아랄해 사진이야.

⬆ **밑바닥을 드러낸 아랄해에 덩그러니 남겨진 어선들**

짓기 위해 아랄해로 흘러드는 아무다리야강과 시르다리야강의 물을 마구 끌어 쓰면서 아랄해가 말라붙었고, 그 결과 사막화는 더욱 심각하게 진행되고 있지. 이대로라면 아랄해는 지도에서 완전히 사라질 수도 있다고 하는구나.

⬇ **사마르칸트 전경** 중앙아시아를 대표하는 상업 도시 사마르칸트의 모습. 거대한 이슬람 사원이 눈에 띄지? 중앙아시아 사람들은 800년대 이후 이슬람교를 대대적으로 받아들였어.

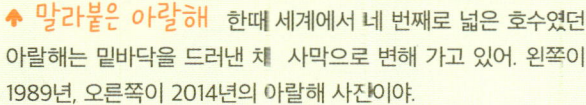

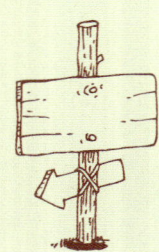

서아시아 구간
중앙아시아에서 지중해 세계에 이르는 길들

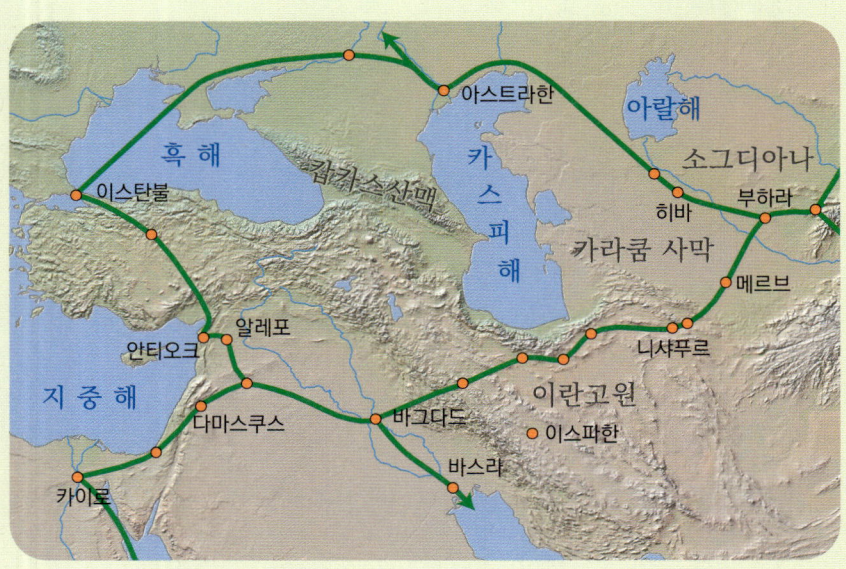

　유럽에 이르는 마지막 네 번째 구간은 여러 경로로 나눌 수 있어. 가장 오래전부터 널리 사용된 길은 이란고원을 관통해 동지중해의 시리아까지 가는 길이었지. 하지만 잦은 전쟁과 도적 떼들 때문에 이 길을 마음 놓고 쓸 수가 없게 되자, 상인들은 흑해와 카스피해의 북쪽 초원을 지나는 길이나, 홍해 혹은 페르시아만을 거치는 바닷길을 이용하기도 했어. 특히 인도를 거치는 상인들은 바닷길을 통해 동남아시아와 인도의 진귀한 향신료를 취급하며 큰돈을 벌기도 했단다.
　비단길의 네 번째 구간에는 메소포타미아와 이집트, 시리아의 숱한 무역 도시들이 자리 잡고 있어. 이슬람 세계의 중심인 바그다드와 다마스쿠스, 이집트의 카이로, 튀르키예의 이스탄불이나 안티오크 같은 도시가 대표적이지.

↑ **카라반** 비단과 황금 같은 귀중품을 가지고 다니는 상인들은 늘 약탈의 위협에 노출되어 있었어. 그래서 항상 낙타 같은 가축에 짐을 싣고 큰 무리를 지어 이동했단다. 이런 상인 무리를 카라반이라고 해.

↑ **카라반 숙소** 서아시아의 교역 도시에는 비단길을 오가는 카라반들을 위한 숙소가 많이 건설되었어. 카라반 숙소들은 오늘날까지도 관광객을 대상으로 숙소를 운영하기도 한단다.

↑ **바그다드** 이슬람 세계의 중심 바그다드는 중국과 인도, 서아시아, 그리고 유럽의 온갖 산물들이 모여드는 중요한 도시였어.

자, 어때? 이제 비단길의 전체 모습이 그려지니? 비단길은 단순한 교역로가 아니라 동서 문명의 교류가 이루어진 현장이었어. 덕분에 동양과 서양은 멀리 떨어져 있으면서도 서로 고립되지 않고 서로의 문명에 자극을 주며 함께 발전해 올 수 있었던 거지. 그 점에서 비단길은 인류 문명의 발달사에서 빼놓을 수 없는 중요한 위치를 차지하고 있단다.

▼ **보스포루스 해협**
비단길의 종점이야. 다리를 기준으로 왼쪽은 유럽, 오른쪽은 아시아로 구별되지.

한눈에 보는 세계사-한국사 연표

세계사

기원전 1200년 무렵	마야 문명 출현
기원전 1046년	중국에서 상나라가 멸망하고 주나라가 들어섬
기원전 1000년 무렵	중앙아시아에 최초의 유목민 출현함
기원전 900년 무렵	안데스고원 지대에서 차빈 문명이 출현함
기원전 800년 무렵	그리스에서 암흑시대가 끝남
기원전 770년	중국에서 춘추 시대가 시작됨
기원전 753년	로마가 세워짐
기원전 750년 무렵	쿠시 왕국이 이집트를 정복함
기원전 722년 무렵	이스라엘 왕국이 멸망함
기원전 700년 무렵	스파르타가 펠로폰네소스반도를 장악함
기원전 671년	신아시리아가 서아시아를 통일함
기원전 594년	솔론이 개혁 정책을 폄
기원전 551년	중국에서 공자가 탄생함
기원전 550년	키루스 2세가 페르시아 제국을 세움
기원전 522년	다리우스 1세가 즉위하고, 페르시아 제국이 전성기를 맞이함
기원전 513년 무렵	페르시아가 스키타이 원정을 실행함
기원전 510년 무렵	로마가 공화정을 수립함
기원전 500년 무렵	불교가 탄생함
기원전 500년 무렵	멕시코 오악사카 계곡에서 사포테카 문명이 출현함
기원전 490년	페르시아 전쟁이 발발하고 마라톤 전투가 벌어짐
기원전 480년	아테네가 살라미스 해전에서 페르시아에 승리를 거둠
기원전 431년	펠로폰네소스 전쟁이 발발함
기원전 403년	진(晉)나라가 분열하고 전국 시대가 시작됨
기원전 334년	알렉산드로스가 페르시아 원정을 시작함
기원전 330년	페르시아 제국이 멸망함
기원전 323년	알렉산드로스가 사망함
기원전 300년 무렵	일본에서 야요이 시대가 시작됨
기원전 275년 무렵	로마가 이탈리아반도를 통일함
기원전 261년	마우리아 왕조가 인도를 통일함
기원전 221년	진(秦)나라의 시황제가 중국을 통일함
기원전 214년	진나라가 만리장성을 건설함
기원전 213년	진나라에서 분서갱유가 시작됨
기원전 210년 무렵	묵특 선우가 흉노 제국을 건설함
기원전 202년	항우가 죽고 한나라가 중국을 통일함
기원전 184년	인도에서 마우리아 왕조가 쇠퇴함
기원전 146년	포에니 전쟁에서 로마가 카르타고에 승리를 거둠
기원전 129년	한 무제가 흉노와의 전면전을 개시
기원전 126년	장건이 서역 원정에서 돌아옴

스키타이의 황금 빗

아소카왕의 석주 머리 장식

진 시황제

한국사

기원전 2000년 무렵	청동기 시대가 시작됨	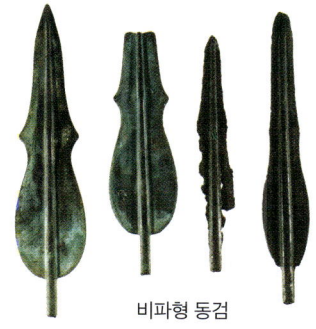 비파형 동검
기원전 700년 무렵	고조선이 중국 제나라와 무역을 함	
기원전 500년 무렵	고조선과 한반도에서 철기 사용이 시작됨	 탁자식 고인돌
		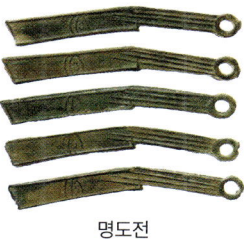 명도전

한눈에 보는 세계사-한국사 연표

세계사

기원전 100년 무렵	페루 해안 지역에서 나스카 문명이 출현
기원전 60년 무렵	흉노가 분열됨
기원전 58년	카이사르가 갈리아 원정을 시작함
기원전 27년	아우구스투스 황제가 즉위하고 로마 제정이 시작됨
기원전 4년 무렵	예수가 탄생함
25년	후한이 들어섬
96년	로마에서 오현제 시대가 시작됨
100년 무렵	쿠샨 왕조가 북인도를 통일함
184년	중국에서 황건적의 난이 일어남
220년	삼국 시대가 시작됨
226년	서아시아에서 사산조 페르시아 제국이 등장함
250년 무렵	일본에서 거대한 고분들이 만들어짐
304년	중국에서 5호16국 시대가 시작됨
313년	로마의 콘스탄티누스 황제가 크리스트교를 공인함
320년	인도에서 굽타 왕조가 건설됨
395년	동서 로마가 분리됨
400년 무렵	유라시아 대초원에 유연 제국이 들어섬
427년	인도에서 날란다 대학이 세워짐
439년	중국에서 북위가 화베이 지역을 통일하고 남북조 시대가 시작됨
476년	서로마 제국이 멸망함
481년	프랑크 왕국이 건국됨
493년	북위 효문제가 뤄양으로 수도를 옮김
500년 무렵	에프탈이 인도를 침략하고 굽타 왕조가 쇠퇴함
523년	중국 북위에서 육진의 난이 일어남
527년	유스티니아누스가 동로마 제국 황제로 즉위
534년	북위가 동위와 서위로 분열됨
650년 무렵	멕시코고원에서 테오티우아칸이 쇠퇴함
700년 무렵	티와나쿠가 번영을 누림
900년 무렵	페루 해안에서 치무 문명이 출현함
1400년 무렵	아스테카가 건설됨
1500년 무렵	잉카 제국이 안데스고원 지대를 통일함

잉카 황제 망코 카팍

한국사

기원전 300년 무렵	고조선이 중국 연나라와 겨루며 성장함
기원전 194년	위만이 준왕을 몰아내고 고조선 왕이 됨
기원전 108년	한나라의 공격으로 고조선이 멸망함

금관총 금관

기원전 57년	박혁거세가 신라를 건국함(《삼국유사》)
기원전 37년	주몽이 고구려를 건국함(《삼국유사》)
기원전 18년	온조가 백제를 건국함(《삼국유사》)
3년	유리왕이 수도를 국내성으로 옮김
22년	대무신왕이 부여를 공격하여 대소왕을 죽임
42년	김수로가 금관가야를 세움
48년	김수로와 허황옥이 결혼함
191년	고국천왕이 을파소를 국상으로 임명함
194년	고국천왕이 진대법을 실시함
260년	고이왕이 공복제를 실시함
313년	고구려가 낙랑군을 무너뜨림
369년	근초고왕이 마한을 정복함
371년	근초고왕이 평양성을 공격함
372년	소수림왕이 불교를 받아들이고 태학을 세움
400년	광개토 대왕이 왜를 물리침
404년	광개토 대왕이 후연과의 전쟁에서 승리해 요동 일대를 차지함
427년	장수왕이 수도를 평양으로 옮김
433년	신라와 백제가 동맹을 맺음
475년	장수왕이 한강 유역을 손에 넣고, 백제는 웅진으로 수도를 옮김
503년	지증왕이 나라 이름을 신라로 정함
512년	신라 이사부가 우산국을 정벌함
520년	법흥왕이 율령을 반포함
522년	대가야가 신라와 결혼 동맹을 맺음
527년	이차돈의 순교로 신라가 불교를 받아들임

연가 7년명 금동 여래 입상

백제 금동 대향로

찾아보기

ㄱ
간다라 12, 19, 21~22, 40~42, 47
갈 267, 269
강 267, 269
강남 255, 264, 269~272
갠지스강 10~13, 17, 18~21, 24, 30, 32, 131
거록 전투 119
건업 255, 264, 269, 276, 282, 285
게르 171, 177, 192, 201
견융 63
겸애 81
고개지 296
고비 사막 111, 138, 302
고산 기후 220
고타마 싯다르타 26, 30
공자 57, 65, 76, 78~81, 84~85, 124
곽거병 138~139
관도 대전 264
관롱 집단 283
관중 65, 66
관중 평원 56, 86, 88, 111, 120~122, 155, 165, 255, 283, 294~295
광무제 148
구마라습 287
구품중정제 265
군국제 125, 129, 151
군현제 89, 92, 125~126, 129
균전제 176, 284
기미 정책 142~143

ㄴ
난다 왕조 30~31
남조 255, 270, 272~276, 286, 288~289, 296
노자 83~84
《논어》 76

ㄷ
다퉁 254~257
달마 286~287
대승 불교 42~46, 285
대완(페르가나) 110, 131, 133~136, 138~139
도가 82, 84, 123
도교 272~275, 285, 289~290
《도덕경》 84, 290
도량형 91~92
도연명 297
동주 56, 63~64
동중서 127, 129
동진 269~270, 272, 296~297
동탁 262~263
둔전제 254, 266
둔황 110, 136, 138~139, 301~ 304
둔황 석굴 286

ㄹ
룸비니 13, 15,
뤄양 56, 63, 65, 71, 147
리마 206~207
린쯔 57, 77

ㅁ
마가다 왕국 16, 20~24, 30~32
마야 204, 210~222, 248~251
마야 달력 215~216
마야 문자 216~217
마야판 218
마왕두이 129
마우리아 왕조 16, 30~33, 36~38
마케도니아 188~189
마하바라타 20
마하비라 28~29
막북 전투 139
만리장성 91~92, 94, 130, 138, 175, 177, 190, 267~268, 303
망코 카팍 235
맹자 76, 81~83, 85
메디아 183
멕시코고원 219~224, 226, 228
멕시코시티 220~221
명도전 70
모체 230~231
몽골인 171, 174, 198
몽염 장군 92, 94
《묘법연화경》 287
묵가 76, 84
묵자 76, 80~81, 84
묵특 선우 131~132
미누신스크 165, 183

ㅂ
바그다드 308, 309
박트리아 왕국 38, 40
법치 86
베다 시대 18~19, 21~22

병마용 갱 104~105
봉건 제도 62, 64, 66
부병제 284
북위 257, 270, 275~280, 282, 284~288, 280~294
북제 270, 282, 284, 294
북조 256~257, 270, 272, 274~276, 280~282 288~289
북주 270, 282~284, 294
분서갱유 93~94, 124
불교 14~16, 24, 28~30, 33~38, 41~46, 50, 114, 181, 284~290
브라만 21~24, 27
비단길 299~311

ㅅ
《사기》 104~106, 158~161, 175
사마르칸트 306~307
사마염 265
사마예 272
사마천 104~105, 158~161
산치 대탑 37
삼국 시대 112, 121, 255, 260, 264, 266, 270~272
삼국지 262~264
상앙의 변법 86
상좌부 불교 43, 45~46
서주 56, 63
석가모니 14, 24~27, 30
선비 267, 270, 273~274, 278~283
선종 286~288
성선설 81, 85
세노테 212

소림사 286, 288
손권 261, 264
수리야 신 22
순자 77, 82, 85
슈라마나 24~25
스키타이 164, 166, 174, 182~189, 194
슬라브인 185
시황제 89~95, 116, 120, 130
신나라 146~147, 150
신정 정치 213

ㅇ
아리아인 18~21
아반티 19
아소카 대왕 32~37
아소카왕 돌기둥 36
아스테카 210, 218, 221, 224~230, 250~251, 204
아시리아 183~184
아이유 239~240
안데스산맥 206~208, 230, 234~235, 237~238, 241
알파카 233~234
야마(라마) 233~234
여포 263
염철 전매 제도 140~144
오경박사 127, 129
오나라 66~68, 75, 100~103, 255, 264, 269, 271
오르도스 56, 165, 181, 190~191
오아시스 137~139, 304~306
5호 16국 269~270, 285, 290
와리 230~231, 235
왕망 145~147, 150
왕희지 296~297
우문옹 284
우문태 282
원소 261, 264
월나라 66~68, 75, 102
월지 38~39, 42, 132~134, 137, 190~192, 194
위나라 86~87, 264~266, 270, 273, 294
위라코차 235, 237
위진 남북조 시대 270, 280, 289
위청 138
윈강 석굴 254, 285,
유가 76~79, 85, 96, 124, 150
유라시아 172
유라시아 (대)초원 57, 165, 170~171, 174, 181, 183, 186, 188, 193~194, 267
유방(한 고조) 154~157, 191
유비 12, 261, 263~265
유연 268~269
유카탄반도 210~211, 219, 250
육진의 난 282, 284
이슬라마바드 12
이집트 184, 213, 308
인신 공양 227, 229~230, 251
잉카 210, 220, 230~231, 234~244

ㅈ
자이나교 28~30
장건 129, 133~137, 139, 192
장안 56, 86, 111, 134, 136, 138, 147, 263, 294, 302
장자 83
장초 117
재규어 신전 212~213
적벽 대전 255, 264~265
전국 칠웅 71~72, 77
제나라 57, 65~66, 70, 77~78, 85, 121, 127, 294
제자백가 76~80, 83, 93, 290
제후 62~69, 71, 73~74, 77, 79, 80~81, 83~86, 89, 117, 121, 125~126, 156, 161, 261, 263
조조 254, 261, 263~264, 266
죽림칠현 273
중계 무역 40, 305
중앙아시아 30, 37~40, 45~46, 92, 134, 164, 182, 189, 306~308
진(晉)나라(춘추 전국 시대) 56, 66~67, 71, 85
진(秦)나라 56, 64, 66, 83, 86~96, 104~106, 111, 116~117, 119~123, 125, 127, 129, 154, 177, 190, 262, 294
진나라(위진 남북조 시대) 265~270
진승과 오광의 난 116~117, 119, 122
진시황릉 104, 106

ㅊ
찬드라굽타 마우리아 31, 33
찬찬 205, 232
창장강 58~61, 67, 112~114, 264, 269, 271, 274, 294
청담 274
청양궁 289
초나라 58, 66~68, 75, 84~85, 101~102, 119, 121, 126~127, 156
촉나라 112, 121, 264~265
춘추 65, 124
춘추 오패 68~69
춘추 전국 시대 57, 64~66, 68~70, 76, 78~79, 83, 89, 91~92, 95, 100, 119, 261
치남파 227
치무 230~231, 238
치첸이사 218~219, 250

ㅋ
카니슈카왕 45
카라반 309
카슈가르 305
카스트 제도 21~22, 27, 30
칼링가 왕국 34
케찰코아틀 250~251
쿠산 왕조 38~40, 42, 44~46, 132, 191,
쿠스코 205, 208, 235, 240~242, 244
쿠시나가라 17
쿤룬산맥 304~305
크림반도 164, 169

크샤트리아 18, 21~24,
28, 31
키푸 242
킴메르 182~183

ㅌ

타림 분지 110, 132,
137~138, 304~305
타완틴수유 238
타이위안 238, 256~257
타클라마칸 사막 304
태양신 22, 227~230, 237
태평도 261
태학 129
테노치티틀란 204, 225
테스코코 227, 230
테스코코호 220~222,
224~226
테오티우아칸 204,
220~224, 251
톨테카 204, 223~224,
250~251
툴라 204, 222~224
트라키아 164
틀라코판 227, 230
티와나쿠 204~205, 230,
232~234, 237
티칼 204, 211~214, 216,
218, 221
티티카카호 205, 230,
232~234, 237

ㅍ

파차쿠티왕 237~238
파촉 121
파탈리푸트라 13, 20,
32~33
팔왕의 난 268
패자 62, 64~68, 71, 121
펀자브 12, 31, 38
페루 206~207, 209,
230~231, 234
페르시아 19, 31, 164, 171,
178, 180, 184~185, 308
편호제민 75~76
평성 255, 278
《포폴 부》 248
필리포스 2세 188

ㅎ

하서회랑 138, 302~303
한 무제 110, 126~127,
129~130, 132~144, 158,
178, 191, 306
한나라 39, 56, 86,
104, 110~113, 116,
119, 121~125, 127~133,
135~140, 142~143,
145~147, 150, 154~156,
158~159, 165, 171,
178~180, 188, 190~194,
254, 262, 268, 288
한비자 77, 85
한신 121, 125~126,
154~157
한중 111, 121~122
한혈마 110, 135, 137, 139
한화 정책 278, 280
함곡관 111
함양(셴양) 56, 86, 90,
104, 111, 117, 119~120
항우 119~122, 125~126,
154, 156~157

호경 56, 63, 86
호족 143~147, 150,
260~264, 267, 272
화이허강 254
환공 65~67
효렴제 129
효문제 254~255, 278~280,
288
후베이성 57~60, 66
후한 254~255, 260,
263~264, 267~268, 270,
286, 296
훈고학 124, 129
흉노 39, 57, 110, 127,
130~143, 158, 164~165,
174~175, 177~178,
188~194

참고문헌

국내 도서

2022 개정 교육과정에 따른 중학교 고등학교 사회교과군 교과서.
21세기연구회 저/전경아 역, 《지도로 보는 세계민족의 역사》, 이다미디어, 2012.
E.H. 곰브리치 저/백승길, 이종숭 역, 《서양미술사》, 2012.
R.K. 나라얀 편저/김석희 역, 《라마야나》, 아시아, 2012.
R.K. 나라얀 편저/김석희 역, 《마하바라타》, 아시아, 2014.
가와카쓰 요시오 저/임대희 역, 《중국의 역사》, 혜안, 2004.
강선주 등저, 《마주보는 세계사 교실》, 1~8권, 웅진주니어, 2011.
강희숙, 공수진, 박미선, 이동규, 정기문 저, 《세계사 뛰어넘기 1》, 열다, 2012.
강창훈, 남종국, 윤은주, 이옥순, 이은정, 최재인 저, 《세계사 뛰어넘기 2》, 열다, 2012.
거지엔슝 편/정근희 외역, 《천추흥망》1~8권, 따뜻한손, 2010.
고려대 중국학연구소 저, 《중국지리의 즐거움》, 차이나하우스, 2012.
고처, 캔디스&월튼, 린다 저/황보영조 역, 《세계사 특강》, 삼천리, 2010.
교육공동체 나다 저, 《피터 히스토리아》1~2권, 북인더갭, 2011.
권동희 저, 《지리이야기》, 한울, 2005.
금현진 등저, 《용선생의 시끌벅적 한국사》1~10권, 사회평론, 2016.
기노 쓰라유키 외 편/구정호 역, 《고킨와카슈(상/하)》, 소명출판, 2010.
기노 쓰라유키 외 편/최충희 역, 《고금와카집》, 지만지, 2011.
기쿠치 요시오 저/이경덕 역, 《결코 사라지지 않는 로마, 신성 로마 제국》, 다른세상, 2010.
김경묵 저, 《이야기 러시아사》, 청아, 2012.
김기협 저, 《냉전 이후》, 서해문집, 2016.
김대륜, 김윤태, 안효상, 이은정, 최개인 글, 《세계사 뛰어넘기 3》, 열다, 2013.
김대호 저, 《장건, 실크로드를 개척하다》, 아카넷주니어, 2012.
김덕진 저, 《세상을 바꾼 기후》, 다른, 2013.
김명호 저, 《중국인 이야기 1~5권》, 한길사, 2016.
김상훈 저, 《통세계사 1, 2》, 다산에듀, 2015.
김성환 저, 《교실 밖 세계사여행》, 사계절, 2010.
김수행 저, 《세계대공황》, 돌베개, 2011.
김영한, 임지현 편저, 《서양의 지적 운동》, 1~2권, 지식산업사, 1994/1998.
김영호 저, 《세계사 연표사전》, 문예가당, 2012.
김원중 저, 《대항해 시대의 마지막 승자는 누구인가?》, 민음인, 2011.
김종현 저, 《영국 산업혁명의 재조명》, 서울대학교출판문화원, 2013.
김진섭 편, 《한 권으로 읽는 인도사》, 지경사, 2007.
김진호 저, 《근대 유럽의 역사: 종교개혁부터 신자유주의까지》, 한양대학교출판부, 2016.
김창성 저, 《세계사 산책》, 솔, 2003.
김태권 저, 《르네상스 미술이야기》, 한겨레출판, 2012.
김현수 저, 《이야기 영국사》, 청아출판사, 2006.
김형진 저, 《이야기 인도사》, 청아출판사, 2013.
김호동 역, 《마르코 폴로의 동방견문록》, 사계절, 2005.
김호동 저, 《아틀라스 중앙유라시아사》, 사계절, 2016.
김호동 저, 《황하에서 천산까지》, 사계절, 2011.
남경태 저, 《종횡무진 동양사》, 그린비, 2013.
남경태 저, 《종횡무진 서양사(상/하)》, 그린비, 2013.
남문희 저, 《전쟁의 역사 1, 2, 3》, 휴머니스트, 2011.
남종국 저, 《지중해 교역은 유럽을 어떻게 바꾸었을까?》, 민음인, 2011.
노명식 저, 《프랑스 혁명에서 파리 코뮌까지 1789~1871》, 책과함께, 2011.
누노메 조후 등저/임대희 역, 《중국의 역사: 수당오대》, 혜안, 2001.
닐 포크너 저/이윤정 역, 《좌파 세계사》, 엑스오북스, 2016.
데라다 다카노부 저/서인범, 송정수 공역, 《중국의 역사: 대명제국》, 혜안, 2006.
데이비드 O. 모건 저/권용철 역, 《몽골족의 역사》, 모노그래프, 2012.
데이비드 아불라피아 저/이순호 역, 《위대한 바다: 지중해 2만년의 문명사》, 책과함께, 2013.
도널드 쿼터트 저/이은정 역, 《오스만 제국사》, 사계절, 2008.
두보, 이벽 등저/최병국 편, 《두보와 이백 시선》, 한솜미디어, 2015.
라시드 앗 딘 저/김호동 역, 《부족지: 몽골 제국이 남긴 최초의 세계사》, 사계절, 2002.
라시드 앗 딘 저/김호동 역, 《칭기스칸기》, 사계절, 2003.
라시드 앗 딘 저/김호동 역, 《칸의 후예들》, 사계절, 2005.
라인하르트 쉬메켈 저/한국 게르만어 학회 역, 《인도유럽인, 세상을 바꾼 쿠르간 유목민》, 푸른역사 2013.
러셀 프리드먼 저/강미경 역, 《1차 세계대전: 모든 전쟁을 끝내기 위한 전쟁》, 두케아이들, 2013.
로버트 M. 카멕 편저/강정원 역, 《메소아메리카의 유산》, 그린비, 2014.
로버트 템플 저/과학세대 역, 《그림으로 보는 중국의 과학과 문명》, 까치, 2009.
로스 킹 저/신영화 역, 《미켈란젤로와 교황의 천장》, 다다북스, 2007.
로스 킹 저/이희재 역, 《브루넬레스키의 돔》, 세미콜론, 2007.
로저 크롤리 저/이순호 역, 《바다의 제국들》, 책과함께, 2010.
루스 판다이크 저/안인희 역, 《처음 읽는 아프리카의 역사》, 웅진씽크빅, 2014.
류시화, 《백만 광년의 고독 속에서 한 줄의 시를 읽다》, 연금술사, 2014.
르네 그루세 저/김호동, 유원수, 정재훈 공역, 《유라시아 유목제국사》, 사계절, 1998.
르몽드 디플로마티크 기획/권지현 등 역, 《르몽드 세계사 1, 2, 3》, 휴머니스트 2008/2010/2013.
리처드 번스타인 저/정동현 역, 《뉴욕타임스 기자의 대당서역기》, 꿈꾸는돌, 2003.

린 화이트 주니어 저/강일휴 역, 《중세의 기술과 사회변화: 등자와 쟁기가 바꾼 유럽 역사》, 지식의 풍경, 2005.
마르크 블로크 저/한정숙 역, 《봉건사회 1, 2》, 한길사, 1986.
마리우스 B. 잰슨 저/김우영 등역, 《현대일본을 찾아서》, 이산, 2010.
마이클 우드 저/김승욱 역, 《인도 이야기》, 웅진지식하우스, 2009.
마이클 파이 저/김지선 역, 《북유럽세계사 1, 2》, 소와당, 2016.
마크 마조워 저/이순호 역, 《발칸의 역사》, 을유문화사, 2014.
마틴 버넬 저/오흥식 역, 《블랙 아테나 1》, 소나무, 2006.
마틴 자크 저/안세민 역, 《중국이 세계를 지배하면》, 부키, 2010.
마틴 키친 편저/유정희 역, 《사진과 그림으로 보는 케임브리지 독일사》, 시공아크로총서, 2001.
매리 하이듀즈 저/박장식, 김동역 역, 《동남아의 역사와 문화》, 솔과학, 2012.
문을식 저, 《인도의 사상과 문화》, 도서출판 여래, 2007.
미르치아 엘리아데 저/이용주 등 역, 《세계종교사상사 1, 2, 3》, 이학사, 2005.
미셸 파루티 저/ 권은미 역, 《모차르트: 신의 사랑을 받은 악동》, 시공디스커버리총서 011, 시공사, 1999.
미야자키 마사카쓰 저/노은주 역, 《지도로 보는 세계사》, 이다미디어, 2005.
미조구치 유조 저/정태섭, 김용천 역, 《중국의 공과 사》, 신서원, 2006.
박금표 저, 《인도사 108장면》, 민족사, 2007.
박노자 저, 《거꾸로 보는 고대사》, 한겨레, 2010.
박노자 저, 《러시아는 우리에게 무엇인가》, 신인문사, 2011.
박래식 저, 《이야기 독일사》, 청아출판사, 2006.
박수철 저, 《오다 도요토미 정권의 사사지배와 천황》, 서울대학교출판문화원, 2012.
박용진 저, 《중세 유럽은 암흑시대였는가?》, 민음인, 2011.
박윤덕 등저, 《서양사강좌》, 아카넷, 2016.
박종현 저, 《희랍사상의 이해》, 종로서적, 1990.
박지향 저, 《클래식영국사》, 김영사, 2012.
박찬영, 엄정훈 등저, 《세계지리를 보다 1, 2, 3》, 리베르스쿨, 2012.
박한제, 김형종, 김병준, 이근명, 이준갑 공저, 《아틀라스 중국사》, 사계절, 2015.
배병우 등저, 《신들의 정원, 앙코르와트》, 글씨미디어, 2004.
배영수 편, 《서양사 강의》, 한울아카데미, 2000.
배재호 저, 《세계의 석굴》, 사회평론, 2015.
버나드 루이스 편/김호동 역, 《이슬람 1400년》, 까치, 2001.
베른트 슈퇴버 저/최승완 역, 《냉전이란 무엇인가》, 역사비평사, 2008.
베빈 알렉산더 저/김형배 역, 《위대한 장군들은 어떻게 승리하였는가》, 홍익출판사, 2000.
벤자민 킨, 키스 헤인즈 공저/김원중, 이성훈 공역, 《라틴아메리카의 역사 상/하》, 그린비, 2014.
볼프람 폰 에센바흐 저/허창운 역, 《파르치팔》, 한길사, 2009.
브라이언 타이어니, 시드니 페인터 공저/이연규 역, 《서양 중세사》, 집문당, 2012.
브라이언 페이건 저/이희준 역, 《세계 선사 문화의 이해》, 사회평론아카데미, 2015.
브라이언 페이건 저/최파일 역, 《인류의 대항해》, 미지북스, 2012.

브라이언 페이건, 크리스토퍼 스카레 등저/이청규 역, 《고대 문명의 이해》, 사회평론아카데미, 2015.
비토리오 주디치 저/남경태 역, 《20세기 세계 역사》, 사계절, 2005.
사마천 저/김원중 역 《사기 본기》, 민음사, 2015.
사마천 저/김원중 역 《사기 서》, 민음사, 2015.
사마천 저/김원중 역 《사기 세가》, 민음사, 2015.
사마천 저/김원중 역 《사기 열전 1, 2》, 민음사, 2015.
사와다 아시오 저/김숙경 역, 《흉노: 지금은 사라진 고대 유목국가 이야기》, 아이필드, 2007.
새뮤얼 노아 크레이머 저/박성식 역, 《역사는 수메르에서 시작되었다》, 가람기획, 2000.
새뮤얼 헌팅턴 저/강문구, 이재영 역, 《제3의 물결: 20세기 후반의 민주화》, 인간사랑, 2011.
서영교 저, 《고대 동아시아 세계대전》, 글항아리, 2015.
서울대학교 독일학연구소 저, 《독일이야기 1, 2》, 거름, 2003.
서진영 저, 《21세기 중국정치》, 폴리테이아, 2008.
서희석, 호세 안토니오 팔마 공저, 《유럽의 첫 번째 태양, 스페인》, 을유문화사, 2015.
송영배 저, 《동서 철학의 교섭과 동서양 사유 방식의 차이》, 논형, 2004.
수잔 와이즈 바우어 저/꼬마이실 역, 《교양 있는 우리 아이를 위한 세계역사이야기》, 1~5권, 꼬마이실, 2005.
스테파니아 스타푸티, 페데리카 로마놀리 등저/박혜원 역, 《고대 문명의 역사와 보물: 그리스/로마/아스텍/이슬람/이집트/인도/켈트/크메르/페르시아》, 생각의나무, 2008.
시바료타로 저/양억관 역, 《항우와 유방 1, 2, 3》, 달궁, 2003.
시오노 나나미 저/김석희 역, 《로마 멸망 이후의 지중해 세계(상/하)》, 한길사, 2009.
시오노 나나미 저/김석희 역, 《로마인 이야기》, 1~15권, 한길사 2007.
신성곤, 윤혜영 저, 《한국인을 위한 중국사》, 서해문집, 2013.
신승하 저, 《중국사(상/하)》, 미래엔, 2005.
신준형 저, 《뒤러와 미켈란젤로》, 사회평론, 2013.
아사다 미노루 저/이하준 역, 《동인도회사》, 피피에, 2004.
아사오 나오히로 편저/이계황, 서각수, 연민수, 임성모 역, 《새로 쓴 일본사》, 창비, 2013.
아서 코트렐 저/까치 편집부역, 《그림으로 보는 세계신화사전》, 까치, 1997.
아일린 파워 저/이종인 역, 《중세의 사람들》, 즐거운상상, 2010.
안 베르텔로트 저/체계병 역, 《아서왕》, 시공사, 2003.
안병철 저, 《이스라엘 역사》, 기쁜소식, 2012.
안효상 저, 《미국은 어떻게 만들어졌을까》, 민음인, 2013.
알렉산드라 미네르비 저/조행복 역, 《사진으로 읽는 세계사 2: 나치즘》, 플래닛, 2008.
앙투안 갈랑/임호경 역, 《천일야화 1~6》, 열린책들, 2010.
애덤 하트 데이비스 편/윤은주, 정범진, 최재인 역, 《히스토리》, 북하우스, 2009.
양은영 저, 《빅히스토리: 제국은 어떻게 나타나고 사라지는가?》, 와이스쿨 2015.
양정무 저, 《난생 처음 한번 공부하는 미술 이야기 1, 2》, 사회평론, 2016.

양정무 저, 《상인과 미술》, 사회평론, 2011.
에드워드 기번 저/윤수인, 김희용 공역, 《로마제국 쇠망사 1~6》, 민음사, 2008.
에르빈 파노프스키 저/김율 역, 《고딕건축과 스콜라철학》, 한길사, 2015.
에릭 홉스봄 저/김동택 역, 《제국의 시대》, 한길사, 1998.
에릭 홉스봄 저/정도역, 차명수 공역, 《혁명의 시대》, 한길사, 1998.
에릭 홉스봄 저/정도영 역, 《자본의 시대》, 한길사, 1998.
에이브러험 애셔 저/김하은, 신상돈 역, 《처음 읽는 러시아 역사》, 아이비북스, 2013.
엔리케 두셀 저/박병규 역, 《1492년, 타자의 은폐》, 그린비, 2011.
오토 단 저/오인석 역, 《독일 국민과 민족주의의 역사》, 한울아카데미, 1996.
웨난 저/이익희 역, 《마왕퇴의 귀부인 1, 2》, 일빛 2005.
유랴쿠 천황 외 저/고용환, 강용자 역, 《만엽집》, 지만지, 2009.
유세희 편, 《현대중국정치론》, 박영사, 2009.
유용태, 박진우, 박태균 공저, 《함께 읽는 동아시아 근현대사 1, 2》, 창비, 2011.
유인선 등저, 《사료로 보는 아시아사》, 종이비행기, 2014.
이강무 저, 《청소년을 위한 세계사. 서양편》, 두리미디어, 2009.
이경덕 저, 《함께 사는 세상을 보여주는 일본 신화》, 현문미디어, 2005.
이기영 저, 《고대에서 봉건사회로의 이행》, 사회평론, 2017.
이노우에 고이치 저/이경덕 역, 《살아남은 로마, 비잔틴 제국》, 다른세상, 2010.
이명현 저, 《빅히스토리: 세상은 어떻게 시작되었을까?》, 와이스쿨, 2013.
이병욱 저, 《한권으로 만나는 인도》, 너울북, 2013.
이영림, 주경철, 최갑수 공저, 《근대 유럽의 형성: 16~18세기》, 까치글방, 2011.
이영목 등저, 《검은, 그러나 어둡지 않은 아프리카》, 사회평론, 2014.
이옥순 등저, 《세계사 교과서 바로잡기》, 삼인, 2011.
이익선 저, 《만화 로마사 1, 2》, 알프레드, 2017.
이희수 저, 《이슬람의 모든 것》, 주니어김영사, 2009.
일본사학회 저, 《아틀라스 일본사》, 사계절, 2011.
임태승 저, 《중국 서예의 역사》, 미술문화, 2006.
임승희 저, 《유럽의 절대 군주는 어떻게 살았을까?》, 민음인, 2011.
임한순, 최윤영, 김길웅 공역, 《에다. 북유럽신화》, 서울대학교출판문화원, 2015.
임홍배, 송태수, 장병기 등저, 《독일 통일 20년》, 서울대학교출판문화원, 2011.
자닉 뒤랑 저/조성애 역, 《중세미술》, 생각의 나무, 2004.
장문석 저, 《근대정신은 어떻게 탄생했을까?》, 민음인, 2011.
장 콩비 저/노성기 외 역, 《세계교회사여행: 고대-중세 편》, 가톨릭출판사, 2013.
장진퀘이 저/남은숙 역, 《흉노제국 이야기》, 아이필드, 2010.
장 카르팡티에, 프랑수아 르브렁 편저/강민정, 나선희 공역, 《지중해의 역사》, 한길사, 2009.
재레드 다이아몬드 저/김진준 역, 《총, 균, 쇠》, 문학사상, 2013.
전국역사교사모임 저, 《살아있는 세계사 교과서 1, 2》, 휴머니스트, 2013.
전국역사고사모임 저, 《처음 읽는 미국사》, 휴머니스트, 2013.
전국역사고사모임 저, 《처음 읽는 인도사》, 휴머니스트, 2013.
전국역사고사모임 저, 《처음 읽는 일본사》, 휴머니스트, 2013.
전국역사고사모임 저, 《처음 읽는 중국사》, 휴머니스트, 2013.
전국역사고사모임 저, 《처음 읽는 터키사》, 휴머니스트, 2013.
전종한 등저, 《세계지리: 경계에서 권역을 보다》, 사회평론아카데미, 2017.
정기문 저, 《그리스도교의 탄생: 역사학의 눈으로 본 원시 그리스도교의 역사》, 길 2016.
정기문 저, 《역사보다 재미있는 것은 없다》, 신서원, 2004.
정수일 편저, 《해상 실크로드 사전》, 창비, 2014.
정재서 저, 《이야기 동양신화 중국편》, 김영사, 2010.
정재훈 저, 《돌궐 유목제국사 552~745》, 사계절, 2016.
제니퍼 올드스톤무어 저/이연승 역, 《처음 만나는 도쿄》, SBI, 2009.
제임스 포사이스 저/정재겸 역, 《시베리아 원주민의 역사》, 솔, 2009
조관희, 《중국사 강의》, 궁리, 2011.
조길태 저, 《인도사》, 민음사, 2012.
조르주 루 저/김유기 역, 《메소포타미아의 역사 1, 2》, 한국문화사, 2013.
조성일 저, 《미국학교에서 가르치는 미국역사》, 소이연, 2014.
조셉 린치 저/심창섭 등역, 《중세교회사》, 솔로몬, 2005.
조셉 폰타나 저/김원중 역, 《거울에 비친 유럽》, 새물결, 2005.
조지프 니덤 저/김주식 역, 《조지프 니덤의 동양항해선박사》, 문현, 2016.
조지형 등저, 《지구화 시대의 새로운 세계사》, 혜안, 2008.
조지형 저, 《빅히스토리: 세계는 어떻게 연결되었을까?》, 와이스쿨, 2013.
조흥국 등저, 《제3세계의 역사와 문화》, 한국방송통신대학교출판부, 2012.
존 루이스 개디스 저/박건영 역, 《새로 쓰는 냉전의 역사》, 사회평론, 2003.
존 리더 저/남경태 역, 《아프리카 대륙의 일대기》, 휴머니스트, 2013.
존 맥닐, 윌리엄 맥닐 공저/ 유정희, 김우역 역, 《휴먼 웹. 세계화의 세계사》, 이산, 2010.
존 줄리어스 노리치 편/남경태 역, 《위대한 역사도시70》, 위즈덤하우스, 2010.
주경철 저, 《대항해시대: 해상 팽창과 근대 세계의 형성》, 서울대학교출판부, 2008.
주경철 저, 《히스토리아》, 산처럼, 2012.
주디스 코핀, 로버트 스테이시 등저/박상익 역, 《새로운 서양 문명의 역사. 상》, 소나무, 2014.
주디스 코핀, 로버트 스테이시 등저/손세호 역, 《새로운 서양 문명의 역사. 하》, 소나무, 2014.
중앙일보 중국연구소 외, 《공자는 귀신을 말하지 않았다》, 중앙북스, 2010.
지리교육연구회 지평 저, 《지리 교사들, 남미와 만나다》, 푸른길, 2011.
지오프리 파커 편/김성환 역, 《아틀라스 세계사》, 사계절, 2009.
찰스 스콰이어 저/나영균, 전수용 공역, 《켈트 신화와 전설》, 황소자리, 2009.

최재호 등저, 《한국이 보이는 세계사》, 창비, 2011.
최충희 등역, 《하쿠닌잇슈의 작품세계》, 제이앤씨, 2011.
카렌 암스트롱 저/장병옥 역, 《이슬람》, 을유문화사, 2012.
콘수엘로 바렐라, 로베르토 마자라 등저/신윤경 역, 《크리스토퍼 콜럼버스》, 21세기북스, 2010.
콘스탄스 브리텐 부셔 저/강일휴 역, 《중세 프랑스의 귀족과 기사도》, 신서원, 2005.
크리스 브래지어 저/추선영 역, 《세계사, 누구를 위한 기록인가?》, 이후, 2007.
클린 존스 저/방문숙, 이호영 공역, 《사진과 그림으로 보는 케임브리지 프랑스사》, 시공아크로총서, 2001.
타밈 안사리 저/류한월 역, 《이슬람의 눈으로 본 세계사》, 뿌리와이파리, 2011.
타키투스 저/천병희 역, 《게르마니아》, 숲, 2012.
토마스 말로리 저/이현주 역, 《아서왕의 죽음 1, 2》, 나남, 2009.
파멜라 카일 크로슬리 저/강선주 역, 《글로벌 히스토리란 무엇인가》, 휴머니스트, 2010.
패트리샤 버클리 에브리 저 /이동진, 윤미경 공역, 《사진과 그림으로 보는 케임브리지 중국사》, 시공아크로총서 2010.
퍼트리샤 리프 애너월트 저/한국복식학회 역, 《세계 복식 문화사》, 예담, 2009.
페리클레스, 뤼시아스, 이소크라테스, 데모스테네스 저/김헌, 장시은, 김기훈 역, 《그리스의 위대한 연설》, 민음사, 2012.
페르낭 브로델 저/강주헌 역, 《지중해의 기억》, 한길사, 2012.
페르낭 브로델 저/김홍식 역, 《물질문명과 자본주의 읽기》, 갈라파고스, 2014.
페르디난트 자입트 저/차용구 역, 《중세의 빛과 그림자》, 까치글방, 2002.
폴 콜리어 등저/강민수 역, 《제2차 세계대전》, 플래닛미디어, 2008.
프레드 차라 저/강경이 역, 《향신료의 지구사》, 휴머니스트, 2014.
플라노 드 카르피니, 윌리엄 루부룩 등저/김호동 역, 《몽골 제국 기행: 마르코 폴로의 선구자들》, 까치, 2015.
피터 심킨스 등저/강민수 역, 《제1차 세계대전》, 플래닛미디어 2008.
피터 안드레아스 저/정태영 역, 《밀수꾼의 나라 미국》, 글항아리, 2013.
피터 홉커크 저/정영목 역, 《그레이트 게임: 중앙아시아를 둘러싼 숨겨진 전쟁》, 사계절, 2014.
필립 M.H. 벨 저/황의방 역, 《12전환점으로 읽는 제2차 세계대전》, 까치, 2012.
하네다 마사시 저/이수열, 구지영 역, 《동인도회사와 아시아의 바다》, 선인, 2012.
하름 데 블레이 저/유나영 역, 《왜 지금 지리학인가》, 사회평론, 2015.
하야미 이타루 저/양승영 역, 《진화 고생물학》, 서울대학교출판문화원, 2012.
하우즈마 데쓰오 저/김성동 역, 《대영제국은 인도를 어떻게 통치하였는가》, 심산, 2004.
하인리히 뵐플린 저/안인희 역, 《르네상스의 미술》, 휴머니스트, 2002.
한국교부학연구회 저, 《교부학 인명·지명 용례집》, 분도출판사, 2008.
한종수 저, 굽시니스트 그림, 《2차 대전의 마이너리그》, 길찾기, 2015.
해양문화연구원 편집위원회 저, 《해양문화 02. 바다와 제국》, 해양문화, 2015.
허청웨이 편/남광철 등역, 《중국을 말한다》1~9권, 신원문화사, 2008.
헤수스 알바레스 고메스 저/강운자 편역, 《수도생활: 역사 II》, 성바오로, 2002.
호르스트 푸어만 저/안인희 역, 《중세로의 초대》, 이마고, 2005.
홍익희 저, 《세 종교 이야기》, 행성B잎새, 2014.
황대현 저, 《서양 기독교 세계는 왜 분열되었을까?》, 민음인, 2011.
황패강 저, 《일본신화의 연구》, 지식산업사, 1996.
후지이 조지 등저/박진한, 이계황, 박수철 공역, 《쇼군 천황 국민》, 서해문집, 2012.

외국 도서

クリステル・ヨルゲンセン 等著/竹内喜, 德永優子 譯, 《戰闘技術の歴史 3: 近世編》, 創元社, 2012.
サイモン・アングリム 等著/天野淑子 譯, 《戰闘技術の歴史 1: 古代編》, 創元社, 2011.
じェフリー・リ・ガン, 《ウィジュアル版〈決戰〉の世界史》, 原書房, 2008.
ブライアン・レイヴァリ, 《航海の歴史》, 創元社, 2015.
マーティン・J・ドアティ, 《図説 中世ヨーロッパ 武器・防具・戰術百科》, 原書房, 2013.
マシュー・ベネット 等著/野下祥子 譯, 《戰闘技術の歴史 2: 中世編》, 創元社, 2014.
リュシアン・ルスロ 等著/辻元よしふみ, 辻元玲子 譯, 《華麗なるナポレオン軍の軍服》, マール社, 2014.
ロバーと・B・ブルース 等著/野下祥子 譯, 《戰闘技術の歴史 4: ナポレオンの時代編》, 創元社, 2013.
菊地陽太, 《知識ゼロからの世界史入門1部 近現代史》, 幻冬舎, 2010.
気賀澤保規, 《絢爛たる世界帝国 隋唐時代》, 講談社, 2005.
金七紀男, 《図説 ブラジルの-歴史》, 河出書房新社, 2014.
木下康彦, 木村靖二, 吉田寅 編, 《詳說世界史研究 改訂版》, 山川出版社, 2013.
山内昌之, 《世界の歴史 20 : 近代イスラームの挑戰》, 中央公論社, 1996.
山川ビジュアル版日本史図録編集委員会, 《山川 ビジュアル版日本史図録》, 山川出版社, 2014.
西ヶ谷恭弘 監修, 《衣食住になる日本人の歴史 1》, あすなろ書房, 2005.
西ヶ谷恭弘 監修, 《衣食住になる日本人の歴史 2》, あすなろ書房, 2007.
小池徹朗 編, 《新・歴史群像シリーズ 15: 大清帝國》, 学習研究社, 2008.
水野大樹, 《図解 古代兵器》, 新紀元社, 2012.
神野正史, 《世界史劇場イスラーム三国志》, ベレ出版, 2014.
神野正史, 《世界史劇場イスラーム世界の起源》, ベレ出版, 2013.
五十嵐武士, 福井憲彦, 《世界の歴史 21: アメリカとフランスの革命》, 中央公論社, 1998.
宇山卓栄, 《世界一おもしろい 世界史の授業》, KADOKAWA, 2014.
伊藤賀一, 《世界一おもしろい 日本史の授業》, 中経出版, 2012.
日下部公昭 等編, 《山川 詳說世界史図録》, 山川出版社, 2014.
井野瀬久美惠, 《興亡の世界史 16: 大英帝国という経験》, 講談社, 2007.
佐藤信 等編, 《詳說日本史研究 改訂版》, 山川出版社, 2013.

池上良太,《図解 装飾品》, 新紀元社, 2012.
後藤武士,《読むだけですっきりわかる世界史　近代編》, 玉島社, 2011.
後藤武士,《読むだけですっきりわかる現代編》玉島社, 2013.
後河大貴 外,《戦国海賊伝》, 笠倉出版社, 2015.
Acquaro, Enrico:《The Phoenicians: History and Treasures of An Ancient Civilization》, White Star, 2010.
Albert, Mechthild:《Das französische Mittelalter》, Klett, 2005.
Bagley, Robert:《Ancient Sichuan: Treasures from a Lost Civilization》, Princeton University Press, 2001.
Beck, B. Roger&Black, Linda:《World History: Patterns of Interaction》, Holt McDougal, 2010.
Beck, Rainer(hrsg.):《Das Mittelalter》, C.H Beck, 1997.
Bernlochner, Ludwig(hrsg.):《Geschichten und Geschehen》, Bd. 1-6. Klett, 2004.
Bonavia, Judy:《The Silk Road》 Odyssey, 2008.
Borst, Otto:《Alltagsleben im Mittelalter》, Insel, 1983.
Bosl, Karl:《Bayerische Geschichte》, Ludwig, 1990.
Brown, Peter:《Die Entstehung des christlichen Europa》, C.H.Beck, 1999.
Bumke, Joachim:《Höfische Kultur》, Bd. 1-2. Dtv, 1986.
Celli, Nicoletta:《Ancient Thailand: History and Treasures of An Ancient Civilization》, White Star, 2010.
Cornell, Jim&Tim:《Atlas of the Roman World》, Checkmark Books, 1982.
Davidson, James West&Stoff, Michael B.:《America: History of Our Nation》, Pearson Prentice Hall, 2006.
de Vries, Jan:《Die Geistige Welt der Germanen》, WBG, 1964.
Dinzelbach, P. (hrsg.):《Sachwörterbuch der Mediävistik》, Kröner, 1992.
Dominici, David:《The Maya: History and Treasures of An Ancient Civilization》, VMB Publishers, 2010.
Duby, Georges:《The Chivalrous Society》, translated by Cynthia Postan, University of California Press, 1980.
Eco, Umberto:《Kunst und Schönheit im Mittelalter》, Dtv, 2000.
Ellis, G. Elisabeth&Esler, Anthony:《World History Survey》, Prentice Hall, 2007.
Fromm, Hermann:《Basiswissen Schule: Geschichte》, Duden, 2011.
Funcken, Liliane&Fred:《Rüstungen und Kriegsgerät im Mittelalter》, Mosaik 1979.
Gibbon, Eduard:《Die Germanen im Römischen Weltreich,》, Phaidon, 2002.
Goody, Jack:《The development of the family and marriage in Europe》, Cambridge University Press, 1983.
Grant, Michael:《Ancient History Atlas》, Macmillan, 1972.
Großbongardt, Anette&Klußmann, Uwe,《Spiegel Geschichte 5/2013: Der Erste Weltkrieg》, Spiegel, 2013.
Heiber, Beatrice(hrsg.):《Erlebte Antike》, Dtv 1996.
Hinckeldey, Ch.(hrsg.):《Justiz in alter Zeit》, Mittelalterliches Kriminalmuseum, 1989
Holt McDougal:《World History》, Holt McDougal 2010.
Horst, Fuhrmann:《Überall ist Mittelalter》, C.H.Beck, 2003.
Horst, Uwe(hrsg.):《Lernbuch Geschichte: Mittealter》, Klett, 2010.
Huschenbett, Dietrich&Margetts, John(hrsg.):《Reisen und Welterfahrung in der deutschen Literatur des Mittelalters》, Würzburger Beiträge zur deutschen Philologie. Ed. VII, Königshausen&Neumann, 1991.
Karpeil, Frank&Krull, Kathleen:《My World History》, Pearson Education, 2012.
Kircher, Bertram(hrsg.):《König Aruts und die Tafelrunde》, Albatros, 2007.
Klußmann, Uwe&Mohr, Joachim:《Spiegel Geschichte 5/2014: Die Weimarer Republik》, Spiegel 2014.
Klußmann, Uwe:《Spiegel Geschichte 6/2016: Russland》, Spiegel 2016.
Kölzer, Theo&Schieffer, Rudolf(hrsg.):《Von der Spätantike zum frühen Mittelalter: Kontinuitäten und Brüche, Konzeptionen und Befunde》, Jan Thorbecke, 2009.
Langosch, Karl:《Profile des lateinischen Mittelalters》, WBG, 1965.
Lesky, Albin:《Vom Eros der Hellenen》, Vandenhoeck&Ruprecht, 1976.
Levi, Peter:《Atlas of the Greek World》, Checkmark Books, 1983.
Märtle, Claudia:《Die 101 wichtigsten Fragen: Mittelalter》 C.H.Beck, 2013.
McGraw-Hill Education:《World History: Journey Across Time》, McGraw-Hill Education, 2006.
Mohr, Joachim&Pieper, Dietmar:《Spiegel Geschichte 6/2010: Die Wikinger》, Spiegel, 2010.
Murphey, Rhoads:《Ottoman warfare, 1500-1700》, Rutgers University Press, 2001
Orsini, Carolina:《The Incas: History and Treasures of An Ancient Civilization》, White Star, 2010.
Pieper, Dietmar&Mohr, Joachim:《Spiegel Geschichte 3/2013: Das deutsche Kaiserreich》, Spiegel 2013.
Pieper, Dietmar&Saltzwedel, Johannes:《Spiegel Geschichte 4/2011: Der Dreißigjährige Krieg》, Spiegel 2011.
Pieper, Dietmar&Saltzwedel, Johannes:《Spiegel Geschichte 6/2012: Karl der Große》, Spiegel 2012.
Pötzl, Nobert F.&Traub, Rainer:《Spiegel Geschichte 1/2013: Das Britische Empire》, Spiegel, 2013.
Pötzl, Nobert F.&Saltzwedel:《Spiegel Geschichte 4/2012: Die Päpste》, Spiegel, 2012.
Prentice Hall:《History of Our World》, Pearson/Prentice Hall, 2006.
Rizza, Alfredo:《The Assyrians and the Babylonians: History and Treasures of An Ancient Civilization》White Star 2007.

Rösener, Werner: 《Die Bauern in der europäischen Geschichte》, C.H.Beck, 1993.
Schmidt-Wiegand: 《Deutsche Rechtsregeln und Rechtssprichwörter》, C.H.Beck, 2002.
Seibt, Ferdinand: 《Die Begründung Europas》, Fischer, 2004.
Seibt, Ferdinand: 《Glanz und Elend des Mittelalters》, Siedler, 1992.
Simek, Rudolf: 《Erde und Kosmos im Mittelalter》, Bechtermünz, 2000.
Speivogel, J. Jackson: 《Glecoe World History》, McGraw-Hill Education, 2004.
Talbert, Richard: 《Atlas of Classical History》, Routledge, 2002.
Tarling, Nicholas(ed.): 《The Cambridge of History of Southeast Asia》, Vol. 1-4. Cambridge University Press 1999.
Todd, Malcolm: 《Die Germanen》Theiss, 2003.
van Royen, René&van der Vegt, Sunnyva: 《Asterix – Die ganze Wahrheit》, übersetzt von Gudrun Penndorf, C.H.Beck, 2004.
Wehrli, Max: 《Geschichte der deutschen Literatur im Mittelalter》, Reclam, 1997.
Zimmermann, Martin: 《Allgemeine Bildung: Große Persönlichkeiten》, Arena, 2004.

논문

기민석, 〈고대 '의회'와 셈어 mlk〉, 《구약논단》 17, 한국구약학회, 2005, 140-160쪽.
김병준, 〈진한제국의 이민족 지배: 부도위 및 속국도위에 대한 재검토〉, 역사학보 제217집, 2013, 107-153쪽.
김인화, 〈아케메네스조 다리우스 1세의 왕권 이념 형성과 그 표상에 대한 분석〉, 서양고대사연구 38, 2014, 37-72쪽
남종국, 〈12~3세기 이자 대부를 둘러싼 논쟁: 자본주의의 서막인가?〉, 서양사연구 제52집, 2015, 5-38쪽.
박병규, 〈스페인어권 카리브 해의 인종 혼종성과 인종민주주의〉, 이베로아메리카 제8권, 제1호. 93-114쪽.
박병규, 〈카리브 해 지역의 문화담론과 문화모델에 관한 연구〉, 스페인어문학 제42호, 2007, 261-278쪽.
박수철, 〈직전정권의 '무가신격화'와 천황〉, 역사교육 제121집, 2012. 221-252쪽.
손태창, 〈신 아시리아 제국 후기에 있어 대 바빌로니아 정책과 그 문제점: 기원전 745-627〉, 서양고대사연구 38, 2014, 7-35
우석균, 《《포폴 부》와 옥수수〉, 이베로아메리카연구 제8권, 1997, 65-89쪽.
유성환, 〈아마르나 시대 예술에 투영된 시간관〉, 인문과학논총, 제73권 4호, 2016, 403-472쪽.
유성환, 〈외국인에 대한 이집트인들의 두 시선: 고왕국 시대에서 신왕국 시대까지 창작된 이집트 문학작품 속의 외국과 외국인에 대한 묘사를 중심으로〉, 서양고대사연구 제34집, 2013, 33-77쪽.
윤은주, 〈18세기 초 프랑스의 재정위기와 로 체제〉, 프랑스사연구 제16호, 2007, 5-41쪽.
이근명, 〈왕안석 신법의 시행과 대간관〉, 중앙사론 제40집, 2014, 75-103쪽.
이삼현, 〈하무라비法典 小考〉, 《법학논총》 2, 국민대학교 법학연구소, 1990, 5-49쪽.
이은정, 〈'다종교, 다민족, 다문화'적인 오스만제국의 통치 전략〉, 역사학보 제217집, 2013, 155-184쪽.
이은정, 〈오스만제국 근대 개혁기 군주의 역할: 셀림3세에서 압뒬하미드 2세에 이르기까지〉, 역사학보 제 208집, 2010, 103-133쪽.
이종근, 〈고대 메소포타미아의 수메르 우르-남무 법의 도덕성에 관한 연구〉, 《법학연구》 32, 한국법학회, 2008, 1-21쪽.
이종근, 〈메소포타미아 법사상 연구: 받는 소(Goring Ox)를 중심으로〉, 《신학지평》 16, 안양대학교 신학연구소, 2003, 297-314쪽.
이종근, 〈생명 존중을 위한 메소포타미아 법들이 정의: 우르 남무와 리피트이쉬타르 법들을 중심으로〉, 《구약논단》 15, 한국구약학회, 2003, 261-297쪽.
이종득, 〈멕시코-테노츠티틀란의 성장 과정과 한계: 삼각동맹〉, 라틴아메리카연구 제23권, 3호. 111-160쪽.
이지은, 〈"인도 센서스"와 식민 지식의 구축: 19세기 인도 사회와 정립되지 않은 카스트〉, 역사문화연구 제59집, 2016, 165-196쪽.
정기문, 〈로마 제국 초기 디아스포라 유대인의 팽창원인〉, 전북사학 제48호, 2016, 279-302쪽.
정기문, 〈음식 문화를 통해서 본 세계사〉, 역사교육 제138집, 2016, 225-250쪽.
정재훈, 〈북아시아 유목 군주권의 이념적 기초: 건국 신화의 계통적 분석을 중심으로〉, 동양사학연구 제122집, 2013, 87-133쪽.
정재훈, 〈북아시아 유목민족의 이동과 정착〉, 동양사학연구 제103집, 2008, 87-116쪽.
정혜주, 〈태초에 빛이 있었다: 마야의 천지 창조 신화〉, 이베로아메리카 제7권 2호, 2005, 31-62쪽.
조주연, 〈미학과 역사가 미술사를 만났을 때〉, 《미학》 52, 한국미학회, 2007. 373-425쪽.
최재인, 〈미국 역사교육의 쟁점과 전망: 아프리카계 미국인 역사교육을 중심으로〉, 역사비평 제110호, 2015, 232-257쪽.

인터넷 사이트

네이버 지식백과: terms.naver.com
미국 자율학습 사이트: www.khanacademy.org
미국 필라델피아 독립기념관 역사교육 사이트: www.ushistory.org
영국 브리태니커 백과사전: www.britannica.com
영국 대영도서관 아시아, 아프리카 연구 사이트: britishlibrary.typepad.co.uk/asian-and-african
영국 BBC방송 청소년 역사교육 사이트: www.bbc.co.ukschools/primaryhistory
독일 브록하우스 백과사전: www.brockhaus.de
독일 WDR방송 청소년 지식교양 사이트: www.planet-wissen.de
독일 역사박물관 www.dhm.de
독일 청소년 역사교육 사이트: www.kinderzeitmschine.de
독일 연방기록원 www.bundesarchiv.de
위키피디아: www.wikipedia.org

사진 제공

수록된 사진 중 일부는 노력에도 불구하고 저작권자를 확인하지 못하고 출간하였습니다. 확인되는 대로 최선을 다해 협의하겠습니다. 퍼블릭 도메인은 따로 표기하지 않았습니다.

표지
진시황릉의 병마용 Shutterstock

1교시
마하트마 간디 다리 게티이미지코리아
파이살 모스크 Ali Mujtaba
마야데비 사원 Photo Dharma
열반에 든 부처상 Bpilgrim
보드가야 사원 Andrew Moore
다메크 스투파 Shutterstock
골가르 Shivamsetu
룸비니 남쪽 연못 Alamy/게티이미지코리아
마하보디 사원의 수도승들 Abhewday
마하보디 사원 Shutterstock
석주 머리 장식 Akg Images/게티이미지코리아
부처님을 닦는 할머니 Alamy/게티이미지코리아
《마하바라타》 전투 장면 The Bridgeman Art Library
수리야 신상 Nomu420
간다라 왕국 은화들 Ancientcoinsofindia1
마가다 왕국 은화들 CNG Coins
요가 수행자 Agefotostock/토픽이미지스
성 밖으로 나와 병든 자와 늙은이를 목격한 고타마 싯다르타 Alamy/게티이미지코리아
마하비라 상아 조각상 Miguel Hermoso Cuesta
인도의 자이나교도들 Agefotostock/토픽이미지스
오늘날 파트나 Alamy/게티이미지코리아
아소카왕 돌기둥 Bernard Gagnon
인도에서 발견된 쿠샨 왕조 시대 로마 금화들 Uploadalt
쿠샨 왕조 금화 CNG Coins, 게티이미지코리아
간다라 지방 초기 불상 Alamy/게티이미지코리아
석굴암 본존불 북앤포토
부처님 발자국 Albumonline/윤익이미지
스님에게 성금 시주하는 할머니 연합뉴스
약사여래불 Fae
아미타불도 국립중앙박물관
금동반가사유상 국립중앙박물관
관세음보살 Shutterstock
문수보살 Alamy/게티이미지코리아

2교시
만리장성 Shutterstock
진 문공 연합뉴스
오르도스 지역 청동 사람 PHGCOM
병마용 얼굴 Akg Images/게티이미지코리아
동주 청동기 Los Angeles County Museum of Art
호경 청동기 Imagine China/연합뉴스
황금 수사슴 G41rn8
명도전 Alamy/게티이미지코리아
곡부 공묘 대성전 북앤포토
진묘수 게티이미지코리아
황학루에서 바라본 우한의 모습 Shutterstock
황학루 Shutterstock
거리에서 자는 우한 시민들 게티이미지코리아
양쯔강 Shutterstock
후베이성 들판 게티이미지코리아
찻잎 따는 아주머니들 연합뉴스
싼샤 댐 Shutterstock
춘추 국립중앙박물관
관중 한국인문고전연구소
춘추 시대 철제 농기구들 Gary Todd
제나라 수도 린쯔 Rolfmueller
장자 게티이미지코리아
한비자 연합뉴스
역산 공적비 Imagine China/연합뉴스
시황제 시대의 저울추 Zcm11
전국 시대 장성 조관희
월왕 구천검 Imagine China/연합뉴스
월나라 미녀 서시 연합뉴스
진시황릉 입구 wit
병마용 갱 Shutterstock
돌로 만든 갑옷과 투구 Shashi Bellamkonda
다양한 자세의 병마용들 Alamy/게티이미지코리아
청동 마차 모형 Maros Mraz

3교시
장안성 게티이미지코리아
타클라마칸 사막 Pravit
마답비연상 Alamy/게티이미지코리아
잔도 연합뉴스
양관 박물관의 장건 동상 Agefotostock/토픽이미지스
곽거병 무덤 마답 흉노상 Alamy/게티이미지코리아
함곡관 Imagine China/연합뉴스

한 고조 The Bridgeman Art Library
청두 야경 Shutterstock
충칭 전경 Oliver Ren
러산 대불 Ariel Steiner
쓰촨성 판다 Chi King
진리 거리 Alamy/게티이미지코리아
장기 북앤포토
한 무제의 순행 행렬 게티이미지코리아
오르도스 연합뉴스
묵특 선우(몽골 우표) Wikipedia
T 자 모양의 비단 그림 Yann Forget
비단 짜는 여인들 The Bridgeman Art Library
도인도(복원도) The Bridgeman Art Library
혜성도 Alamy/게티이미지코리아
곡식 창고 모양 토기 Akg Images/이미지코리아
후풍지동의 Alamy/게티이미지코리아
달빛 아래에서 한신을 쫓는 소하 BabelStone
패왕별희 Photoshot
죽간에 글을 쓰는 사마천 The Bridgeman Art Library
사기 북앤포토

4교시

눈 덮인 몽골 게티이미지코리아
맹수 얼굴의 말 장신구 카자흐스탄박물관(nationalmuseum.kz)
스키타이 사신 부조 The Bridgeman Art Library
스키타이 황금 빗 Photo Fine Art Images/Heritage Images/Scala/Florence
산양 청동 조각상 The Bridgeman Art Library
한나라 황제가 흉노 족장에게 준 인장 BabelStone
오르도스 말 동상 Shutterstock
키예프 stephanemartin
전설 속의 4인방 123RF
흑토 지대 Shutterstock
우크라이나 밀밭 Shutterstock
우크라이나 공장 Shutterstock
키예프 성 소피아 대성당 Paweł 'pbm' Szubert
정교회 사제들 Alamy/게티이미지코리아
프리피야트 입구 Shutterstock
우크라이나 군인들 Alamy/게티이미지코리아
크림반도 합병을 환영하는 러시아인들 게티이미지코리아
러시아에 항의하는 우크라이나인들 Alamy/게티이미지코리아
게르 Shutterstock
사슴돌 북앤포토
가축 몰고 가는 몽골인 Alamy/게티이미지코리아
유목민의 치즈 게티이미지코리아
유목민 전사 The Bridgeman Art Library
유목민 기병 상상 그림 Alamy/게티이미지코리아
파지리크 고분 벽화 게티이미지코리아
스키타이 황금 항아리 The Bridgeman Art Library
황금 단검 The Bridgeman Art Library
황금으로 만든 화살통 게티이미지코리아
양젖을 짜는 소년 The Bridgeman Art Library
양가죽을 손질하는 스키타이인 The Bridgeman Art Library
사르마티아의 황금 왕관 The Bridgeman Art Library
흉노의 모습 Wikipedia
게르를 설치하는 몽골인 Alamy/게티이미지코리아
게르 내부 Shutterstock
흉노 제국 금관 연합뉴스
가축 젖 짜는 몽골인 Alamy/게티이미지코리아
우유 통 든 아이 Agefotostock/토픽이미지스
물을 길어 오는 아이들 Alamy/게티이미지코리아
가축 모는 몽골인 게티이미지코리아
양털 깎는 몽골인 게티이미지코리아
새끼 양을 옮기는 아이 게티이미지코리아
마유주 Alamy/게티이미지코리아
말 타는 아이 Shutterstock

5교시

티티카카호 게티이미지코리아
툴라 피라미드의 전사 기둥 Shutterstock
티칼 재규어 신전 Shutterstock
테노치티틀란 상상도 게티이미지코리아
태양의 피라미드 Shutterstock
망코 카팍 동상 Alamy/게티이미지코리아
찬찬 유적 Shutterstock
티와나쿠 칼리사사야 신전 Shutterstock
리마 해안 절벽 Shutterstock
안데스산맥 Shutterstock
안데스고원 Shutterstock
감자 냉동 건조시키는 농민들 Alamy/게티이미지코리아
콘도르 Shutterstock
케나 연주하는 원주민 Alamy/게티이미지코리아
페루 전통 악기들 Shutterstock
비쿠냐 Shutterstock
세노테 Luis Miguel Bugallo Sanchez
팔렝케 피라미드 석관 게티이미지코리아
코판의 비석 게티이미지코리아
마야인의 종교 달력 Wikipedia
카카오 Shutterstock
치첸이사 쿠쿨칸 신전 게티이미지코리아
테오티우아칸 흑요석 단도 Wolfgang Sauber
테오티우아칸 전경 게티이미지코리아
테오티우아칸 신년 축제 Photoshot
치남파 게티이미지코리아
아스테카의 토기 게티이미지코리아
찬찬 유적지 Alamy/게티이미지코리아
야마 Alamy/게티이미지코리아
알파카 Acabashi

칼리사사야 신전의 위라코차 석상 Shutterstock
쿠스코의 12각석 Shutterstock
잉카인들의 구름다리 Shutterstock
키푸 Akg Images/게티이미지코리아
인간을 창조하는 신들 The Bridgeman Art Library
세상의 창조를 의논하는 두 신의 부조 Alamy/게티이미지코리아
케찰코아틀 Eddo
치첸이사의 깃털 달린 뱀 Shutterstock
소치칼코 신전의 깃털 달린 뱀 Agefotostock/토픽이미지스
테오티우아칸의 깃털 달린 뱀 Shutterstockk

6교시
룽먼 석굴 원경 Shutterstock
원강 석굴 Zhangzhugang
둔황 석굴의 벽화 Alamy/게티이미지코리아
조조 Akg Images/게티이미지코리아
화이허강 Shutterstock
북조의 기마 무사상 Gary Todd
룽먼 석굴 Shutterstock
쉬안우호 공원 Shutterstock
적벽 Jie
타이위안 Shutterstock
다퉁 화엄사 Zhangzhugang
황허강 후커우 폭포 Leruswing
석탄 채굴 게티이미지코리아
공장 매연 게티이미지코리아
타이항산맥 Shutterstock
도삭면 Imagine China/연합뉴스
식초 공장 게티이미지코리아
동진의 첫 황제 사마예 한국인물고전연구소
양쯔강 유역의 논 Alamy/게티이미지코리아
몽골식 가죽 부츠를 신은 사람 Agefotostock/토픽이미지스
입식 생활 Agefotostock/토픽이미지스
《묘법연화경》 목아박물관(보물 제1145호)
소림사 연합뉴스
달마 국립중앙박물관
청양궁 Agefotostock/토픽이미지스
도연명 The Bridgeman Art Library

보충수업
신장 웨이우얼 자치구 초원 게티이미지코리아
장예의 칠채산 Shutterstock
둔황의 야시장 Alamy/게티이미지코리아
가욕관 Shutterstock
타클라마칸 사막을 건너는 낙타 Photoshot
호탄의 옥 장식품 Imagine China/연합뉴스
카슈가르 시장 Agefotostock/토픽이미지스
하미과 연합뉴스
우즈베키스탄의 목화밭 노동자들 Alamy/게티이미지코리아

아랄해의 어선들 Shutterstock
사마르칸트 Shutterstock
카라반 Alamy/게티이미지코리아
카라반 숙소 Alamy/게티이미지코리아
바그다드 USACE HQ/JIM GORDAN/CIV/USACE
보스포루스 해협 Shutterstock

연표
비파형 동검 국립중앙박물관
탁자식 고인돌 Hairwizard91
명도전 국립중앙박물관
연가 7년명 금동 여래 입상 국립중앙박물관
백제 금동 대향로 국립중앙박물관
금관총 금관 국립중앙박물관
감은사지 동삼층 석탑 사리장엄구 국립중앙박물관

퀴즈 정답

1교시

1. O, O, O, X
2. 마우리아 왕조
3. ①-ⓒ, ②-ⓑ, ③-㉠
4. ⓑ, ⓒ
5. ③
6. 간다라
7. ②

2교시

1. 전국
2. ②
3. 제자백가, 패자, 법가
4. ①-㉠, ②-ⓒ, ③-ⓑ
5. 군현제
6. ④
7. O, X, O

3교시

1. ①-ⓒ, ②-ⓑ, ③-㉠
2. 동중서
3. ①
4. ①
5. 염철 전매
6. ②
7. ④

4교시

1. 유라시아
2. (1) ⓑ, ⓓ, ⓔ (2) ㉠, ⓒ
3. O, O, X
4. ②
5. 스키타이
6. ①-ⓑ, ⓓ, ②-㉠, ⓒ

5교시

1. 신정
2. ①-ⓑ, ②-ⓒ, ③-㉠
3. 치남파
4. 쿠스코, 안데스산맥, 키푸
5. O, X, O

6교시

1. ① 삼국, ② 남북조
2. O, X, O
3. ①-ⓒ, ②-㉠, ③-ⓑ
4. ①
5. ③
6. ①
7. ④

일러두기

- 맞춤법과 띄어쓰기는 국립국어원에서 펴낸 《표준국어대사전》을 따랐습니다.
- 역사 용어와 띄어쓰기는 《교과서 편수자료》의 크기 원칙을 따랐습니다.
  단, 학계의 일반적인 표기와 다른 경우 감수자그 자문을 거쳐 학계의 표기를 따랐습니다.
- 중국의 지명은 현재까지 남아 있는 지명은 중극거 발음, 남아 있지 않은 지명은 한자음을 따랐습니다.
- 중국의 인명은 변법자강 운동을 기준으로 그 이전은 한자음, 그 이후는 중국어 발음을 따라하는 것을 원칙으로 했습니다.
- 일본의 지명과 인명은 일본어 발음을 따랐습니다.

- 이 책에 실린 사진은 북앤포토를 통해 저작권자로부터 사용허가를 받았습니다.
- 일부 사진은 wikipedia commons public domain에 게재되어 있습니다.
- 저작권자와 접촉이 되지 않는 등 불가피한 사정으로 사용 허가를 받지 못한 사진에 대해서는
  저작권자의 허락을 구하는 대로 게재 허락을 받고 사용료를 지불하겠습니다.
- 이 책에 실려 있는 지도와 그림의 저작권은 별도의 표기가 없는 한 (주)사회평론에 있습니다.

교양으로 읽는 용선생 세계사 ③ 통일 제국의 등장 2 — 마우리아 왕조, 진·한, 흉노 제국

전면 개정판 1쇄 발행   2025년 7월 23일

글	이희건, 차윤석, 김선빈, 박병격, 김선혜
그림	이우일, 박기종
지도	김경진
구성	정지윤
자문 및 감수	김병준, 박병규, 이지은, 정재훈
교과 과정 감수	박혜정, 한유라, 원지혜
어린이사업본부	이승필
편집	송용운, 김언진, 윤선아
마케팅	윤영채, 정하연, 안은지, 박찬수, 염승연
경영지원	나연희, 주광근, 오민정, 정민희, 김수아, 김승현
디자인	이수경
본문디자인	박효영, d.purple
사진	북앤포토
영상 제작	(주)트립클립

펴낸이	윤철호
펴낸곳	(주)사회평론
전화	02-326-1182
팩스	02-326-1626
주소	03993 서울시 마포구 월드컵북로6길 56 사평빌딩
용선생 클래스	yongclass.com
출판등록	1993년 10월 6일 제 10-876호

ⓒ사회평론, 2017

ISBN 979-11-6273-362-2 73900

- 이 책 내용의 일부나 전부를 다시 사용하려면 저작권자와 사회평론의 동의를 받아야 합니다.
- 잘못 만들어진 책은 구입하신 곳에서 바꾸어 드립니다.

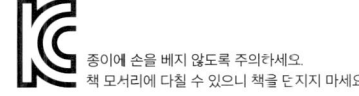
종이에 손을 베지 않도록 주의하세요.
책 모서리에 다칠 수 있으니 책을 던지지 마세요.

이 책을 만드는 데 강의, 자문, 감수하신 분

강영순(한국외국어대학교 강사)
아세아연합신학대학교 아세아학과를 졸업하고 한국외국어대학교 대학원 아시아학과에서 석사 학위를, 국립 인도네시아대학교에서 박사 학위를 받았습니다. 현재 한국외국어대학교 말레이·인도네시아어통역번역 학과에서 강의를 하고 있습니다. 〈인도네시아 환경정치에 대한 연구: 열대림을 중심으로〉, 〈수까르노와 이승만: 제2차 세계 대전 후 건국 지도자 비교〉, 〈인도네시아 서 파푸아 특별자치제에 관한 연구〉 등의 논문을 지었습니다.

김광수(한국외국어대학교 HK교수)
한국외국어대학교를 졸업하고 남아프리카 공화국 노스-웨스트대학교 역사학과에서 석사·박사 학위를 받았습니다. 현재 한국외국어대학교 아프리카연구소 HK교수로 재직 중입니다. 지은 책으로 《스와힐리어 연구》, 《에티오피아 악숨 문명》 등이 있고, 함께 지은 책으로 《7인 7색 아프리카》, 《남아프리카사》 등이 있으며 《현대 아프리카의 이해》를 우리말로 옮겼습니다.

김병준(서울대학교 교수)
서울대학교 동양사학과를 졸업하고 같은 학교 대학원에서 석사·박사 학위를 받았습니다. 현재 서울대학교 역사학부 교수로 재직 중입니다. 《순간과 영원: 중국고대의 미술과 건축》, 《고사변 자서》 등을 우리말로 옮겼고, 《중국고대 지역문화와 군현지배》 등을 지었습니다. 함께 지은 책으로 《사료로 보는 아시아사》, 《역사학의 성과와 역사교육의 방향》, 《동아시아의 문화교류와 소통》 등이 있습니다.

남종국(이화여자대학교 교수)
서울대학교 서양사학과를 졸업하고 같은 학교 대학원에서 석사 학위를, 프랑스 파리1대학에서 박사 학위를 받았습니다. 현재 이화여대 사학과 교수로 재직하고 있습니다. 지은 책으로 《이탈리아 상인의 위대한 도전》, 《지중해 교역은 유럽을 어떻게 바꾸었을까?》, 《세계사 뛰어넘기》 등이 있으며 《프라토의 중세 상인》을 우리말로 옮겼습니다.

박병규(서울대학교 HK교수)
고려대학교 서어서문학과를 졸업하고 멕시코 국립대학(UNAM)에서 문학 박사 학위를 받았습니다. 현재는 서울대 라틴아메리카연구소 HK교수로 재직 중입니다. 《불의 기억》, 《파블로 네루다 자서전 - 사랑하고 노래하고 투쟁하다》, 《1492년, 타자의 은폐》 등을 우리 말로 옮겼습니다.

박상수(고려대학교 교수)
고려대학교 사학과를 졸업하고 같은 학교 대학원에서 석사학위와 박사과정 수료를, 프랑스 국립 사회과학고등연구원에서 박사 학위를 받았습니다. 현재 고려대학교 사학과 교수로 재직하고 있습니다. 지은 책으로 《중국혁명과 비밀결사》 등이 있고, 함께 지은 책으로는 《동아시아, 인식과 역사적 실재: 전시기(戰時期)에 대한 조명》 등이 있습니다. 《중국현대사 - 공산당, 국가, 사회의 격동》을 우리말로 옮겼습니다.

박수철(서울대학교 교수)
서울대학교 역사교육과를 졸업하고 같은 대학 대학원 동양사학과에서 석사를, 일본 교토대에서 박사 학위를 받았습니다. 현재는 서울대학교 역사학부 교수로 재직 중입니다. 지은 책으로는 《오다·도요토미 정권의 사사지배와 천황》이 있으며, 함께 지은 책으로는 《아틀라스 일본사》, 《사료로 보는 아시아사》, 《일본사의 변혁기를 본다》 등이 있습니다.

성춘택(경희대학교 교수)
서울대학교 고고미술사학과와 대학원에서 고고학을 전공했으며, 워싱턴 대학교 인류학과에서 고고학으로 석사와 박사 학위를 받았습니다. 현재 경희대학교 사학과 교수로 재직 중입니다. 《석기고고학》이란 책을 쓰고, 《고고학사》, 《다윈 진화고고학》, 《인류학과 고고학》 등을 우리말로 옮겼습니다.

유성환(서울대학교 강사)
부산대학교 영문학과를 졸업하고 미국 브라운대학교에서 박사 학위를 받았습니다. 현재 서울대 아시아언어문명학부에서 강의를 하고 있습니다. 〈이히, 시스트럼 연주자 - 이히를 통해 본 어린이 신 패턴〉과 〈외국인에 대한 이집트인들의 두 시선〉 등의 논문을 지었습니다.

윤은주(국민대학교 강의 전담 교수)
서울대학교 서양사학과를 졸업하고 프랑스 사회과학고등연구원에서 박사 학위를 받았습니다. 현재 국민대학교 교양대학 강의 전담 교원으로 일하고 있습니다. 《넬슨 만델라 평전》을 우리말로 옮겼으며 《히스토리》의 4~5장과 유럽 국가들의 연표를 우리말로 옮겼습니다.

이근명(한국외국어대학교 교수)
서울대학교 동양사학과를 졸업하고 같은 학교 대학원에서 석사·박사 학위를 받았습니다. 현재 한국외국어대학교 사학과 교수로 재직하고 있습니다. 지은 책으로는 《남송 시대 복건 사회의 변화와 식량 수급》, 《아틀라스 중국사(공저)》, 《동북아 중세의 한족과 북방민족》 등이 있고, 《중국역사》, 《중국의 시험지옥 - 과거》, 《송사 외국전 역주》 등을 우리말로 옮겼습니다.

이은정(서울대학교 강사)
한국외국어대학교 터키어과를 졸업하고 터키 국립 앙카라 대학교 역사학과에서 석사 학위를, 서울대학교 서양사학과에서 박사 학위를 받았습니다. 현재는 서울대학교 등에서 강의를 하고 있습니다. 〈16-17세기 오스만 황실 여성의 사회적 위상과 공적 역할 - 오스만 황태후의 역할을 중심으로〉와 〈'다종교·다민족·다문화'적인 오스만 제국의 통치전략〉 등의 논문을 지었습니다.

이지은(한국외국어대학교 전임연구원)
이화여대 사학과를 졸업하고 한국외국어대학교와 인도 델리대학교, 네루대학교에서 석사·박사 학위를 받았습니다. 현재 한국외국어대학교 인도연구소 전임연구원으로 일하고 있습니다. 함께 지은 책으로는 《탈서구중심주의는 가능한가》가 있으며 〈인도 식민지 시기와 국가형성기 하층카스트 엘리트의 저항 담론 형성과 역사인식〉, 〈반서구중심주의에서 원리주의까지〉 등의 논문을 지었습니다.

정기문(군산대학교 교수)
서울대학교 역사교육과를 졸업하고 같은 학교 대학원에서 석사·박사 학위를 받았습니다. 현재 군산대학교 사학과 교수로 재직하고 있습니다. 지은 책으로는 《한국인을 위한 서양사》, 《내 딸을 위한 여성사》, 《역사란 무엇인가》 등이 있고, 《역사, 시민이 묻고 역사가가 답하고 저널리스트가 논하다》, 《고대 로마인의 생각과 힘》, 《지식의 재발견》 등을 우리말로 옮겼습니다.

정재훈(경상대학교 교수)
서울대학교 동양사학과를 졸업하고 같은 학교 대학원에서 석사·박사 학위를 받았습니다. 현재 경상대학교 사학과 교수로 재직 중입니다. 지은 책으로는 《돌궐 유목제국사》, 《위구르 유목 제국사(744~840)》 등이 있고 《유라시아 유목제국사》, 《사료로 보는 아시아사》 등을 우리말로 옮겼습니다.

최재인(서울대학교 강사)
서울대학교 서양사학과를 졸업하고 같은 학교 대학원에서 석사·박사 학위를 받았습니다. 현재 서울대학교 강사로 일하고 있습니다. 함께 지은 책으로 《서양여성들 근대를 달리다》, 《여성의 삶과 문화》, 《다민족 다인종 국가의 역사인식》, 《동서양 역사 속의 다문화적 전개양상》 등이 있고, 《가부장제와 자본주의》, 《유럽의 자본주의》, 《세계사 공부의 기초》 등을 우리말로 옮겼습니다.